de Gruyter Studienbuch

Bernd Pompino-Marschall
Einführung in die Phonetik

Bernd Pompino-Marschall

Einführung in die Phonetik

3., durchgesehene Auflage

Walter de Gruyter · Berlin · New York

∞ Gedruckt auf säurefreiem Papier,
das die US-ANSI-Norm über Haltbarkeit erfüllt.

ISBN 978-3-11-022480-1

Bibliografische Information der Deutschen Nationalbibliothek

Die Deutsche Nationalbibliothek verzeichnet diese Publikation in
der Deutschen Nationalbibliografie; detaillierte bibliografische Daten
sind im Internet über http://dnb.d-nb.de abrufbar.

© Copyright 2009 by Walter de Gruyter GmbH & Co. KG, 10785 Berlin
Dieses Werk einschließlich aller seiner Teile ist urheberrechtlich geschützt. Jede
Verwertung außerhalb der engen Grenzen des Urheberrechtsgesetzes ist ohne
Zustimmung des Verlages unzulässig und strafbar. Das gilt insbesondere für
Vervielfältigungen, Übersetzungen, Mikroverfilmungen und die Einspeicherung
und Verarbeitung in elektronischen Systemen.

Printed in Germany
Druck und buchbinderische Verarbeitung:
AZ Druck und Datentechnik GmbH, Kempten

FSC MIX
Papier aus verantwortungsvollen Quellen
FSC® C016439

Für Karin

Vorwort

Nachdem die "Einführung in die Phonetik" über acht Jahre hinweg insgesamt gut aufgenommen wurde und ihren Wert als Studienbuch gezeigt hat, wurde die Notwendigkeit einer Neuauflage nun dazu genutzt, sie einer gründlichen Überarbeitung zu unterziehen, ohne sie in ihrer grundsätzlichen Struktur zu verändern. Zum einen wurde der Text dabei der neuen deutschen Orthographie angepasst und um die in der ersten Auflage trotz aller Sorgfalt allzu häufig verbliebenen Druck- und sonstigen Fehler bereinigt.[1] Alle IPA-Transkriptionen wurden zudem neu in der Schrifttype SILEncoreIPA93 gesetzt, da diese den heutigen Standard darstellt und gegenüber der in der Erstauflage verwendeten Notlösung weniger Verwechslungsgefahren zwischen einzelnen Zeichen in sich birgt. Zum anderen wurde bezüglich einzelner Abschnitte der neueren Entwicklung im wissenschaftlichen und technischen Bereich Rechnung getragen. So wurde die inzwischen erschienene neuere weiterführende Literatur eingearbeitet sowie durch die technische Entwicklung obsolet gewordene Anmerkungen entsprechend abgeändert.[2] Grundlegend überarbeitet wurden - nach dem zwischenzeitlichen Erscheinen des IPA-Handbooks (IPA 1999) - auch die illustrierenden Beispieltranskriptionen zu den ausgewählten Einzelsprachen in Teil III.

An einigen Stellen wurden auch kürzere neue Abschnitte eingefügt: Am Ende des Einführungskapitels ein Abschnitt zu neuen Ressourcen, bei der Beschreibung des Deutschen in Teil III ein Abschnitt zur Intonationsnotation nach GToBI sowie - als wohl wesentlichste Ergänzung - im Kapitel zur akustischen Phonetik eine Kurzanleitung zur Verwendung des Phonetikprogramms PRAAT (Boersma & Weenink 1992-2003).

---

[1] Mein Dank gilt all den Lesern, die mich auf diese Unzulänglichkeiten hingewiesen haben.

[2] Viele der Abbildungen, die für die Erstauflage unter *Signalyze* (Eric Keller, Lausanne) auf Apple Macintosh erstellt wurden, sind in der jetzigen Auflage zwar beibehalten worden, das damals empfehlenswerte - und ausdrücklich empfohlene - Programm ist aber durch die neueren Apple Betriebssysteme grundsätzlich überholt.

In der Hoffnung mit diesen Überarbeitungen ein verbessertes, auch für die nächste Studentengeneration nützliches Studienbuch vorgelegt zu haben, möchte ich mich hier bei allen Lesern - Kollegen wie Studierenden - für die vielfältigen Anregungen, die ich in dieser Zweitauflage sicherlich nur zum Teil habe realisieren können, bedanken. Ich scheue mich jedenfalls nicht, auch diese Auflage meiner Frau, Karin Marschall, zu widmen, der ich für ihre Nachsicht danke, dass ich mal wieder längere Zeit mit dem Computer 'verheiratet' war.

Berlin, August 2003   -bpm-

Vorwort der ersten Auflage

Die vorliegende Einführung in die Phonetik verdankt ihre Entstehung der Tatsache, dass in meinen Einführungsproseminaren zur 'Phonetik und sprachlichen Kommunikation' von studentischer Seite immer wieder das Fehlen einer auch für den Anfänger handhabbaren deutschsprachigen Darstellung des Fachs bedauert wurde. Während meiner langjährigen Lehrtätigkeit musste ich meine Studentinnen und Studenten immer wieder auf die einschlägigen einführenden englischsprachigen Fachtexte verweisen. Natürlich sollte der angehende Phonetiker oder Sprachwissenschaftler sich so früh wie nur irgend möglich mit der eben großteils auf englisch publizierten Fachliteratur vertraut machen, aber auch dort findet er kaum eine wirklich umfassende Darstellung der Phonetik. Dies liegt nun sicherlich zu einem guten Teil im generellen Charakter des Faches selbst begründet: Zum einen gehört die Phonetik als notwendiger Bestandteil der allgemeinen Sprachwissenschaft in den Bereich der sogenannten Geisteswissenschaften, zum anderen beschäftigt sie sich als Experimentalphonetik mittels naturwissenschaftlicher Methoden mit den unterschiedlichsten physikalischen Vorgängen, wie sie bei der lautsprachlichen Kommunikation im Sprecher und Hörer und im beide umgebenden Luftraum ablaufen. Und so finden wir denn auch eigene Monographien zur Linguistischen Phonetik, zur Physiologie der Sprachproduktion, zur Sprachwahrnehmung und zur Akustischen Phonetik, ganz zu schweigen von den Veröffentlichungen aus dem Bereich der Informatik zur digitalen Sprachsignalverarbeitung.

Bei der Konzeption dieser Einführung ging es mir deshalb vor allem darum, eine alle Bereiche der Phonetik umfassende Darstellung zu geben, die auch das nötige Detailwissen aus den verschiedenen Bereichen vermittelt und dennoch auch für den Anfänger handhabbar bleibt. Es ist natürlich selbstverständlich, dass im Rahmen des zur Verfügung stehenden Platzes hierbei eine Schwerpunktsetzung auf das eine oder andere Gebiet und eine nur kursorische Behandlung anderer Aspekte erfolgen muss. Der bei der Abfassung der vorliegenden Einführung als roter Faden zugrundegelegte Gedanke war, die bei der lautsprachlichen Kommunikation beobachtbaren phonetischen Phänomene und die mit ihnen verbundenen Vorgänge in der physikalischen Welt als Nutzung unserer biologischen Ausstattung (des Atemtrakts und des oberen Verdauungsapparats sowie unseres Gehörs) zu - durch die jeweiligen Systeme der Einzelsprachen näher geregelten - kommunikativen Zwecken darzustellen. Besonderes Gewicht wurde dabei im ersten - signalphonetischen - Hauptteil des Buches auf das Zusammenspiel von artikulatorischen, akustischen und auditiven Faktoren gelegt. Der zweite - deskriptiv-symbolphonetische - Teil behandelt daher auch in erster Linie die linguistische Phonetik unter dem Gesichtspunkt der Verwertung dieser Möglichkeiten in Form einzelsprachlicher Lautsysteme und suprasegmentaler Systeme, wobei aus Platzgründen nicht genauer auf die phonologische Theoriebildung eingegangen werden konnte. Für diesen Bereich sei der Leser ausdrücklich auf die spezielle Fachliteratur verwiesen.

Da das Buch insbesondere auch für den Anfänger handhabbar sein sollte, wurde besonderer Wert auf zahlreiche verdeutlichenden Abbildungen und auf kurz die wesentlichen Punkte zusammenfassende Merkabschnitte gelegt. Letztere sind durch eine über den Satzspiegel hinausreichende Unterlegung in Grau hervorgehoben. Zur Erleichterung beim Nachschlagen wurden zudem in das ausführliche Register glossarähnliche Begriffsdefinitionen sowie Hinweise zu den in den Beispielen verwendeten Sprachen eingearbeitet.

In der Hoffnung, den eigenen Zielvorstellungen halbwegs nahe gekommen zu sein, möchte ich mich bei all denen bedanken, die zur Entstehung dieser "Einführung in die Phonetik" in unterschiedlichster Form beigetragen haben. Es sind wie meist viel zu viele, als dass sie hier alle namentlich Erwähnung finden könnten.

Mein Dank gilt in erster Linie meinem Lehrer Hans G. Tillmann vom Institut für Phonetik und Sprachliche Kommunikation der Ludwig-Maximilians-Universität München, der mich nicht zuletzt auch zum Schreiben dieses Buches "verführt" hat und der hoffentlich einige seiner Grundgedanken darin wiederfindet. Mein Dank gilt aber auch allen Lehrern in der Ferne, deren Bücher ich für diese Einführung konsultiert habe und deren Abbildungen mir oft als Vorlagen für die eigenen dienten.

Herzlich danken möchte ich hier für die über die Jahre hinweg erhaltene Fülle von Anregungen auch all meinen Kollegen und Studentinnen und Studenten am Phonetikinstitut in München und an der Humboldt-Universität sowie den Kollegen am Forschungsschwerpunkt

Vorwort

Allgemeine Sprachwissenschaft in Berlin, wobei ich für letztere damit den Wunsch verbinde, dass ihrer Institution nach langem Bangen bald eine gesicherte Zukunft ermöglicht wird.

Mein Dank gilt schließlich allen, die die verschiedenen Rohfassungen des vorliegenden Buches kritisch durchgesehen haben. Hier muss ich mich vor allem bei meiner Frau, Karin Marschall, bedanken, die als phonetischer Laie nicht nur mich während der Zeit des Schreibens zu ertragen hatte, sondern auch viel zur Verständlichkeit des Niedergeschriebenen beigetragen hat. Namentlich möchte ich mich für die vielfältigen Verbesserungsvorschläge bei meinen Kollegen Kai Uwe Alter, Jörg Dreyer, Tracy Hall, Peter Janker und Tine Mooshammer bedanken, was mich allerdings nicht davon entbinden kann, die verbliebenen Fehler und Schwächen ganz auf meine Kappe zu nehmen.

Berlin, Dezember 1994   -bpm-

Inhaltsverzeichnis

Vorwort vii

Inhaltsverzeichnis xiii

Teil I:
Einführung 1
  0.1 Der Gegenstand der Phonetik 1
  0.2 Eine kleine Geschichte der Phonetik 5
  0.3 Nützliche Hilfen 10
  0.4 Literaturhinweise 10

Teil II:
Allgemeine Phonetik -
Die phonetischen Vorgänge beim Sprechakt 13

1 Artikulatorische Phonetik 17
  1.1 Grundlagen der Sprachproduktion 17
  1.2 Atmung 20
  1.3 Phonation 31
    1.3.1 Der Kehlkopf 31
    1.3.2 Die myoelastisch-aerodynamischen Vorgänge
           bei der Phonation 32
    1.3.3 Die intrinsische Kehlkopfmuskulatur 36
    1.3.4 Die laryngale Kontrolle der Stimmhaftigkeit,
           Grundfrequenz, Lautstärke und Stimmqualität ... 38
    1.3.5 Die extrinsische Kehlkopfmuskulatur 41
  1.4 Artikulation 43
    1.4.1 Das Ansatzrohr 43
    1.4.2 Die Zunge 47
    1.4.3 Der Kiefer 53
    1.4.4 Die Lippen 55
    1.4.5 Das Velum 57
    1.4.6 Der Rachen 58
    1.4.7 Die neuronale Kontrolle der Sprachproduktion .. 58

1.4.8 Die Steuerung artikulatorischer Prozesse 64
1.4.9 Reafferenzen 73
1.4.10 Experimentelle Untersuchungstechniken 78
1.5 Literaturhinweise 85

2 Akustische Phonetik 87
  2.1 Physikalische Grundlagen 87
    2.1.1 Töne 92
    2.1.2 Klänge 94
    2.1.3 Geräusche 98
  2.2 Akustik der gesprochenen Sprache 99
    2.2.1 Die Rohschallerzeugung 99
    2.2.2 Akustische Artikulation 102
    2.2.3 'Visible speech' - Segmentation und visuelle
          Analyse des akustischen Sprachsignals 117
    2.2.4 Neuere Entwicklungen in der akustischen Phonetik .. 133
    2.2.5 Akustische Sprachanalysen am eigenen PC 134
  2.3 Literaturhinweise 140

3 Perzeptive Phonetik 143
  3.1 Anatomische und physiologische Grundlagen 143
    3.1.1 Anatomie und Physiologie des Ohres 143
    3.1.2 Hörtheorien 147
    3.1.3 Signalverarbeitung im auditorischen Nervensystem .. 149
  3.2 Auditive Wahrnehmung 153
    3.2.1 Psychoakustik 153
    3.2.2 Auditive Sprachwahrnehmung 159
    3.2.3 Heteromodale Sprachwahrnehmung 174
  3.3 Literaturhinweise 175

Teil III:
Systematische Phonetik -
Die einzelsprachlich geregelte Sprechbewegung 177

4 Die minimalen Beschreibungseinheiten - Phone 177
  4.1 Konsonanten 182
    4.1.1 Plosive 184
    4.1.2 Nasale 192
    4.1.3 Vibranten ('Trills') 194
    4.1.4 Getippte und Geschlagene ('Taps'/'Flaps') 195

4.1.5 Frikative 196
4.1.6 Laterale Frikative 203
4.1.7 Approximanten 203
4.1.8 Laterale (laterale Approximanten) 206
4.1.9 Clicks 207
4.1.10 Ejektive und Implosive 209
4.1.11 Doppelartikulationen 213
4.1.12 Sekundärartikulation 215
4.1.13 Zeitlich komplexe Konsonantenartikulation 219
4.2 Vokale 221
    4.2.1 Monophthonge 224
    4.2.2 Diphthonge 228
4.3 Analphabetische Transkription 230
4.4 Literaturhinweise 234

5 Die suprasegmentale Struktur lautsprachlicher Äußerungen .. 237

5.1 Die intersegmentalen Effekte der Koartikulation 237
5.2 Die Silbe als prosodische Einheit 239
    5.2.1 Silbenpräferenzen 241
    5.2.2 Silbenschnitt 243
    5.2.3 Ton 243
5.3 Phonetik der Äußerung 245
    5.3.1 Akzent 245
    5.3.2 Intonation 246
    5.3.3 Sprachrhythmus und Sprechtempo 248
5.4 Literatur 251

6 Einzelsprachliche Lautsysteme 253

6.1 Die Sprachen der Welt 253
6.2 Das Deutsche 261
    6.2.1 Die historischen Wurzeln des Deutschen 261
    6.2.2 Dialekt - Schriftsprache -Standardsprache 262
    6.2.3 Phonetik der deutschen Standardsprache 265
6.3 Einzelsprachliche Illustrationen 281
6.4 Literaturhinweise 293

Literaturverzeichnis 295

Register 303

Teil I:
Einführung

0.1 Der Gegenstand der Phonetik

Auf die Frage, was Phonetik ist - oder was ein Phonetiker eigentlich macht -, gibt es eine Fülle von Antworten, wobei die in Lexika aufgeführten Definitionen die Sache meist nur recht ungenau treffen. Wir wollen uns daher am Beginn dieses Buches vorab etwas detaillierter mit dieser Frage beschäftigen. Zum einen soll dies allgemein unter wissenschaftstheoretischem Gesichtspunkt geschehen, zum anderen in einem eigenen kleinen Unterkapitel unter historischem Blickwinkel, indem wir an einigen Beispielen zeigen, welche Antworten im Laufe der Geschichte von Gelehrten ganz unterschiedlicher Disziplinen auf Fragen der Phonetik gegeben wurden.

Wählen wir als Ausgangspunkt für unsere Überlegungen die - wenngleich zu kurz greifende, so doch wohl weitestverbreitete - Auffassung von der Phonetik als *"Lehre von den Sprachlauten"*. Diese so einfach klingende 'Erklärung' zeigt bei genauerer Betrachtung einige Tücken. Was ist denn ein Sprachlaut eigentlich? Als Mitglieder einer durch eine alphabetische Literalität geprägten Gesellschaft sind wir allzuleicht verführt, unter Sprachlaut das zu verstehen, was den Buchstaben der geschriebenen Sprache entspricht. Und wir finden uns damit in guter Gesellschaft, betitelte doch Jakob Grimm in der ersten Auflage seiner "Deutschen Grammatik" das phonetische Kapitel mit "Von den Buchstaben". Tatsächlich ist auch die Geschichte des Fachs Phonetik entscheidend geprägt von der Auseinandersetzung mit der geschriebenen Sprache: Die Begründer der modernen Phonetik, die Lautphysiologen der zweiten Hälfte des neunzehnten Jahrhunderts waren nicht zuletzt über das Problem der Reform der deutschen Orthographie zur Behandlung phonetischer Fragen gelangt und für die heute noch existierende erste Fachgesellschaft im Bereich der Phonetik, die 'International Phonetic Association' (IPA), war die lautgerechte Verschriftung von

Fremdsprachen pädagogisches Programm. Hieran sieht man aber auch schon ein erstes Problem: Offensichtlich ist das auf uns überkommene lateinische Alphabet für eine lautgerechte Verschriftung nicht ausreichend und die verschiedenen lateinisch verschrifteten Sprachen bedienen sich recht unterschiedlicher Mittel, dieses Manko zumindest teilweise auszuräumen: So schreibt für einen einzelnen, sehr ähnlichen Laut, nämlich [ʃ] der Deutsche <sch>, der Engländer hingegen <sh>. Andererseits steht im Deutschen <ch> für zwei unterschiedliche aber nicht bedeutungsunterscheidende Laute, nämlich [ç] und [χ].[1]

Insgesamt gibt es nur wenige Sprachen, die in ihrer Buchstaben-Laut-Beziehung (ihrer Graphem-Phonem-Korrespondenz) ein 1:1-Verhältnis aufweisen. Ein aber weitaus schwerwiegenderes Problem bei der Gleichsetzung von Laut und Buchstaben zeigte sich zu Anfang unseres Jahrhunderts, als eine fortschrittliche Gruppe von Phonetikern begann, Sprechbewegungen und deren akustische Resultate mittels eigens hierfür konstruierten Messgeräten aufzuzeichnen. Die Auffassung, in der gesprochenen Sprache entsprächen den Buchstaben der geschriebenen eine wohlgeordnete Folge abgrenzbarer Einzellaute, erwies sich als schlichtweg falsch. Der in Hamburg tätige Phonetiker Panconcelli-Calzia verwies auf Grund seiner instrumentellen Messungen den Sprachlaut in das Reich der Fiktion, die uns von unseren Ohren und von unseren Augen als ein 'AlsOb' nahegelegt würde.

Wegen dieser Schwierigkeiten mit dem Begriff des Sprachlauts wollen wir den Gegenstand der Phonetik etwas vorsichtiger definieren als den lautlichen Aspekt der sprachlichen Kommunikation. Diesem Gegenstand können wir uns methodisch auf zwei grundsätzlich unterschiedliche Arten annähern:

Einerseits können wir als sog. Ohrenphonetiker das Gehörte analysierend beschreiben (daher auch der Name *deskriptive Phonetik*) und z.B. mit den symbolischen Mitteln des Internationalen Phonetischen Alphabets (IPA) darstellen (daher auch: *Symbolphonetik*), andererseits können wir aber auch mittels geeigneter Geräte die während eines

---

[1] Wir verwenden in diesem Buch durchgängig die übliche Konvention Geschriebenes - und in Anlehnung daran auch gesehene Sprechbewegungen - in spitze Klammern <> zu setzen, die phonetischen IPA-Symbole (vgl. die tabellarische Übersicht auf der hinteren Ausklappseite) in eckige Klammern [] sofern es sich um eine phonetische, zwischen Schrägstriche // sofern es sich um eine breite, phonologische Transkription handelt.

Sprechakts ablaufenden physikalischen Vorgänge als Signale messen[2] (*Instrumental-, Signalphonetik*). Und schliesslich können wir sodann im Experiment den empirischen Zusammenhang zwischen bestimmten Signalausprägungen und z.b. der Wahrnehmung von Versuchspersonen untersuchen (*Experimentalphonetik* bzw. *perzeptive Phonetik*), indem wir z.B. einen einzelnen akustischen Parameter verändern und testen, wann aus einem [da] für die Versuchsperson ein [ta] wird.

Die Daten, mit denen es der Phonetiker in diesen unterschiedlichen Bereichen seiner Wissenschaftsdisziplin zu tun hat, sind grundsätzlich unterschiedlicher Art: Im Falle der deskriptiven Phonetik hat er es mit Lautkategorien zu tun, die dem geschulten Hörer dank der auditiven Wahrnehmung direkt zugänglich sind und die in Form einer Notation mittels spezieller Symbole dargestellt werden können. In seiner "Phonetik" bezeichnet Tillmann (1980) diese Daten als '*phonetische Ereignisse*'. Diese Ereignisse, als phänomenal der Wahrnehmung zugängliche Tatsachen sind es auch, die für die Gesprächsteilnehmer in einer lautsprachlichen Kommunikationssituation die Grundlagen des Sprechakts bilden. In der natürlichen Gesprächssituation interessieren allerdings dabei den Hörer die lautlichen Details, die der Ohrenphonetiker zu erfassen trachtet, gar nicht so sehr, sondern vielmehr der semantische Gehalt der Äußerung des Sprechers: Was will mir mein Gesprächspartner sagen? Was will er, dass ich mache? Die in enger IPA-Transkription wiedergegebene Äußerung [ɛsɪskʰaltʰ] (*es ist kalt*) wird - je nach Kontext - eben als Feststellung zur herrschenden Temperatur oder aber auch als Aufforderung, die Türe/das Fenster zu schließen verstanden, ohne dass dabei bewusst auf die lautliche Realisierung durch den Sprecher geachtet würde; ja, der Hörer in der aktuellen Situation erfasst womöglich - inhaltlich (!) - sogar mehr den lautlichen Eindruck (der Sprecher zittert, ist verkühlt, ist ärgerlich), den der vielleicht nur linguistisch interessierte Phonetiker hingegen ignoriert.[3]

---

[2] Wie z.B. die Kiefer-, Lippen- und Zungenbewegungen des Sprechers oder die das akustische Signal darstellenden Luftdruckschwankungen oder auch die Veränderung der Durchblutung bestimmter Großhirnregionen bei der Verarbeitung lautsprachlicher Reize.

[3] Wobei natürlich auch die lautsprachlichen Manifestationen der Sprecheridentität oder des emotionalen Befindens des Sprechers etc. eine wiederum spezielle wissenschaftliche Fragestellung für die Phonetik bilden.

Die Daten des Signalphonetikers sind grundsätzlich anderer Art: Er misst mittels spezieller Mess- und Registriergeräte *physikalische Vorgänge*, die während eines Sprechakts ablaufen, für die Teilnehmer an diesem Sprechakt aber transphänomenal, nicht direkt deren Wahrnehmung zugänglich und ihnen somit verborgen sind. So kann der Instrumentalphonetiker z.B. beim Sprecher elektrische Muskelpotentiale während des Sprechens messen, den Verlauf des intraoralen Luftdrucks verfolgen, die Bewegungen von Zungenpunkten, Lippen oder Kiefer usw. aufzeichnen, sowie vor allem auch das akustische Zeitsignal des Schalldruckverlaufs mit den unterschiedlichsten Verfahren analysieren.

Unter wissenschaftstheoretischem Gesichtspunkt besteht zwischen den beiden bisher beschriebenen Daten der Phonetik rein logisch kein Zusammenhang: Das Schwingen der Mikrophonmembran in einer bestimmten Form ist grundsätzlich etwas anderes als z.B. der deutsche Ach-Laut.

Die wahrgenommenen phonetischen Ereignisse und die transphänomenalen phonetischen Vorgänge stehen aber sehr wohl in einem empirischen Zusammenhang, den ihrerseits wiederum die Perzeptive Phonetik (bzw. *Experimentelle Phonetik* im engeren Sinne) zum Gegenstand hat. Schließlich hören wir ja beim Abspielen einer Schallplatte oder eines Tonbands immer wieder dasselbe, wobei aber jeweils nur auf unterschiedliche Art und Weise das akustische Zeitsignal konserviert worden ist. So versucht die Perzeptive Phonetik, die Hörerurteile mit den für den Hörer transphänomenalen gemessenen Signalen (aus den unterschiedlichen Bereichen wie u.a. Artikulation, Akustik) in Beziehung zu setzen.

Die hier vorab kurz skizzierten verschiedenen Herangehensweisen an die lautsprachliche Kommunikation bilden den Gegenstand der vorliegenden "Einführung in die Phonetik", wobei im Folgenden aber die physiologischen Möglichkeiten der Sprachproduktion wie die der auditiven Sprachwahrnehmung den Ausgangspunkt der Betrachtung darstellen sollen. Die vorliegende Einführung beginnt somit mit einer im wesentlichen signalphonetischen Betrachtung phonetischer Vorgänge, um daran anschließend die linguistische Ausnutzung dieser "allgemein menschlichen" Fähigkeiten zu thematisieren.

0.2 Eine kleine Geschichte der Phonetik

Die Phonetik als eigenständige Wissenschaftsdisziplin ist recht neuen Datums, ja selbst das Wort 'Phonetik' ist verhältnismäßig jung: Es geht zurück auf einen lateinischen Neologismus vom Ende des 18. Jahrhunderts, nämlich auf das Adjektiv 'phoneticus' (nach gr. phone, die Stimme), das erstmals der dänische Ägyptologe George Zoega 1797 in seinem Buch "De origine et usu obeliscorum" verwendete, um die Hieroglyphen bezüglich des Lautes, für den sie stehen können, zu kennzeichnen.

Die historischen Ursprünge der uns bekannten Auseinandersetzungen mit Fragen zur gesprochenen Sprache verlieren sich im Mystisch-Religiösen: Die gesprochene Sprache wird in der Frühzeit oft - so auch in der Bibel - gemeinsam mit dem Atem mit dem 'Lebenshauch' in Beziehung gesetzt. Auch die Sprachforscher des alten Indien sehen die gesprochene Sprache im Zusammenhang mit dem Religiösen, entwickeln aber bereits eine artikulatorische Beschreibung der Laute und wissen um physiologische Vorgänge, wie z.B. die Anzahl der Atemzüge innerhalb eines Tages.[4]

Aus der Zeit der Antike ist vor allem der Leibarzt Marc Aurels, Galenus zu nennen, der sich bei seinen anatomischen Studien auch mit dem Kehlkopf beschäftigt und dabei als erster die Taschenbandfalten entdeckt und den Nervus recurrens beschreibt. Insgesamt aber ist die Antike durch ein weitaus stärkeres Interesse an der geschriebenen Sprache - an der Grammatik - gekennzeichnet; die gesprochene Sprache wird eher im Zusammenhang mit der Musik erörtert, wobei sich die Erkenntnisse über den Schall aber auf einfache Experimente mit dem Monochord beziehen.

Während des Mittelalters zeigt sich sodann eher ein Rückschritt bezüglich des Wissens um die gesprochene Sprache und ihre physiologischen Grundlagen.

Erst in der Renaissance kommt es wiederum zu neuen Forschungen auf den Gebieten der Physiologie der Stimme und dem der Akustik, wobei u.a. auch Leonardo da Vinci als Phonetiker zu nennen ist, der z.B. erstmals - anhand ausgedehnter Studien an sezierten Leichen - anatomisch

---

[4] Für einen Überblick s. Deshpande (1993).

angemessene Darstellungen des Kehlkopfs sowie die erste - phonetisch motivierte - Abbildung eines Sagittalschnitts durch das Ansatzrohr verfertigt.

Die Neuzeit mit dem Aufkommen der exakten Naturwissenschaften erst ermöglichte aber die Ausbildung der Phonetik in ihrer heutigen Form. Erst jetzt beginnt z.b. die akustische Schwingungslehre, die gegen Ende des 18. Jahrhunderts den Mathematiker Euler zu der phonetischen Preisfrage für die St.Petersburger Akademie der Wissenschaften veranlasst, was die Natur der Vokale a, e, i, o, u sei, wodurch diese sich unterscheiden und zusätzlich eine Maschine - ähnlich der 'Vox humana'-Orgel - zu bauen, die diese Vokale hervorbringt. Der Preis ging im Jahre 1781 an seinen Schüler Christian Gottlieb Kratzenstein.[5]

Von eher praktischen Interessen getrieben beschäftigte sich aber auch der in Ungarn gebürtige k.u.k. Hofrat Wolfgang von Kempelen seit 1769 mit der Konstruktion einer sprechenden Maschine, die er nach langen Jahren des Experimentierens 1791 in einem eigenen Buch darstellt[6], mit der es nun tatsächlich möglich wurde, ganze Äußerungen künstlich zu erzeugen.

Hieran anschließend führt die Reihe der Erklärungsversuche für die akustischen Eigenschaften von Hohlkörpern über die der englischen Physiker Willis und Wheatstone bis hin zu Hermann von Helmholtz' "Lehre von den Tonempfindungen".

In der zweiten Hälfte des 19. Jahrhunderts entsteht aber auch die physiologische Phonetik erneut unter dem Namen 'Lautphysiologie', wobei dies als die eigentliche Geburtsstunde der Phonetik als Wissenschaftsdisziplin betrachtet werden kann. Die Lautphysiologen ent-

---

[5] Kratzenstein, Christian Gottlieb (1781), Christiani Theophili Kratzensteinii tentamen resolvendi problema ab Academia scientiarum imperial. petropolitana ad annum 1780 publice propositum: 1. Qualis sit natura et character sonorum vocalium a, e, i, o, u, tam insigniter inter se diversorum; 2. Annon construi queant instrumenta ordine tuborum organicorum, sub termine vocis humanae noto, similia, quae litterarum vocalium sonos exprimant, in publico Academiae conventu, die XIX septembris 1780, praemio coronatum, Petropoli, typis Academiae scientiarum, 1781.

[6] Kempelen, Wolfgang von (1791), Mechanismus der menschlichen Sprache nebst der Beschreibung seiner sprechenden Maschine. [Faksimile-Neudruck mit einer Einleitung von H.E. Brekle und W. Wildgen, Stuttgart u.a. 1970] Wien.

decken im Zusammenhang mit den Fragen der Orthographiereform[7] bzw. auch der Unterrichtung von Gehörlosen[8] in lautsprachlicher Kommunikation sozusagen erneut die Möglichkeiten der systematischen Beschreibung der 'Sprachlaute' anhand der Mechanismen ihrer artikulatorischen Hervorbringung.

Parallel zu dieser Entwicklung wurde im Bereich der medizinischen Physiologie zu dieser Zeit mit dem Kymographion[9] ein Mess- bzw. Aufzeichnungsgerät entwickelt, das die Registrierung von Bewegungsvorgängen und deren detailliertere Analyse ermöglichte und auch die technische Grundlage für die um die Jahrhundertwende neu entstehende 'Experimentelle Phonetik' oder besser Instrumentalphonetik bildete (vgl. Tillmann 1993).

Während zwar die Lautphysiologen bereits grundsätzlich erkannten, dass die 'Laute' nicht als statische Artikulationsstellungen hintereinander produziert werden, war die vorherrschende Vorstellung der frühen Instrumentalphonetik doch, dass sich in ihren kymographischen 'Sprachkurven' die einzelnen Sprachlaute - durch schnelle artikulatorische Bewegungsphasen ('An-' und 'Abglitt') und eine zentrale ('gesungene') Haltephase gekennzeichnet - isolieren lassen müssten. Dass dies - wie oben schon angemerkt - eine falsche Vorstellung war, wurde endgültig erst durch die ersten röntgenkinematographischen Aufzeichnungen der Artikulation in den 30er Jahren klar. Der 'Sprachlaut' per se war also nicht in den artikulatorischen Abläufen zu finden.[10]

Glaubten noch Menzerath und de Lacerda (1933), dass die kontinuierliche Artikulation gerade dazu diene, akustisch bzw. auditiv klar

---

[7] So z.B. der Wiener Lautphysiologe Ernst Brücke (1856) unter dem Einfluss des Orthographiereformers Rudolf von Raumer (1855).

[8] So vor allem der Engländer Alexander Melville Bell mit seinem "Visible Speech" (1867)

[9] (griech. Neologismus; eigentlich: "Wellenschreiber") Registriergerät für meist mechanisch bzw. pneumatisch erfasste Bewegungs- und Schwingungsverläufe auf einer berußten rotierenden Trommel bzw. auf einer über dieser laufenden Papierschleife.

[10] Die Möglichkeiten der akustischen Analyse waren zu dieser Zeit noch äußerst eingeschränkt; der akustische Schwingungsverlauf wurde z.B. mittels Mikroskop an den Rillen der Wachswalzen des Edisonschen Phonographen ausgemessen und die Analyse erfolgte per Hand!

abgrenzbare Lautsegmente hervorzubringen, so zeigte die weitere Entwicklung, dass auch diese Vorstellung falsch war.
Mit der Weiterentwicklung der Elektroakustik und v.a. der Erfindung des Sonagraphen in den 40er Jahren (vgl.u. Kap. 2.2.3) wurden neue Registrier- und Analyseverfahren auch für die Signalphonetik verfügbar. Es zeigte sich jedoch bald, dass auch im akustischen Sprachsignal keine 'Sprachlaute' zu finden sind. Sie mussten - so die logische Schlussfolgerung - also in unserer auditorischen Wahrnehmung begründet liegen.

Die Frage nach der Natur des 'Sprachlauts' bildete so auch die Grundlage des jüngsten Zweigs der 'phonetischen Wissenschaften',[11] der perzeptiven Phonetik. In ihrer heutigen Form wurde sie auch nur auf der Grundlage der elektroakustischen Weiterenwicklungen möglich, wobei mit dem 'pattern playback'-Verfahren zur Sprachsynthese (vgl.u. Kap. 3.2.2) der Grundstein gelegt wurde. Es war nun möglich, akustische Merkmale, wie man sie in den sonagraphischen Analysen gesprochener Äußerungen vorfand, gezielt zu verändern und die verschiedenen modifizierten resynthetisierten Äußerungen von Versuchspersonen beurteilen zu lassen. Das ursprüngliche erklärte Ziel war dabei, das akustische Signal von allen ihm anhaftenden phonetischen Details zu befreien, so dass es nur mehr den phonologischen Gehalt - also den Sprachlaut per se - beinhalte. Doch auch hier schlug die Suche nach sogenannten Invarianten fehl.

Für die moderne Phonetik trat so der Zusammenhang zwischen den Mechanismen der Artikulation und denen der gehörsmäßigen Verarbeitung der dabei resultierenden akustischen Sprachsignale in den Vordergrund, wobei der Suche nach Invarianzen auf den verschiedenen Ebenen die Frage nach den Quellen der zu beobachtenden Variationen zur Seite gestellt ist. Die Suche nach dem 'Sprachlaut' an sich in den unterschiedlichen Signalmanifestationen, d.h. in einzelnen Aspekten der Artikulation oder in einzelnen akustischen Merkmalen, musste aufgegeben werden zugunsten einer möglichst umfassenden Modellierung der gesamten physikalischen Vorgänge, wie sie beim Prozess der lautsprachlichen Kommunikation ablaufen.

---

[11] Seit 1932 nennen sich die regelmäßig stattfindenden internationalen Phonetikerkongresse 'Kongresse für phonetische Wissenschaften' um der interdisziplinären Natur der Erforschung der phonetischen Erscheinungen Ausdruck zu verleihen.

Dieser gewissermaßen erneuerten signalphonetischen Analyse steht der wissenschaftstheoretisch klar hiervon zu trennende Bereich der symbolphonetischen Deskription sowie der der sprachwissenschaftlichen Analyse der Lautstruktur im Rahmen der Phonologie gegenüber. Gerade die Entwicklungen der letzten Jahre - sowohl im Bereich der Phonetik wie in dem der linguistischen Phonologie - haben aber gezeigt, dass die strikte Trennung zwischen den Disziplinen Phonetik und Phonologie[12] aufzubrechen ist: Wir haben es mit zwei Seiten nur einer Medaille zu tun. Um uns lautsprachlich zu verständigen, haben wir ein System entwickelt, das sich der uns biologisch vorgegebenen Möglichkeiten der Schallproduktion und der auditorischen Wahrnehmung bedient. Das eine ist dabei nicht mit dem anderen gleichzusetzen, aber beide Bereiche stehen in einem gegenseitigen Bedingungsgefüge.

Die lautsprachliche Kommunikation ist eine sozial erlernte Technik, die unter normalen Bedingungen problemlos funktioniert. Als Kommunikationspartner machen wir uns keine Gedanken über die dabei ablaufenden Prozesse, und dies wiederum ist auch notwendige Bedingung für das Funktionieren.

Treten wir jedoch aus dieser Kommunikationssituation heraus und versuchen die dort ablaufenden Prozesse als ein externer Beobachter wissenschaftlich zu erfassen, so bildet dieses quasi automatische Funktionieren erst einmal ein Hindernis für das Verstehen.

Dass die lautsprachliche Kommunikation in dieser Weise funktioniert, ist eben dem Wechselspiel sehr unterschiedlicher Prozesse und Faktoren zu verdanken. Mit der vorliegenden "Einführung in die Phonetik" soll versucht werden, die wichtigsten dieser Grundlagen - beileibe nicht alle und manche in hoffentlich nicht zu knapper Form - darzustellen.

---

[12] Eine strikte Trennung in eine primär naturwissenschaftlich arbeitende 'Sprechaktlautlehre' Phonetik und eine rein geisteswissenschaftlich arbeitende 'Sprachgebildelautlehre' Phonologie im Sinne von Trubetzkoy (1939).

0.3 Nützliche Hilfen

War bis vor Kurzem - auch noch während der Abfassung der ersten Auflage der vorliegenden Einführung in die Phonetik - die wissenschaftliche Beschäftigung in diesem Fachgebiet mit erheblichen speziellen technischen und finanziellen Aufwendungen verbunden, so hat sich dies inzwischen äußerst positiv verändert. Dies gilt nicht nur für den kostenfreien Zugang zu phonetischen Zeichensätzen sondern auch für die Verfügbarkeit von spezieller Software zur signalphonetischen Analyse als kostenlose Freeware, billige Shareware oder kostengünstige kommerzielle Software und für eine Fülle an Demonstrationsmaterialien im WWW. Wegen der sich häufig ändernden Web-Adressen wird von einer direkten Link-Angabe zu solchen Ressourcen hier nur sehr sparsam Gebrauch gemacht. Der Leser sei aber ausdrücklich auf die im Internet unter http://www2.hu-berlin.de/phonetik verfügbare kommentierte Link-Liste hingewiesen, die sich am Aufbau dieser Einführung orientiert.

0.4 Literaturhinweise

Weiterführende Literatur

Abercrombie, D. (1967), Elements of General Phonetics. Edinburgh.

Borden, G.J., Harris, K.S. & Raphael, L.J. (^{3}1994), Speech Science Primer: Physiology, Acoustics and Perception of Speech. Baltimore MD.

Catford, J.C. (1977), Fundamental Problems in Phonetics. Edinburgh.

Catford, J.C. (1988), A Practical Introduction to Phonetics. Oxford.

Clark, J.E. & Yallop, C. (1990), An Introduction to Phonetics and Phonology. Oxford.

Crystal, D. (^{2}1985), A Dictionary of Linguistics and Phonetics. Oxford.

Crystal, D. (1987), The Cambridge Encyclopedia of Language. Cambridge.

Crystal, D. (1993), Die Cambridge Enzyklopädie der Sprache. Frankfurt/M.

Denes, P.B. & Pinson, E.N. (1993), The Speech Chain: The Physics and Biology of Spoken Language. Oxford.

Glück, H. (Hrsg.) (^{2}2000), Metzler-Lexikon Sprache. Stuttgart u.a.

Hall, T.A. (2000), Phonologie. Eine Einführung. Berlin.

Kohler, K. J. (1977/^{2}1995), Einführung in die Phonetik des Deutschen. Berlin.

Ladefoged, P. (^{4}2001a), A Course in Phonetics. Fort Worth.

Ladefoged, P. (2001b), Vowels and Consonants. Oxford.

Ladefoged, P. & Maddieson, I. (1996), The Sounds of the World's Languages. Oxford.

Tillmann, H. G. (mit Mansell, P.) (1980), Phonetik. Lautsprachliche Zeichen, Sprachsignale und lautsprachlicher Kommunikationsprozess. Stuttgart.

Spezialliteratur

Asher, R.E. & Henderson, E. (eds.) (1981), Towards a History of Phonetics. Edinburgh.

Brücke, E. (1856), Grundzüge der Physiologie und Systematik der Sprachlaute für Linguisten und Taubstummenlehrer. Wien.

Deshpande, M.M. (1993), Phonetics: Ancient Indian. In: Asher, R.E. & Simpson, J.M.Y. (eds.), The Encyclopedia of Language and Linguistics. Oxford u.a., 3053-3058.

Dudley, H. & Tarnoczy, T.H. (1950), The speaking machine of Wolfgang von Kempelen. Journal of the Acoustical Society of America, 22, 151-166.

Grieger, Wingolf (1989), Führer durch die Schausammlung Phonetisches Institut. Hamburg.

Panconcelli-Calzia, G. (1940), Quellenatlas zur Geschichte der Phonetik. Hamburg.

Panconcelli-Calzia, G. (1961), 3000 Jahre Stimmforschung. Die Wiederkehr des Gleichen. Marburg.

Raumer, Rudolf von (1855), Über deutsche Rechtschreibung. Zeitschrift für die österreichischen Gymnasien 6, 1- 37.

Tillmann, H.G. (1993), Phonetics, early modern: especially instrumental and experimental work. In: Asher, R.E. & Simpson, J.M.Y. (eds.), The Encyclopedia of Language and Linguistics. Oxford u.a., 3082-3095.

Trubetzkoy N. (1939), Grundzüge der Phonologie. Prag.

Zwirner, E. & Zwirner, K. (^{2}1966), Grundfragen der Phonometrie. Basel/New York, "II. Bemerkungen zur Geschichte der Phonetik", 17-110.

Teil II:
Allgemeine Phonetik - Die phonetischen Vorgänge beim Sprechakt

Bevor wir uns im dritten Teil des Buches mit der eigentlich vitalen Frage der Phonetik auseinandersetzen können, nämlich der nach dem Funktionieren der lautsprachlichen Kommunikation innerhalb einer Sprachgemeinschaft, müssen wir in diesem Teil vorab die biologischen Voraussetzungen dieses Funktionierens klären. Hierzu sollen nacheinander die für die Sprachproduktion grundlegenden physikalischen Vorgänge innerhalb des Sprechers, sodann die akustischen Prozesse der Schallerzeugung, -modifikation und -übertragung und schließlich die Vorgänge der Reiztransformation und -weiterverarbeitung im Gehörssystem des wahrnehmenden Kommunikationspartners dargestellt werden.

Wir wollen im Folgenden also die mit physikalischen Mitteln beschreibbaren Voraussetzungen klären, die es ermöglichen, dass sich ein Sprecher einem Hörer gegenüber mit lautlichen Mitteln verständlich macht. Vereinfachend wird dies in vielen Einführungen mit der folgenden Skizze dargestellt, wobei aber unsere grundlegende Unterscheidung aus dem Einführungskapitel, nämlich die zwischen *wahrnehmbaren phonetischen Ereignissen* und *messbaren phonetischen Vorgängen* durch den zugrundegelegten informationstheoretischen Signalbegriff nicht zum Ausdruck kommt: Der Sprecher übermittelt dem Hörer über einen Kanal eine in einem gemeinsamen Kode ausgedrückte Information.

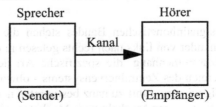

Abb. 1: Einfaches Schema der Kommunikationskette.

Wir gehen daher einen Schritt weiter und verstehen unter Signal (in unserem Sinne eingeschränkt) das, was wir (prinzipiell) beim Ablauf von Sprechakten mithilfe geeigneter Messgeräte als für das Funktionieren dieser Sprechakte notwendige physikalische Vorgänge über die Zeit (d.h. als sog. Zeitsignal) messen können. Somit erhalten wir das weitaus komplexere Bild des *'signalphonetischen Bandes'* (vgl Tillmann 1980).

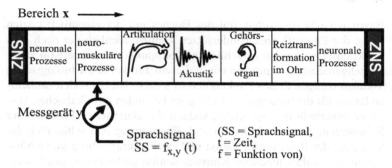

Abb. 2: Die Bereiche des 'signalphonetischen Bandes'.

Wir verwenden also den Begriff 'phonetisches Signal' nicht in dem Sinne von "das akustische Signal signalisiert dem Hörer eine bestimmte Sprecherabsicht" sondern im Sinne von "das akustische, mittels eines Mikrophons aufgenommene und am Oszilloskop als Schalldruckverlauf dargestellte Zeitsignal". Wir verstehen unter phonetischem Signal aber nicht nur das akustische Sprachsignal sondern alle messbaren Vorgänge in dem (physikalisch nicht unterbrochenen) Bereich zwischen dem Zentralnervensystem des Sprechers und dem des Hörers, so z.B. auch "die gemessene Veränderung der horizontalen und vertikalen Position einer auf dem hinteren Zungenrücken angeklebten Induktionsspule bei der Artikulation von velaren Konsonanten".

Innerhalb des signalphonetischen Bandes stehen die zu messenden Signale untereinander von links nach rechts gelesen in einem physikalischen Kausalzusammenhang: die spezifische Art der Aktivität im motorischen Bereich des Zentralnervensystems - obwohl wir hierüber noch recht wenig wissen - führt zu ganz bestimmten neuroelektrischen Aktivitäten bei bestimmten Muskeln bzw. Muskelgruppen, was seinerseits zu einer durch die resultierenden Muskelkontraktionen und Artikulatorbewegungen bewirkten Veränderung der geometrischen Form des Mund- und Rachenraumes führt, wobei sich diese Form wiederum in komplexer aber eindeutiger Weise im akustischen Sprachsignal abbildet, welches zum Hörer übertragen und von dessem Gehörssystem nach der Reiztransformation weiter signalmäßig verarbeitet wird.

Bei diesem kurzen Blick auf das grundsätzliche Geschehen innerhalb des signalphonetischen Bandes sei schon hier darauf hingewiesen, dass die in der Realität bei Sprechakten ablaufenden Prozesse weit vielfältiger sind und auf komplexe Art und Weise miteinander interagieren. Noch in diesem Kapitel werden wir z.B. sehen, dass der Sprachproduktionsprozess keinen rein von der Großhirnrinde nach außen an die Artikulationsorgane gerichteten efferent-motorischen Prozess darstellt. Neben innerhalb des Nervensystems bestehenden Servomechanismen in Form von Rückkoppelungsschleifen erfährt der Sprecher auch bewusst wahrnehmungsmäßig-reafferent die Resultate seiner sprechmotorischen Aktivität: Er registriert die Lage und Bewegung seiner Artikulationsorgane, spürt taktil[1] die Berührungen z.B. der Zunge mit dem Gaumen bzw. den Kontakt zwischen beiden Lippen und nicht zuletzt hört er auch seine Äußerung, wobei er all seine Sinne eben auch dazu einsetzt sich ggf. zu korrigieren.

Wie der Sprecher immer auch gleichzeitig natürlicherweise ein Hörer ist, so ist der Hörer auch immer ein (zumindest potentieller) Sprecher, der um die sprechmotorischen Vorgänge 'weiß'. So kann ihn z.B. Lippenlesen bei gestörter Akustik beim Verstehen hilfreich sein, so ist aber auch im Bereich der Sprachwahrnehmungsforschung noch keineswegs klar, inwieweit sich die auditorische Sprachsignalverarbeitung beim Menschen implizit auf motorische Komponenten der Sprachproduktion stützt.

im Folgenden sollen in jeweils eigenen Kapiteln die drei klassischen Bereiche der allgemeinen Phonetik zur Darstellung kommen - die artikulatorische, die akustische und die auditive (oder perzeptive) Phonetik - und zwar unter dem Aspekt der physikalischen Vorgänge eben bei der Sprachproduktion, der akustischen Vorgänge der Schallproduktion und -übertragung sowie die der Vorgänge bei der Verarbeitung durch

---

[1] D.h. mit seinem Tastsinn.

das Gehör. Die Unterkapitel beziehen sich dabei jeweils (1.) auf die allgemeinen Grundlagen, (2.) die einzelnen zu behandelnden Prozesse und (3.) die speziellen instrumentellen und experimentellen Untersuchungsmethoden (wobei das letztere Kapitel bei einführender bzw. kursorischer Lektüre vom Nicht-Phonetiker jeweils auch überblättert werden kann).

1 Artikulatorische Phonetik

1.1 Grundlagen der Sprachproduktion

Im Folgenden wollen wir die detailliertere Beschreibung der Vorgänge bei der Sprachproduktion nicht so sehr an unserer obigen Skizze des Informationsflusses innerhalb des signalphonetischen Bandes orientieren, sondern wählen die - auch dem heutigen Wissensstand noch angemessenere - klassische Betrachtung des artikulatorischen Oberflächenverhaltens des Sprechers als Ausgangspunkt, um erst nach der eingehenderen Behandlung der peripheren Artikulationsvorgänge knapper auf die Modelle der Steuerung und Kontrolle derselben sowie auf deren neurophysiologische Grundlagen einzugehen.

Die Darstellung ist dabei stark funktional-physiologisch gehalten, wobei nur die in unserem Zusammenhang wichtigsten anatomischen Grundlagen (wie einzelne Muskeln und deren Verlauf, einzelne Knorpel- und Knochenstrukturen) behandelt werden sollen. Einschlägige weiterführende Literatur ist jeweils am Ende der einzelnen Unterkapitel aufgeführt.

Zu den Sprechbewegungen (im weiteren Sinn) zählen wir die Bewegungsvorgänge innerhalb der drei für die Sprachproduktion grundlegenden Funktionskreise

- Atmung (Kap. 1.2)
- Phonation (Kap. 1.3) und
- Artikulation (d.h. die Sprechbewegungen im engeren Sinne; Kap. 1.4).

Unter dem funktionalen Gesichtspunkt (d.h. in Hinblick auf das akustische Resultat) werden diese Funktionskreise auch als

- Initiator (Atmung)
- Generator (Phonation) und
- Modifikator (Artikulation) bezeichnet:

Die Atmung liefert den für die Rohschallgenerierung nötigen subglottalen Luftdruck, durch den die Stimmlippen im Kehlkopf in klangerzeugende Schwingungen versetzt werden, während die sich verändernde geometrische Form des Ansatzrohres (d.h. des Rachen-, Mund- und Nasenraums) sich (als akustisches Filter) klangmodifizierend auswirkt (vgl. Kap. 2.2).

Die mit diesen phonetischen Funktionskreisen verbundenen anatomischen Strukturen dienen primär anderen vitalen Funktionen: So dient die Atmung in erster Linie der Sauerstoffzufuhr für unseren Körper, werden Kiefer, Lippen, Zunge und auch Kehlkopf im Zusammenhang mit der Nahrungsaufnahme benötigt, nämlich für die Zerkleinerung und Einspeichelung der Nahrung sowie für den Schluckvorgang, bei dem zudem die Atemwege vor dem Eindringen fester oder flüssiger Nahrung geschützt werden müssen. Neben den primären Funktionen dieser anatomischen Strukturen konnten von diesen erst nach phylogenetischen Veränderungen (z.B. der Lage des Kehlkopfs relativ zum Mund- und Rachenraum, Ausdifferenzierung des Knorpelgerüsts und der Muskeln des Kehlkopfs) in der Entwicklung zum Menschen (sowie der ontogenetischen Entwicklung des jungen Menschen) und durch Modifikation der mit ihnen ausgeführten Bewegungen die uns beschäftigenden lautsprachlichen Funktionen übernommen werden. im Folgenden sollen uns jedoch ausschließlich die lautsprachlich relevanten Funktionen beschäftigen, wobei nur an bestimmten Stellen an diese primär andere funktionale Einbindung erinnert werden muss (z.B. bei der Unterscheidung zwischen Ruhe- und Sprechatmung oder der zwischen der Ruhelage der Zunge beim Atmen bzw. der neutralen Zungenlage beim Sprechen).

Alle lautsprachliche Kommunikation beruht auf der artikulatorischen Manipulation eines Luftstroms, die zu einem gehörsmäßig wahrnehmbaren - und differenzierbaren - akustischen Resultat in Form eines Klanges bzw. eines Geräusches führt.

In den heutigen europäischen Sprachen werden die für die Einzelsprachen relevanten lautlichen Differenzierungen normalerweise durch die Modifikation des ausgeatmeten (egressiven) Luftstroms im Kehlkopf und/oder im Ansatzrohr gebildet.

Die Erzeugung wie die Modifikation dieses Luftstroms geschieht ausnahmslos durch Bewegungen spezifischer Körperteile des Sprechers, wobei diese durch die gemeinsame Aktivität verschiedener Muskeln bzw. Muskelgruppen (für die Bildung eines Einzellautes etwa jeweils 35 verschiedene Muskeln) in vergleichbarer, unterstützender (synergistisch) oder entgegengesetzter Form (antagonistisch) zuwege gebracht werden.

Grundlagen der Sprachproduktion 19

Bei der folgenden, auch einzelne Muskeln etwas detaillierter betrachtenden Beschreibung der artikulatorischen Vorgänge sollte im Auge behalten werden, dass die einzig mögliche Muskelaktivität die der Kontraktion ist, wobei die resultierende Form der Bewegung jeweils von den durch die jeweiligen Muskeln verbundenen Strukturen und den ggf. dazwischenliegenden Gelenken abhängig ist.[2]

Die gestreiften, willkürlichen Muskeln bestehen aus einer Vielzahl einzelner kürzerer zylindrischer und die Gesamtlänge des Muskels durchziehender spindelförmiger Fasern mit einem Durchmesser zwischen 10 und 100 µm. Neben diesen sog. extrafusalen Fasern sind in speziellen Rezeptororganen, den sog. Muskelspindeln (vgl. u. S. 74, Abb. 33), im Inneren des Muskels kürzere intrafusale Fasern durch Bindegewebshüllen eingefasst.

Mehrere Muskelfasern eines Muskels werden zu einem kurzzeitigen Zusammenziehen gebracht, sobald ein einzelnes vorgeschaltetes Motoneuron über die motorischen Endplatten in den Fasern dieser motorischen Einheit kurze elektrische Impulse, die sog. Aktionspotentiale (vgl. u. 1.4.7) auslöst, wobei diese elektrisch hervorgerufene Kontraktion mit einer Verzögerung von ca. 0.2 ms einsetzt. Die Anzahl der in einer motorischen Einheit gemeinsam innervierten Muskelfasern ist dabei von Muskel zu Muskel je nach dessen Funktion sehr unterschiedlich. So zeigen Muskeln, die feinabgestimmte Bewegungen zu vollziehen haben (wie z.B. die intrinsischen Zungenmuskeln; s.u.) ein niedrigeres Innervationsverhältnis von wohl um die 7 Fasern pro motorischer Einheit, während Muskeln, die nur eine grobe Kontrolle erfordern, ein Innervationsverhältnis von bis zu 1700 erreichen. Ebenso variiert auch die Verteilung der motorischen Einheiten innerhalb der Struktur eines einzelnen Muskels.

Zur Erreichung unterschiedlich starker Muskelkontraktion stehen zwei sich ergänzende physiologische Mechanismen zur Verfügung: Zum einen die erhöhte Rate der Aktionspotentiale innerhalb einer motorischen Einheit und die Anzahl der aktivierten Einheiten andererseits.

---

[2] Wobei auf Grund der Vielzahl der an einer Einzellautproduktion beteiligten Strukturen sich trotz dieser prinzipiellen Einfachheit des Funktionierens dennoch sehr komplexe Zusammenhänge zeigen können.

1.2 Atmung

Die Atmung vollzieht sich auf Grund der räumlichen Ausdehnung bzw. der Verengung des Brustraums (*thorax*). Das skelettöse Gerüst des Brustkorbs wird von zwölf paarigen, hinten gelenkig mit der Wirbelsäule (*vertebrae*) verbundenen Rippen gebildet, die vorne bis auf die beiden untersten jeweils durch einen knorpeligen Teil (die ersten sieben direkt, die drei folgenden durch einen gemeinsamen Knorpel) mit dem Brustbein (*sternum*) verbunden sind. An seiner Unterseite ist der Brustraum durch den konvexen, kuppelförmigen Zwerchfellmuskel (*diaphragma*) gegenüber der Bauchhöhle abgegrenzt. Dieser durch die Rippen und das Zwerchfell gebildete zylindrische Raum ist innen mit dem Rippenfell (*pleura costalis/parietalis*) überzogen, die sich in seinem Inneren befindlichen paarigen Lungen ihrerseits vom sog. Lungenfell (*pleura pulmonaris/visceralis*). Beide Pleurae sind durch einen Flüssigkeitsfilm miteinander verbunden (vgl. Abb. 3).

Die Atmung vollzieht sich auf Grund der mit der Ausdehnung bzw. der Verengung des Brustraumes verbundenen Veränderung des Lungenvolumens und damit des Luftdrucks innerhalb der Lunge.

Ein Überfluss an Kohlendioxyd im Blut und damit die Notwendigkeit erneuter Sauerstoffzufuhr wird im verlängerten Mark (*medulla oblongata*) des Zentralnervensystems registriert und führt über die Erregung des phrenischen Nervs (s.u.) und der Thorax-Nerven reflexartig zu einer Erweiterung des Brustkorbs, wobei sich im Inneren der sich mitausdehnenden Lunge ein Unterdruck entsteht. Infolge des passiv sich vollziehenden Luftdruckausgleichs zwischen dem atmosphärischen Umgebungsluftdruck und dem im Inneren der Lunge strömt Luft durch den Kehlkopf und die aus 18 miteinander verbundenen hufeisenförmigen Knorpeln gebildete Luftröhre (*trachea*) über die sich zu den beiden Lungenflügeln verzweigenden Bronchien und die sich weiter verästelnden Bronchiolen in die das Hauptvolumen der Lunge ausmachenden, aus elastischem Gewebe gebildeten Lungenbläschen (*alveoli*).

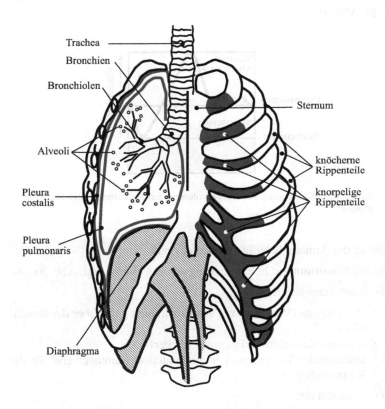

Abb. 3: Der anatomische Aufbau des Brustraums (linke Seite aufgeschnitten mit Zentralschnitt durch die Lunge).

Im Ruhezustand beträgt das Luftvolumen in der Lunge durchschnittlich 4 Liter. Bei der Ruheatmung erhöht sich ihr Inhalt beim Einatmen jeweils um ca. einen halben Liter, um dann wieder auf den Ruhewert abzufallen. Bei kräftigem Einatmen kann das Lungenvolumen bis auf 7 Liter erhöht werden, beim totalen Ausatmen hingegen die Lunge auf ein Restvolumen von 2 Liter zusammengepresst werden. Diese letztere Volumendifferenz zwischen Maximal- und Restvolumen nennt man auch die *Vitalkapazität*, die bei verschiedenen Personen je nach physischer Konstitution unterschiedlich ist, im Mittel aber 5 Liter beträgt (vgl. Abb. 4).

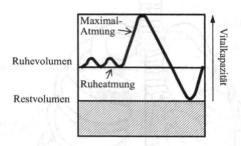

Abb. 4: Die Veränderung des Lungenvolumens bei Ruheatmung und Maximalatmung.

Die an der Atmung beteiligten Muskeln sind
für die **Einatmung** (d.h. Erweiterung des Brustkorbs, vgl. Abb. 5 u. 6) die Brustraummuskeln:

- Diaphragma (Vergrößerung des Brustraums gegenüber der Bauchhöhle)
- Intercostales externi (Hauptrippenheber)
- Intercostales interni (pars interchondralis) (unterstützend für die Rippenanhebung),

die Halsmuskeln:

- Scalenus (unterstützend oberste beide Rippen anhebend bzw. fixierend)
- Sternocleidomastoideus (Hebung des Brustbeins und Schlüsselbeins (bei forcierter Atmung)),

die Schultermuskeln (bei forcierter Atmung):

- Pectoralis major (unterstützend Brustbein und Rippen hebend)
- Pectoralis minor (zusammen mit P. major unterstützend die oberen Rippen anhebend)
- Serratus anterior (Anhebung der oberen Rippen)
- Subclavicus (unterstützende Anhebung der ersten Rippe)

sowie die Rückenmuskeln (bei forcierter Atmung)

- Serratus posterior superior (Anhebung der oberen Rippen im hinteren Teil)
- Latissimus dorsi (pars costalis) (Anhebung der unteren Rippen)
- Iliocostalis cervicis (Anhebung der oberen Rippen);

für die **Ausatmung** (d.h. Verengung des Brustraums, vgl. Abb. 7 u. 8) die Brustraummuskeln:

- Intercostales interni (Hauptrippensenker)
- Subcostales (unterstützend bei der Rippenabsenkung)
- Transversus thoracis (Absenkung der Rippen bei fixiertem Brustbein),

die Bauchmuskeln:

- Transversus abdominis (Kompression der Bauchhöhle)
- Obliquus internus/externus abdominis (Kompression der Bauchhöhle und Absenkung der Rippen)
- Rectus abdominis (Kompression der Bauchhöhle und Absenkung des Brustbeins)

sowie die Rückenmuskeln (bei forcierter Atmung):

- Latissimus dorsi (Kompression des unteren Brustraums)
- Iliocostalis (unterstützender hinterer Rippensenker)
- Serratus posterior inferior (unterstützend für Rippenabsenkung bzw. -fixation)
- Quadratus lumborum (Fixation der letzten Rippe)

Die für die Einatmung nötige Erweiterung des Brustkorbs erfolgt je nach Atemstärke durch die Kontraktion unterschiedlicher Muskelgruppen. Die für die Einatmung wichtigsten Muskeln stellen die Brustraummuskeln Diaphragma und die Intercostales externi sowie diese unterstützend die zwischen den knorpeligen Teilen der Rippen liegende Teile der Intercostales interni dar.

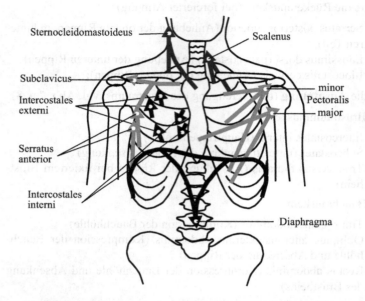

Abb. 5: Schemaskizze der an der Einatmung beteiligten Brustraum- (schwarz), Hals- (dunkelgrau) und Schultermuskeln (hellgrau); Pfeile kennzeichnen deren jeweilige Zugrichtung.

Der dünne, aber extrem starke kuppelförmige Zwerchfellmuskel (*diaphragma*), der den Brustraum gegenüber der Bauchhöhle abschließt, setzt am Unterrand und den Innenkanten der siebten bis zwölften Rippe, dem unteren Ende des Brustbeins sowie der oberen drei Beckenwirbel an, wobei seine Fasern in verschiedenen Schichten mittig (median) aufwärts und vorwärts verlaufen und an der mehr bauchseitig (ventral) gelegenen, irregulär geformten Mittelsehne zusammentreffen. Die Kontraktion des Diaphragmas bewirkt hauptsächlich ein Herabziehen seiner Mittelsehne um ca. 1 bis 5 cm (bis zu 10 cm bei forcierter Einatmung) sowie eine Anhebung der unteren Rippen.

Die Fasern der äußeren Zwischenrippenmuskeln (intercostales externi) verbinden die jeweils gegenüberliegenden Kanten des knöchernen Teils benachbarter Rippen schräg nach unten, wobei sie vorwärts zum Brustbein (*sternum*) hin auslaufen. Bei ihrer Kontraktion erfolgt - bei durch den Halsmuskel Scalenus fixierter erster Rippe - eine Brustraumerweiterung durch die damit verbundene seitlich und vorwärts drehende Anhebung der Rippen.

Die Anhebung der vorderen Rippenteile kann unterstützt werden durch die Kontraktion der in Brustbeinnähe verstärkten, den knorpeligen Rippenteil betreffenden Teile der innerhalb der Intercostales externi senkrecht zu diesen verlaufenden Fasern der Intercostales interni.

Bei forcierter Einatmung können diese Muskeln zusätzlich unterstützt werden durch Schulter-, Hals- und Rückenmuskeln, deren Verlauf und Zugrichtung in den Abb. 5 u. 6 dargestellt ist.

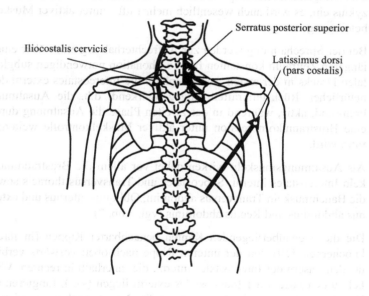

Abb. 6: Die an der Einatmung unterstützend beteiligten Rückenmuskeln.

Die Ausatmung erfolgt bei Ruheatmung vornehmlich passiv auf Grund von drei Rückstellkräften: Die Lunge stellt sich bei fehlender Kontraktion des Diaphragmas und dem entgegenwirkenden Druck des Bauchhöhleninhalts elastisch auf ihr Ruhevolumen zurück, ebenso entfallen bei nichtaktiven äußeren Zwischenrippenmuskeln die Verdrehungskräfte an den knorpeligen Rippenteilen und auf Grund der Schwerkraft senken sich die beim Einatmen angehobenen Rippen wieder in ihre Ruhelage.

Normalerweise atmet der Mensch in Ruhe zwischen 12 und 20 Mal in der Minute, wobei in diesem Zyklus von im Durchschnitt dreieinhalb Sekunden die Phase der Einatmung etwa 40% (entsprechend anderthalb Sekunden) gegenüber der Ausatemphase von 60% (entsprechend zweieinhalb Sekunden) ausmacht.

Dieses Bild ändert sich erheblich, wenn wir das Atmen beim Sprechen oder - in anderer Art und Weise - beim Anhalten eines Tones betrachten. Nicht nur wird stärker eingeatmet, diese Phase - bezogen auf den nächstfolgenden Atemzug - nimmt hier nur mehr ca. 10% des Gesamtzyklus ein, es wird auch wesentlich mehr Luft - unter aktiver Muskelbeteiligung - ausgeatmet.

Bei der Sprechatmung werden zur Aufrechterhaltung eines über einen längeren Zeitraum konstanten für die Phonation notwendigen subglottalen Drucks in der ersten Ausatemphase die Intercostales externi den natürlichen Rückstellkräften entgegenwirkend, d.h. die Ausatmung bremsend, aktiv, während in der zweiten Phase die Ausatmung durch eine Brustraumkompression unter aktiver Muskelkontrolle weitergeführt wird.

Als Ausatmungsmuskeln wirken dabei vor allem die Brustraummuskeln Intercostales interni, Subcostales und Transversus thoracis sowie die Bauchmuskeln Transversus abdomini, Obliquus internus und externus abdominis und Rectus abdominis (vgl. Abb. 7).

Die die gegenüberliegenden Kanten benachbarter Rippen (in ihrem knöchernen Teil) von der unteren Rippe nach oben vorwärts verbindenden Fasern der Intercostales interni, die innerhalb in rechtem Winkel zu den Fasern der Intercostales externi liegen (s.o.), fungieren als Hauptausatmungsmuskeln, indem sie die Rippen nach unten ziehen. Dabei werden sie durch die im unteren Brustraum parallel zu ihnen verlaufenden und sich über mehrere Rippen erstreckenden Subcostales unterstützt. Zusätzliche Aktivität in den inneren Zwischenrippenmuskeln zeigt sich auch laut- bzw. betonungsabhängig, z.B. bei [h] und langen Vokalen sowie bei Hauptakzentpositionen. Die Rippenabsenkung wird ebenso durch die Kontraktion des vom Sternum fächerförmig nach seitlich oben zu den Rippen zwei bis sechs verlaufenden Transversus thoracis unterstützt.

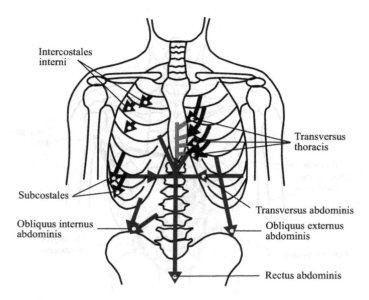

Abb. 7: Die an der Ausatmung beteiligten Brustraum- (schwarz) und Bauchmuskeln (grau).

Die in den späten Phasen der Ausatmung in Aktion tretenden Bauchmuskeln bewirken durch ihre Kontraktion eine Verengung der Bauchhöhle und führen durch den damit verbundenen Druck auf das Diaphragma zu einer zusätzlichen Verminderung des Brustraumvolumens. Dies geschieht z.B. bei der Aktivität des tief in der vorderen Bauchhöhle liegenden schmalen gürtelförmigen Transversus abdominis. Zusätzlich zu dieser Hauptfunktion werden bei Aktivität des Obliquus und des Rectus abdominis (deren Verlauf und Zugrichtung in Abb. 7 dargestellt sind) zusätzlich auch die Rippen weiter abgesenkt.

Bei forcierter Ausatmung werden die genannten Brustraum- und Bauchmuskeln durch die in Abb. 8 im gewohnten Schema dargestellten Rückenmuskulatur unterstützt, die zusätzlich eine generelle Verengung des Brustraums bzw. ebenfalls ein Absenken der Rippen bewirken.

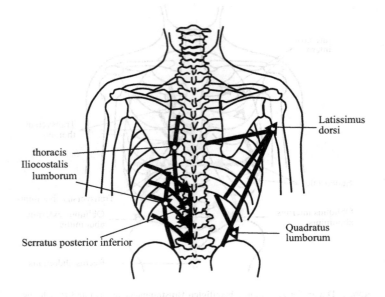

Abb. 8: Die bei forcierter Ausatmung unterstützend beteiligten Rückenmuskeln.

Der zeitliche Zusammenhang zwischen dem Luftvolumen, dem gemessenen subglottalen Druck und der mittels Elektromyographie (vgl. u.) gemessenen Aktivität ausgewählter Atemmuskeln wird in der Abb. 9 als Ergebnis eines Experiments bei einer nach einem tiefen Atemzug am Stück von 1 bis 32 zählenden amerikanischen Versuchsperson dargestellt. Während der gesamten Sprechdauer bleibt der für die Phonation nötige subglottale Druck[3] nahezu gleich. An der in der ersten Hälfte der Sprechphase weiter anhaltenden Aktivität der Intercostales externi zeigt sich, dass der bei rein passiver Ausatmung entstehende Druck zu hoch wäre, wohingegen in der zweiten Hälfte der Sprechphase nacheinander die zusätzliche Aktivität von Intercostales interni, Obliquus und Latissimus dorsi erforderlich werden.

---

[3] Wobei dieser als der durch die davorliegende Luftröhre ausgeübte Druck auf einen in die Speiseröhre (*oesophagus*) geschluckten kleinen Ballon gemessen wurde.

Wenngleich die Daten der Abbildung in einer nicht sehr natürlichen Sprechsituation erhoben wurden, so zeigt sich an ihnen doch schon, dass gewisse Vorstellungen, wie sie in der älteren Phonetik vertreten wurden, falsch sind, so z.B. die Vorstellung, dass jede gesprochene Silbe mit einer abgrenzbaren Aktivität der Ausatemmuskeln verbunden sei. Wir werden in einem eigenen Kapitel am Ende dieses Abschnitts zur lautlichen Sprachproduktion auf die komplexe Koordination der Bewegungsaktivitäten zwischen den Funktionskreisen Atmung, Phonation und Artikulation nochmals zurückkommen.

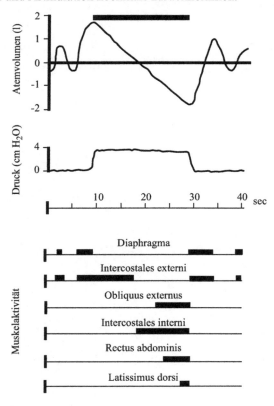

Abb. 9: Der zeitliche Zusammenhang zwischen geatmetem Luftvolumen (in Bezug zum mittleren Volumen (oben), oesophagalem Druck (Mitte) und den Muskelaktivitäten (unten); der schwarze Balken im oberen Abschnitt markiert die Dauer des Sprechvorgangs.

Im folgenden Kapitel wollen wir uns nun den Vorgängen und den für diese verantwortlichen Mechanismen zuwenden, die den aus den Lungen ausgeatmeten Luftstrom in einem ersten Schritt modifizieren, nämlich den Vorgängen innerhalb des als Knorpelstruktur den oberen Abschluss der Luftröhre bildenden Kehlkopfs in seiner Funktion als Rohschallgenerator bei stimmhaften Lauten.

1.3 Phonation

1.3.1 Der Kehlkopf

Der Kehlkopf (*larynx*) bildet den oberen Abschluss der Luftröhre gegenüber dem Rachen- und Mundraum. Er stellt ein komplexes Ventil dar und hat sich in dieser Funktion phylogenetisch, in der Entwicklung der Arten, aus einem einfachen Schließmuskel entwickelt. Seine Ventilfunktion ist vielfältiger Art: Primär dient der Kehlkopf dem Verschließen der Luftröhre gegenüber dem Eindringen von flüssiger und fester Nahrung, die über die heruntergezogene Epiglottis seitlich rückwärts in die Speiseröhre geleitet wird, beim Husten hingegen bewirkt er im Zusammenspiel mit forcierter Ausatmung durch eine explosionsartige Bewegung, dass Schleim oder eingedrungene Fremdkörper aus den unteren Atmungswegen herausgeschleudert werden, seine Verschließfunktion dient aber auch dem Aufbau eines erhöhten Drucks innerhalb des Brustraums beim Heben schwerer Gegenstände, beim Erbrechen bzw. bei der Darmentleerung. Seine Funktion für die lautsprachliche Kommunikation schließlich besteht in der kontrollierten Stimmtonerzeugung (Phonation) durch die schwingenden Stimmlippen, wobei durch die Kehlkopfmuskulatur im Zusammenspiel mit dem Druck der ausgeatmeten Luft das Auftreten, die Geschwindigkeit, die Stärke und die Form dieser Schwingung und somit die Stimmhaftigkeit, die Stimmtonhöhe, die Lautstärke und die Stimmqualität kontrolliert werden können.

Der Kehlkopf (vgl. Abb. 10) besteht aus gelenkig miteinander verbundenen fünf Knorpelstrukturen, ca. einem halben Dutzend intrinsischer Muskeln, Bändergewebe und auskleidenden Schleimhäuten. Er ist durch extrinsische Muskeln oberhalb mit dem Zungenbein (*hyoid*) sowie unterhalb mit dem Brustbein (*sternum*) verbunden und somit in seiner vertikalen Lage veränderbar.

Die Basis bildet der mit seiner Breitseite nach hinten weisende siegelringförmige Ring- oder Cricoid-Knorpel (*c. (= cartilago) cricoideus*), der auf dem letzten der hufeisenförmigen nach hinten durch flexibles Gewebe der Speiseröhre (*oesophagus*) abgeschlossenen Trachea-Knorpel aufsitzt. Darüber liegt - mit seinen beidseitigen unteren Hornfortsätzen mit diesem gelenkig verbunden - der nach hinten offene Schild- oder Thyroid-Knorpel (*c. thyroideus*). Der Thyroid besteht aus zwei seitlichen Platten, die vorne an ihrem vertikal schmalsten Teil in einem Winkel von ca. 90° bei Männern ('Adamsapfel') bzw. ca. 120° bei Frauen ineinander übergehen. Rückwärtig besitzt der Thyroid paarige obere - durch Bänder (*l. (= ligamentum) thyroideum*) mit dem Zungenbein verbundene - und untere Hornfortsätze. Diese durch letztere gebildete Gelenkverbindung zwischen Thyroid und Cricoid ermöglicht dabei ein Vorwärtskippen des Thyroids gegenüber dem Cricoid bzw. ein Aufwärtskippen des Cricoids gegenüber dem Thyroid (vgl. Abb. 10 a). Ebenfalls gelenkig mit dem Cricoid verbunden sind die auf diesem hinten aufsitzenden paarigen Stell- oder Ary-Knorpel (*cc. arytenoidei*), wobei diese eine vorwärts-rückwärts gerichtete Gleit- sowie eine rotierende Seitwärtsbewegung gegenüber dem Cricoid vollführen können (vgl. Abb. 10d). Zwischen den Ary-Knorpeln und der mittleren Innenkante des Thyroids spannen sich die Stimmbänder (*l. vocale*) und Stimmlippenmuskeln, wobei der Zwischenraum zwischen diesen sowie zwischen den beiden Aryknorpeln die Glottis bilden. Die beweglich an der inneren Vorderkante des Thyroids ansetzende blattförmige Epiglottis schließlich bildet den zurückklappbaren Verschlussdeckel des Kehlkopfes.

1.3.2 Die myoelastisch-aerodynamischen Vorgänge bei der Phonation

Die Stimmtonerzeugung im Kehlkopf erfolgt durch die Schwingung der Stimmlippen, die durch die muskulären und elastischen Kräfte innerhalb dieser und die aerodynamischen Kräfte der durch die Glottis fließenden Luft hervorgerufen wird. Diese Kräfte wirken in Form eines Kreisprozesses, wie er in Abbildung 12 dargestellt ist:

Zu Anfang ist die Glottis geschlossen und die Stimmlippen sind gespannt. Durch den subglottalen Luftdruck wird dieser glottale Verschluss gesprengt und es beginnt Luft durch diesen Spalt zu fließen. Auf Grund der Verengung der Durchflussöffnung an der Glottis kommt es mit der damit verbundenen Erhöhung der Fließgeschwindigkeit der ausströmenden Luft zu den senkrecht zur Fließrichtung wirkenden

---

Abb. 10: (gegenüberliegende Seite) Das Knorpelgerüst des menschlichen Kehlkopfes (a) in Seitenansicht, (b) von vorne gesehen, (c) von hinten gesehen und (d) in Draufsicht (Membranen vertikal schraffiert, Bänder dunkelgrau; verdeckte Strukturen sind durch dünner gezeichnete Konturen angedeutet, verschiedene mögliche Bewegungen einzelner Knorpel durch Grauschattierung und Pfeile gekennzeichnet).

Phonation

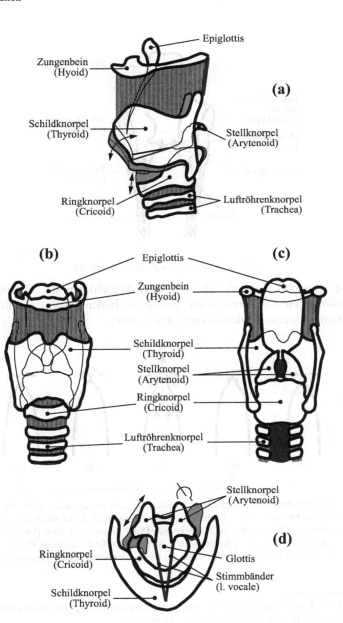

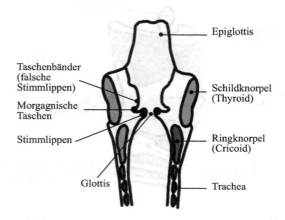

Abb. 11: Frontalschnitt durch den Kehlkopf.

sog. Bernoulli-Kräften,[4] die mit ihrer Sogwirkung die elastischen Stimmlippen wiederum einen Verschluss bilden lassen, womit der gesamte Prozess wiederum von vorne beginnt.

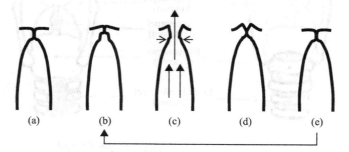

Abb. 12: Schematische Darstellung der Stimmlippenbewegung während der Phonation im Frontalschnitt: (a) geschlossene Glottis, (b) unter dem Einfluss des subglottalen Luftdrucks, (c) durch subglottalen Druck gesprengte Glottis (Luftstrom durch gefüllte Pfeile gekennzeichnet, Bernoulli-Kräfte durch offene Pfeile), (d) elastisch sich schließende Glottis, (e) Beginn des neuen Schwingungszyklus.

---

[4] Diese Kräfte sind es auch, die an der oben gerundeten Tragflächenseite einen Sog bewirken und damit das Flugzeug in der Luft halten.

Um in Schwingung geraten zu können, müssen die Stimmlippen durch die Ary-Knorpel in die geschlossene Position gebracht (= adduziert) werden, wie dies in Abbildung 13 (b) neben der Darstellung der Stimmlippenstellung beim Atmen (a) bzw. beim Flüstern (c) gezeigt ist.

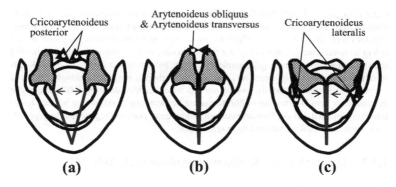

Abb. 13: Schematische Darstellung unterschiedlicher Stellungen der Stimmlippen sowie den an den Einstellungen beteiligten Muskeln: (a) beim Atmen bzw. - jeweils nur kurzzeitig bei der Produktion stimmloser Laute (abduziert), (b) bei der Phonation (geschlossen - adduziert), (c) beim Flüstern (geschlossene Stimmlippen, aber offene knorpelige Glottis (= Flüsterdreieck)).

Die Rate der Stimmlippenschwingung - und damit die Stimmtonfrequenz - sowie die Form dieser Schwingungen - und damit die Stimmqualität - sind von einer ganzen Reihe von Faktoren abhängig. Bezüglich der Stimmton-(= Grund-)Frequenz ist zum einen die natürliche Größe der Stimmlippen von grundlegender Bedeutung: Bei Frauen, deren Stimmlippenlänge zwischen 13 und 17 mm variiert, liegt die mittlere Grundfrequenz bei ca. 230 Hz (d.h. 230 Schwingungen in der Sekunde), wohingegen sie bei männlichen Sprechern mit längeren Stimmlippen zwischen 17 und 24 mm im Mittel 120 Hz beträgt. Bei Säuglingen mit Stimmlippen von lediglich ca. 5 mm Länge liegt die mittlere Grundfrequenz dementsprechend mit ca. 400 Hz am höchsten. Die Stimmtonfrequenz ist zusätzlich durch die muskuläre Einstellung der Stimmlippen und die kontrollierte Stärke des Ausatemdrucks im Rahmen des individuellen Stimmumfangs veränderbar (s.u.). Bei ausgebildeten Sängern beträgt dieser Umfang ca. 2 Oktaven (eine Oktave bezeichnet jeweils eine Verdoppelung der Frequenz). So kann die männliche Stimme zwischen ca. 80 (Bass) und 700 Hz, die weibliche zwischen ca. 140 bis 1100 Hz (Koloratursopran) variieren, die des Babys zwischen ca. 100 bis 1200 Hz. Nur ein geringer Teil des Stimmumfangs im eher tieferen Frequenzbereich - das sog. Brustregister - wird bei der lautsprachlichen Kommunikation genutzt.

Unter dem gesangskundlichen Begriff des Registers versteht man bestimmte, mit unterschiedlichen Stimmqualitäten (s.u.) verbundene Kehlkopfeinstellungen. Das Brustregister (auch: Bruststimme, modales Register, engl. *chest/modal/heavy register, modal voice*) ist durch eine geringe Länge der relativ dicken, in ihrer ganzen Länge regelmäßig schwingenden Stimmlippen gekennzeichnet. Beim Falsettregister (auch: -stimme, Kopfstimme, engl. *falsetto/light register*) sind die Stimmlippen hingegen gelängt, dünn und intern muskulär nicht versteift, so dass nur das äußere Schleimhaut- und Bändergewebe in gegenüber dem Brustregister höherfrequente Schwingung gerät, wobei bei den höchsten Frequenzen dabei die Stimmlippen auf Grund eines starken Gegeneinandergepresstseins auch nicht in ihrer vollen Länge schwingen.

1.3.3 Die intrinsische Kehlkopfmuskulatur (vgl. Abb. 14)

Die mechanische Einstellung der Teile des Kehlkopfs wird durch fünf Muskelgruppen bewerkstelligt:

- Schließmuskeln der oberen Larynxröhre
- einem Glottisöffner- oder Abduktormuskel
- Glottisschließer- oder Adduktormuskeln
- einem Stimmlippenlänger und
- den Stimmlippenmuskeln

Die Schließmuskeln der oberen Larynxröhre bilden der **Thyro-** und der **Aryepiglotticus**, die beide an der oberen Epiglottis ansetzen und bei Kontraktion ein nach unten gerichtetes Zurückklappen der Epiglottis bewirken.

Als Glottisöffner (oder Abduktormuskel) dient der paarige **Cricoarytenoideus posterior**, der an den hinteren äußeren Fortsätzen der Ary-Knorpel ansetzt und diese in einer rotierenden Einwärtsbewegung gegen die Mittelachse des Cricoids zieht, wodurch sich die vorderen (Vokalis-)Fortsätze der Aryknorpel mit den an ihnen befestigten Stimmlippen auseinanderbewegen (vgl. Abb. 13).

Der **Cricoarytenoideus lateralis** sowie der **Arytenoideus transversus** und **obliquus** fungieren als Glottisschließer (oder Adduktormuskeln).

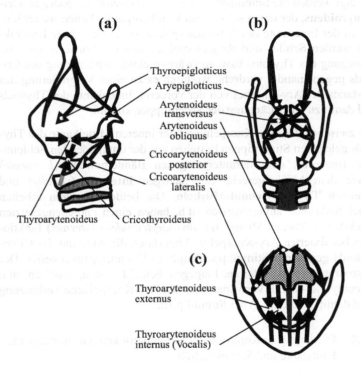

Abb. 14: Schematische Darstellung der intrinsischen Kehlkopfmuskeln und ihrer Zugrichtung: (a) in Seitenansicht (bei entfernter linker Thyroidplatte), (b) von hinten, (c) in Draufsicht.

Der **Cricoarytenoideus lateralis** setzt wie sein Antagonist, der Cricoarytenoideus posterior (s.o.), an den hinteren äußeren Fortsätzen der Ary-Knorpel an, zieht diese jedoch rotierend vorwärts, entlang der Seite des Cricoids, wodurch sich die vorderen Fortsätze der Ary-Knorpel gegeneinander drehen. Der **Arytenoideus transversus** verläuft horizontal an der Hinterkante beider Ary-Knorpel und zieht diese bei Kontraktion gegeneinander. Der über diesem gelegene paarige **Aryte-**

noideus obliquus setzt an der Spitze des einen Ary-Knorpel an und zieht diese in Richtung der Basis des anderen Ary-Knorpels und somit beide - und die Stimmlippen (und bei starker Kontraktion ebenso die falschen Stimmlippen) - gegeneinander.

Gelängt werden die Stimmlippen durch die Aktivität des paarigen **Cricothyroideus**, der unten seitlich am Ringknorpel und oben weiter hinten an der Innenseite des Schildknorpels ansetzt: Bei seiner Kontraktion werden Schild- und Ringknorpel als relative Vorwärts-abwärts-Bewegung des Thyroids bzw. Aufwärts-rückwärts-Bewegung des Cricoids gegeneinander verdreht, wodurch es zu einer Vergrößerung des Abstands der Ary-Knorpel von der vorderen Innenkante des Thyroids und damit zu einer Längung der Stimmlippen kommt.

Die zwischen den Ary-Knorpeln und der inneren Mittelkante des Thyroids gelegenen Stimmlippen bestehen aus der umkleidenden Schleimhaut (*mucosa*), dem daruntergelegenen Bändergewebe (*l. vocale*) sowie dem Muskelgewebe der paarigen **internen** (*vocalis*) und **externen Thyroarytenoid-Muskeln**. Die beiden Muskeln arbeiten dabei funktional antagonistisch (d.h. haben einen entgegengesetzten Effekt). Der Vocalis-Muskel (*m. thyroarytenoideus internus*) funktioniert bei fixierten Ary-Knorpel und bei durch die Aktivität des Cricothyroids gegebener Stimmlippenlänge als Stimmlippenversteifer. Der Thyroarytenoideus externus hingegen bewirkt - antagonistisch zum Cricothyroid - durch Vorwärtsziehen der Ary-Knorpel eine Verkürzung (und damit Verdickung) der Stimmlippen.

1.3.4 Die laryngale Kontrolle der Stimmhaftigkeit, Grundfrequenz, Lautstärke und Stimmqualität

Neben der Kontrolle der suprasegmentalen Größen (vgl. Kap. 5) des Grundfrequenz- und Intensitätsverlaufs einer lautsprachlichen Äußerung sowie der Kontrolle der Stimmqualität (s.u.) kommen dem Kehlkopf auch eher als artikulatorisch zu bezeichnende Aufgaben zu: Eine der wichtigsten ist die Differenzierung zwischen stimmhaften und stimmlosen Lauten. Bei der Hervorbringung lautsprachlicher Äußerungen ist hierbei die Phonationsstellung der laryngalen Mechanismen - d.h. aneinanderliegende (adduzierte) Stimmlippen - als die Normalstellung zu betrachten. Bei der Artikulation stimmloser (und aspirierter)

Laute (unter Ausschluss des Glottisverschlusses - wie schon der Name besagt) muss die Glottis jedoch für die freie Luftpassage geöffnet werden. Dies geschieht in einer normalerweise ballistischen (d.h. lediglich angestoßenen, nicht aber gesteuerten) Öffnungs-(oder Abduktions-) Bewegung der Stimmlippen, die durch die Kontraktion des Cricoarytenoideus posterior bewirkt wird.

Der hauptsächliche von laryngalen Mechanismen gesteuerte akustische Parameter ist die Stimmton-(oder Grund-)Frequenz, die durch die Rate der Schwingung der Stimmlippen bestimmt ist. Hierfür ist - wie bereits ausgeführt - die natürliche Länge der Stimmlippen von Bedeutung: interindividuell kürzere Stimmlippen schwingen schneller als längere (Baby, Frau, Mann). Für die (intraindividuelle) Variation der Stimmtonfrequenz eines einzelnen Sprechers sind die unterschiedlichsten Faktoren von Bedeutung: Die Masse der schwingenden Stimmlippen entlang ihrer horizontalen Ausdehnung, ihre Steife, die durch unterschiedlich starkes Gegeneinanderdrücken (mediale Kompression) veränderbare Länge ihres schwingungsfähigen Teils sowie die Stärke des subglottalen Drucks. Hier gilt, dass sowohl dünnere (und damit masseärmere), steifere, in ihrem Schwingungsbereich eingeschränkte und durch einen höheren Druck angeregte Stimmlippen schneller schwingen. Für die Erhöhung der Grundfrequenz spielt dabei der Cricothyroid-Muskel durch die Streckung und damit Verdünnung und Masseverminderung der Stimmlippen - unterstützt durch die adduzierende Funktion des lateralen Cricoarytenoids - die hauptsächliche Rolle.

Die Lautstärke des Stimmtons ergibt sich ebenfalls aus dem Zusammenspiel zwischen subglottalen und glottalen Mechanismen: Für die akustische Artikulation (s.u.) relevant ist vor allem die Abruptheit, mit der der transglottale Luftstrom durch das - auch von der Steife und der geometrischen Einstellung der Stimmlippen bestimmte - glottale Schließverhalten abgeschnitten wird (vgl. Abb. 15). Durch dieses veränderbare Abschneiden des Luftstroms kommt es zu den in der Periodizität der Grundfrequenz auftretenden unterschiedlich scharfen und unterschiedlich starken akustischen Impulsen, die den im Ansatzrohr modifizierten phonatorischen Rohschall von unterschiedlicher spektraler Ausprägung (s.u.) darstellen. Die schärferen und damit spektral ausgeprägteren Impulse bei der lauten Stimmgebung sind durch eine schnellere Verschlussphase (und damit ingesamt verkürzte offene

Phase von 30 - 50% des Schwingungszyklus gegenüber 50 - 70%) gekennzeichnet.

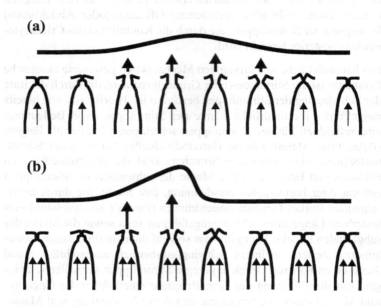

Abb. 15: Schematische Darstellung der laryngalen Schwingungsvorgänge (jeweils unten) sowie des resultierenden transglottalen Luftstroms (darüber) bei (a) leiser und (b) lauter Stimmgebung (erhöhter subglottaler Druck ist hier durch Verdopplung der dünnen Pfeile angedeutet, die Menge der ausströmenden Luft durch die Länge der oberen dicken Pfeile).

Auch die wahrgenommene Stimmqualität beruht auf der Form des glottalen Schwingungsverhaltens. So können sich bei 'behauchter Stimme' (engl. *breathy voice*) die schwingenden Stimmlippen auf Grund ihrer geometrischen Einstellung nicht ganz schließen bzw. zeigen wegen ihrer zu geringen Steife nur mäßigen Widerstand gegenüber dem subglottalen Druck, wodurch ein geräuschbehaftetes, spektral flaches und intensitätsschwaches Rohschallsignal entsteht. Eine 'rauhe Stimme' (engl. *harsh voice*) entsteht durch Irregularitäten in der Form bzw. der zeitlichen Abfolge der Stimmlippenschwingungen auf Grund der damit verbundenen akustischen Auswirkungen eines variablen Intensitäts- (engl. *shimmer*) bzw. Grundfrequenzverlaufs (engl. *jitter*).

Die 'heisere Stimme' (engl. *hoarse voice*) schließlich ist durch das gemeinsame Auftreten der Merkmale der behauchten wie der rauhen Stimme gekennzeichnet.

1.3.5 Die extrinsische Kehlkopfmuskulatur (vgl. Abb. 16)

Die im vorangegangenen Abschnitt angesprochenen suprasegmental phonetisch relevanten laryngalen Parameter der Stimmlippenspannung etc. sind aber nicht nur durch die intrinsisch laryngalen muskulären Prozesse bedingt, sondern unterliegen auch dem Einfluss der artikulationsabhängigen Aktivität der extrinsischen Kehlkopfmuskulatur.

Die extrinsische Kehlkopfmuskulatur besteht aus den beiden Muskelgruppen der

- oberhalb des Zungenbeins gelegenen Kehlkopfheber und
- unterhalb des Zungenbeins gelegenen Kehlkopfsenker.

Die primäre Funktion der extrinsischen Kehlkopfmuskulatur ist die Unterstützung des Schluckakts.

Die artikulatorische Funktion der oberhalb des Zungenbeins gelegenen (Zungen-)Muskulatur wird weiter unten noch im einzelnen zu behandeln sein; hier sei nur knapp auf deren Funktion im Zusammenhang mit eigentlich laryngalen Artikulationsbewegungen eingegangen sowie auf die mit der artikulatorischen Aktivität dieser Muskeln verbundenen Einflüsse auf die laryngal gesteuerten prosodischen Größen (vgl. Kap. 5).

Die Kehlkopfheber - allen voran der hintere und vordere Teil des **Digastricus** - spielen eine bestimmende Rolle bei der Produktion von Ejektiven wie [p', t', k'] (s.u. Kap. 4.1.10), indem sie bei durch die intrinsische Muskulatur geschlossener Glottis den Kehlkopf zum Zeitpunkt der oralen Verschlusslösung abrupt heben und damit den supraglottalen Druck in der für die Produktion dieser Laute notwendigen Weise erhöhen.

Der umgekehrte Effekt - eine Erniedrigung dieses supraglottalen Drucks zum Zeitpunkt der Verschlusslösung -, wie er für die Produktion von Implosiven wie [ɓ, ɗ, ɠ] (s.u. Kap. 4.1.10) nötig ist, wird durch die Aktivität der subhyoidalen Kehlkopfsenker - insbesondere des **Sternohyoideus** - erreicht.

Durch die im engeren Sinne artikulatorische Aktivität der extrinsischen Kehlkopfmuskulatur wie z.B. die Hebung der Vorder- bzw. Hinterzunge durch den Digastricus bei hohen (geschlossenen) Vokalen erhöht sich zusätzlich die vertikale Spannung des Kehlkopfinneren - und damit der Stimmlippen -, so dass dies zu einer intrinsisch (d.h. artikulatorisch bedingten) höheren Grundfrequenz bei diesen Vokalen führt.

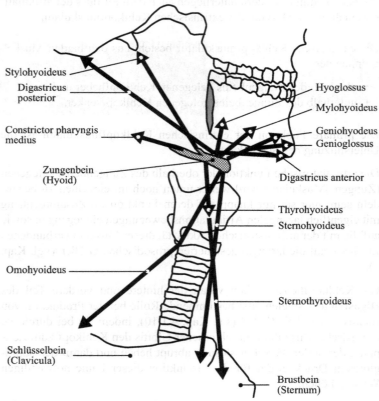

Abb. 16: Schematische Darstellung der extrinsischen Kehlkopfmuskeln und ihrer Zugrichtung (bezogen auf das nicht fixierte Zungenbein; bei Fixierung der entsprechenden Strukturen agieren diese als Kehlkopfheber bzw. -senker).

1.4 Artikulation

1.4.1 Das Ansatzrohr

Haben wir im vorausgegangenen Kapitel die anatomischen Strukturen und Muskeln betrachtet, die für die Rohschallerzeugung im Kehlkopf relevant sind, so wollen wir hier die für die Modifikation des Rohschalls durch die Veränderung der Ansatzrohrgeometrie (vgl. Kap. 2.2) notwendigen Artikulatoren mit ihren Muskeln in ihrer jeweiligen Funktion kennzeichnen. Mit dem ursprünglich aus der Instrumentenkunde stammenden Begriff des Ansatzrohres bezeichnen wir dabei den anatomisch von der Mund- bzw. Nasenöffnung begrenzten Luftraum oberhalb des Kehlkopfs bzw. der Glottis, der aus dem Rachen-, Mund- und Nasenraum besteht und in dem sich die eigentliche Artikulation abspielt.

Die Artikulatoren (d.h. die beweglichen Teile) des Ansatzrohres bestehen aus:

- der **Zunge** (*lingua*),
- den **Lippen** (*labia*),
- dem **Unterkiefer** (*mandibulum*),
- dem **Gaumensegel** (*velum*) mit dem **Zäpfchen** (*uvula*) sowie - in eingeschränkter Form -
- dem **Rachen** (*pharynx*) und
- der **Glottis**,

wobei das Ansatzrohr zusätzlich auch mittels der - durch die extrinsische Kehlkopfmuskulatur kontrollierte - Kehlkopfhöhe verändert werden kann.

Die Bewegung der (Teile von) Artikulatoren - der artikulierenden Organe (vgl. u. Kap. 4.1) - werden in der deskriptiven Phonetik in Bezug zu relativ fixen Strukturen des Ansatzrohres - den sog. Artikulationsstellen - beschrieben.

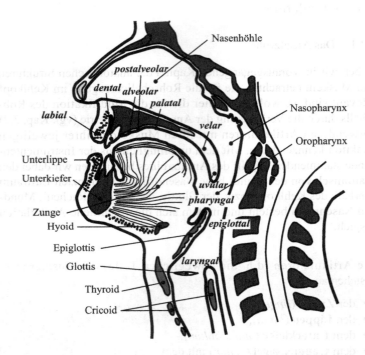

Abb. 17: Sagittalschnitt durch das Ansatzrohr (dunkelgrau: knöcherne, hellgrau: knorpelige Strukturen; kursiv: Artikulationsstellenbezeichnungen).

Die Artikulationsstellen (vgl. Abb. 17) von außen nach innen sind gegeben durch:

- die **Oberlippe** (*labial*): z.B. [p, b, m],
- die oberen **Schneidezähne** (*labiodental*): [f, v], (*inter-/addental*): [θ, ð]
- den Zahndamm, die **Alveolen** (*alveolar*): [t, d, n, s, z, l], (*postalveolar*): [ʃ, ʒ]
- den harten Gaumen, das **Palatum** (*palatal*): [ç, j],
- den weichen Gaumen, das **Velum** (*velar*): [k, g, ŋ, x],
- das Zäpfchen, die **Uvula** (*uvular*): [ʀ],
- die Rachenwand, der **Pharynx** (*pharyngal*): [ħ],
- den Kehldeckel, die **Epiglottis** (*epiglottal*): [ʔ] sowie
- die **Glottis** (*glottal, laryngal*): [ʔ].

Die relative Lage der Artikulatoren zueinander ist in Abb. 17 in einem Schnitt durch das Ansatzrohr dargestellt. Die Abbildung lässt gleichzeitig auch die für die Sprachproduktion nötige Feinabstimmung der einzelnen Artikulatoren untereinander zumindest erahnen.

Die durch diese Artikulatoren bewirkten geometrischen Veränderungen des Ansatzrohres - und die dadurch realisierten Artikulationsmodi - bestehen in:

- **globalen Formveränderungen** bezüglich der Länge (durch Kehlkopfhebung/-senkung und Lippenvorstülpung/-spreizung) und des Querschnittverlaufs (je nach Grad der Kieferöffnung und der vertikalen Zungenhöhe sowie der horizontalen Zungenlage; **vokalischer Artikulationsmodus**: so wird z.B. [i:] mit vorne hoher Zunge und gespreizten Lippen produziert),
- **lokalen Enge-** (Artikulationsmodus **Frikativ**: z.B. [s] mit alveolarer Engebildung) bzw. **Verschlussbildungen** (**total** bei Artikulationsmodus **Plosiv**: z.B. [t] mit alveolarem Verschluss, **Ejektiv, Implosiv**; **teilweise** bei **Lateral**: seitlich offener Verschluss z.B. bei [l]; **temporär** bei **gerollten, getippten Lauten**: z.B. beim gerollten Zungenspitzen-[r]) mit z.T. äußerst feiner Abstimmung auch der seitlichen Zungenform und
- der **Zu-** (Artikulationsmodus **Nasal**) bzw. **Abschaltung des Nasenraums** (durch abgesenktes bzw. gehobenes Velum: z.B. bei [n] mit oralem alveolaren Verschluss und gesenktem Velum).

An dieser Stelle sei wiederum daran erinnert, dass die hier besprochenen anatomischen Strukturen primär anderen, vitalen Funktionen dienen. Die Relevanz dieser Beobachtung zeigt sich sofort, wenn wir in Abb. 18 die Ansatzrohrgeometrie eines Säuglings mit der des Erwachsenen vergleichen: Beim Säugling bildet das gesenkte Velum mit der Epiglottis des hochliegenden Kehlkopfes einen Kontakt, so dass bei der Aufnahme von Nahrung, die an dieser Barriere seitlich nach hinten vorbei in die Speiseröhre gelangt, trotzdem weitergeatmet werden kann. Dadurch ist aber die "Verwendung" des Mundraumes als durch vor allem die Zungenartikulation modifizierbarer Resonator stark eingeschränkt. Einerseits mangelt es der Zunge an voller Bewegungsfreiheit, andererseits bleibt immer der Nasenraum zugeschaltet. Dieses Bild ändert sich erst im Laufe der kindlichen Entwicklung, bei der der Kehlkopf sich immer weiter absenkt und die "Artikulationsorgane" schließlich ihre volle Beweglichkeit erlangen. Diese Kehlkopfabsenkung, wie sie z.B. nicht bei Schimpansen und möglicherweise auch nicht - wie Fossilrekonstruktionen zeigen - beim Neandertaler vorkommt, ist somit einer der Gründe, warum die Ausbildung der lautsprachlichen Kommunikation - und damit von Sprache überhaupt - auf den rezenten Menschen beschränkt ist.

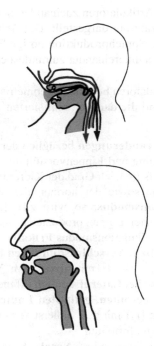

Abb. 18: Schematischer Vergleich der Topographie der oberen Atmungswege und des oberen Verdauungstrakts (a) beim Säugling (mit gleichzeitige Nahrungsaufnahme (schwarzer Pfeil) und Atmung (grauer Pfeil) ermöglichender hohen Kehlkopflage) und (b) beim Erwachsenen (mit abgesenktem Kehlkopf und frei artikulatorisch veränderbarem Ansatzrohr.

Auf Grund ihrer unterschiedlichen anatomischen Gegebenheiten zeigen die einzelnen Artikulatoren unterschiedliche Grade der Beweglichkeit. Nur geringe Beweglichkeit weist der Pharynx auf, während die anderen Artikulatoren aktiv Bewegungen mit den folgenden Wiederholungsraten (in Bewegungen pro Sekunde) zu vollführen imstande sind:

Velum	5.2 - 7.8
Lippen	5.7 - 7.7 (öffnen/schließen > runden/spreizen)
Kiefer	5.9 - 8.4 (senken > heben)

Artikulation 47

Zungenrücken 5.4 - 8.9
Zungenspitze 7.2 - 9.6

Bei unserer Beschreibung der einzelnen Artikulatorsysteme wollen wir mit dem wichtigsten System - dem der Zunge - beginnen, wobei wir ausgehend von einer mehr anatomischen Betrachtung zu einer artikulatorisch-funktionalen Bestimmung fortschreiten wollen.

1.4.2 Die Zunge

Die im Ruhezustand (d.h. bei normaler Atmung!) den gesamten Mundraum ausfüllende Zunge besteht im wesentlichen aus Muskelgewebe, das von einer Bindegewebsschicht mit eingebetteten Drüsen und Lymphknötchen sowie einer Schleimhaut umgeben ist. Zudem befinden sich in der Zunge faserige Trennhäute (*septa*) mit eingeschlossenen Blutgefäßen und Nervenfasern, die die einzelnen Muskeln voneinander trennen bzw. diesen als Ansatzstellen dienen. Sie besteht anatomisch aus dem ein Drittel ausmachenden pharyngalen Teil, der von den restlichen zwei Dritteln des oralen Zungenteils durch eine äußerlich sichtbare v-förmige Furche begrenzt ist (vgl. Abb. 19).

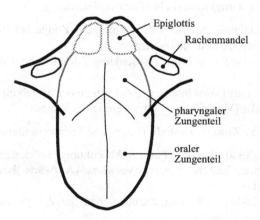

Abb. 19: Draufsicht auf die Zunge.

Der pharyngale Teil der Zunge ist durch Muskeln fest mit dem Zungenbein und mit dem Styloid-Fortsatz des Schläfenbeins verbunden sowie in der Mitte und den beiden Seiten durch Häutchen mit der hinter ihr liegenden Epiglottis. Der frei bewegliche orale Teil der Zunge ist durch das bei zurückbogener Zunge sichtbare Zungenhäutchen (*frenulum*) mit dem Mundboden verbunden. Die obenliegende Zungenoberfläche ist mit einer Vielzahl von winzigen Bindegewebsausbuchtungen, den Papillen, übersät, die u.a. die Nervenendigungen unseres Geschmackssinnes enthalten. Unter ihnen befindet sich Fettgewebe mit eingebetteten Blutgefäßen, Drüsen und Nervenfasern.

In der phonetischen Literatur wird die obere Fläche der Zunge - anatomisch eher arbiträr - zu Beschreibungszwecken von vorne nach hinten unterteilt in **Zungenspitze** (*apex*), **Zungenblatt** (*lamina*), **Zungenrücken** (*dorsum*; unterteilt in den vorderen gegenüber dem harten und den hinteren gegenüber dem weichen Gaumen) und **Zungenwurzel** (*radix*) im pharyngalen Bereich.

Die Muskeln der Zunge lassen sich in die Gruppen der die **Zungenform** verändernden **intrinsischen Zungenmuskeln** und der die **Zungenlage und -form** beeinflussenden **extrinsischen Zungenmuskeln** unterteilen (vgl. Abb. 20 u. 21):

Intrinsische Zungenmuskeln (Formveränderung):

- Longitudinalis superior (Verkürzung der Zunge bei Erhöhung der Zungenspitze bzw. der -seiten)
- Longitudinalis inferior (Absenkung/Zurückziehen der Zungenspitze)
- Transversus (Verschmälerung der Zunge bei Anhebung der Seiten)
- Verticalis (Verflachung/Verbreiterung der Zunge)

Extrinsische Zungenmuskeln (Lage- und Formveränderung):

- Genioglossus (vordere Fasern: Absenkung/Zurückziehen der Zungenspitze; hintere Fasern: Vorwärts-/(Aufwärts-)bewegung der Zunge)
- Styloglossus (Erhöhung/Zurückziehen der Zunge, besonders der seitlichen Ränder)
- Palatoglossus (unterstützende Anhebung des hinteren Zungenrückens)
- Hyoglossus (Absenkung der Zungenspitze/-seiten)

Artikulation

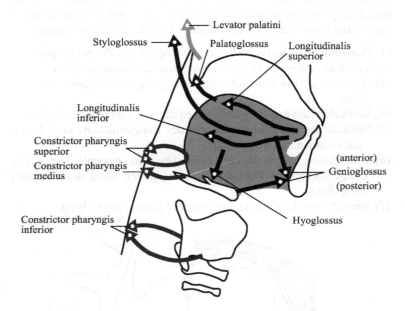

Abb. 20: Sagittalschnitt durch das Ansatzrohr mit schematischer Darstellung des Verlaufs und der Zugrichtung der extrinsischen und intrinsischen Zungenmuskeln (schwarz), der Pharynx-Muskeln (dunkelgrau) und der Velummuskeln (hellgrau).

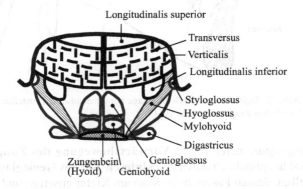

Abb. 21: Koronalschnitt durch die Zunge mit der schematischen Darstellung der Lage der intrinsischen (schwarz) und extrinsischen (grau) Zungenmuskeln.

Mit Hilfe dieses Muskelsystems werden die folgenden in den Abb. 22 bis 25 dargestellten phonetisch relevanten Lage- und Formveränderungen (in der Systematik von Hardcastle 1976) der Zunge vollzogen:

(1) Horizontale Vorwärts-rückwärts-Bewegung des Zungenkörpers
(2) Vertikale Aufwärts-Abwärts-Bewegung des Zungenkörpers
(3) Horizontale Vorwärts-rückwärts-Bewegung von Zungenspitze/-blatt
(4) Vertikale Aufwärts-Abwärts-Bewegung von Zungenspitze/-blatt
(5) Veränderung der seitlichen Form des Zungenrückens in Relation zum Gaumen: konvex - konkav
(6) Veränderung der seitlichen Form über die gesamte Länge der Zunge (besonders Zungenblatt und -spitze): Grad der zentralen Längsfurche
(7) Veränderung der Oberflächenform der Zunge: spitz - breit.

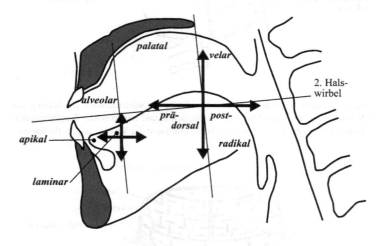

Abb. 22: Sagittalschnitt durch die Zunge mit schematischer Darstellung der artikulatorischen Zungenparameter (1)-(4).

Zungenparameter 1: Die **Vorwärtsbewegung des Zungenkörpers** wird hauptsächlich durch den **hinteren Teil des Genioglossus** bewerkstelligt, dessen Fasern beim Kinn am Kiefer ansetzen und nach hinten unten zur Vorderkante des Zungenbeins und Unterkante der Epiglottis verlaufen. Unterstützt wird er dabei durch die Aktivität der anderen vorderen suprahyoidalen Muskeln. Die **Rückwärtsbewegung des Zungenkörpers** wird hauptsächlich durch die Aktivität des **Styloglossus** und des **Constrictor pharyngis medius** vollzogen, wobei der Styloglossus zusätzlich eine durch die gleichzeitige Aktivität des Thyrohyoideus kompensierbare Aufwärtsbewegung bewirkt.

Der paarige Styloglossus setzt vor dem Ohr am Schläfenbein an und verläuft nach vorne unten, wobei der untere Faserstrang sich mit dem Hyoglossus verbindet, der längere obere Strang sich seitlich bis zur Zungenspitze hinzieht, wo er mit dem Longitudinalis inferior verbunden ist. Der Constrictor pharyngis medius verläuft fächerförmig von den Hörnern des Zungenbeins, das er bei Kontraktion nach hinten oben zieht, zur hinteren Mitte der Rachenwand.

Zungenparameter 2: Die **Hebung des Zungenkörpers** erfolgt durch den **Styloglossus** und **Palatoglossus** (bei durch den Levator und Tensor palatini fixiertem Velum) und wird durch die Aktivität des Longitudinalis inferior unterstützt. Zusätzlich auftretende Rückwärtsbewegungen können durch den hinteren Genioglossus ausgeglichen werden. Für die **Zungenkörperabsenkung** ist der **Hyoglossus** - unterstützt durch die infrahyoidale Muskulatur - zuständig.

Der Hyoglossus ist eine paarige viereckige Muskelschicht, die sich von den Seitenrändern des Zungenbeins vorne zur Zungenspitze, mit ihren mittleren und hinteren Fasern bis zur Zungenwurzel erstreckt.

Zungenparameter 3: Die **Vorverlagerung der Zungenspitze** (meist gepaart mit der des Zungenkörpers) ist Aufgabe des intrinsischen, die Hauptmasse der Zunge bildenden **Transversus**, dessen Fasern zwischen dem Longitudinalis superior oben und dem Longitudinalis inferior und Genioglossus unten vom Mittelseptum ausgehend seitlich bis teilweise zur Zungenhaut verlaufen. Die **Rückverlagerung der Zungenspitze** ist der konzertierten Aktion der beiden Longitudinalis-Muskeln geschuldet.

Der paarige **Longitudinalis superior** zieht sich als breite oberflächlichste Muskelschicht entlang der gesamten Länge der Zunge, während der ebenfalls paarige **Longitudinalis inferior** mit seinem ovalen Querschnitt sich seitlich zwischen Genioglossus und Hyoglossus durch die Zunge erstreckt.

Zungenparameter 4: Die generell von der Lage des Zungenkörpers unabhängige **Anhebung der Zungenspitze** erfolgt durch die Aktivität des **Longitudinalis superior**, die **Absenkung** durch die des **Longitudinalis inferior**. Die die Gesamtlage der Zunge beeinflussenden posterioren bzw. anterioren Fasern des Genioglossus können die Bewegung der

Longitudinal-Muskeln jedoch zusätzlich unterstützen (z.B. für die alveolare Verschlussbildung/-lösung nach/vor offenen Vokalen)

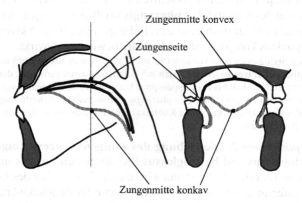

Abb. 23: Sagittal- und Koronalschnitt durch die Zunge mit schematischer Darstellung des artikulatorischen Parameters der seitlichen Zungenform (5).

Zungenparameter 5: Die Protagonisten für eine **seitlich konkave Zungenkörperform** sind die von oben an den seitlichen Zungenrändern ansetzenden Muskeln **Styloglossus** und **Palatoglossus**, die intrinsisch durch den **Transversus** unterstützt werden. **Antagonistisch** hierzu arbeitet der ebenfalls seitlich aber von unten an der Zunge ansetzende **Hyoglossus**, unterstützt durch die den Zungenrücken rückwärts aufbiegende Aktivität des **Longitudinalis inferior**.

Zungenparameter 6: Für die **zentrale Furchenbildung** hauptsächlich verantwortlich dürften die **mittleren Fasern des Transversus** sowie die senkrecht zu diesem zwischen dessen Fasern verlaufenden Fasern des **Verticalis** sein. Durch das Aufbiegen der seitlichen Zungenränder können sie dabei durch Styloglossus und Palatoglossus unterstützt werden. Bei Rillenbildung im Zungenblatt ist die Spitze durch den Longitudinalis inferior und die anterioren Fasern des Genioglossus gesenkt, wobei der Grad der Rillung durch das antagonistische Verhalten des Longitudinalis superior bestimmt sein dürfte.

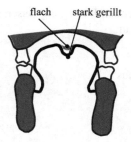

Abb. 24: Koronalschnitt durch die Zunge mit schematischer Darstellung des artikulatorischen Parameters der zentralen Furchung (6).

Zungenparameter 7: Eine **breite Zungenform** wird durch die die Zunge verflachende Wirkung der **Verticalis**-Aktivität hervorgerufen (z.b. bei alveolarer Verschlussbildung), eine **spitze** durch den sie verschmälernden Effekt des **Transversus** (z.b. bei der Bildung lateraler Konsonanten).

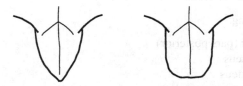

Abb. 25: Der artikulatorische Parameter der äußeren Zungenform (7); links: spitz, rechts: breit.

1.4.3 Der Kiefer

in Bezug auf die resultierende Geometrie des Ansatzrohres können wir die Aktivität der (extrinsischen) Zungenmuskulatur - wie auch die der Lippenmuskeln - aber nicht unabhängig von den synergistischen bzw. antagonistischen Effekten der Kieferartikulation betrachten. Der Unterkiefer besteht aus einer hinten offenen knöchernen u-förmigen Bogenstruktur, bei der der vordere, geschlossene Teil das Kinn bildet. Die hinteren Knochenfortsätze (condyloid und coronoid) bilden vor dem Ohr das Kiefergelenk mit dem Schläfenbein.

Bezüglich der resultierenden Bewegung lassen sich die Kiefermuskeln (vgl. Abb. 26) gliedern in:

Hebung:

- Pterygoideus internus
- Masseter
- Temporalis

Senkung:

- Pterygoideus externus
- Geniohyoideus
- Digastricus (pars anterior)
- Mylohyoideus
- Genioglossus

Vorverlagerung:

- Pterygoideus externus
- Pterygoideus internus

Rückverlagerung:

- Temporalis (pars posterior)
- Mylohyoideus
- Geniohyoideus
- Digastricus (pars anterior)
- Genioglossus

seitliche Verschiebung:

- Pterygoideus externus
- Temporalis (pars posterior).

In ihrer kieferhebenden bzw. senkenden Funktion arbeiten die Kiefermuskeln synergistisch bzw. antagonistisch zu den extrinsischen Zungenmuskeln auf die ausgewogene Zungenhöhe für die Vokalartikulation hin, während die vor- bzw. rückverlagernde Aktivität synergistisch bzw. antagonistisch zur Aktivität der intrinsischen Zungenmuskulatur oder der Lippenmuskulatur die artikulatorische Feinabstimmung für die Frikativproduktion unterstützt (z.B. Lippen-Zähne-Koordination für [f], [v]; Zungen-Gaumen-Abstand für [s]).

Artikulation 55

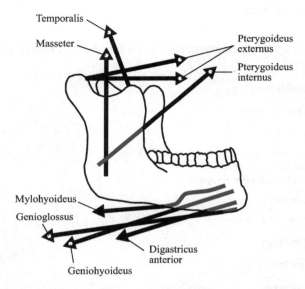

Abb. 26: Schematische Darstellung des Verlaufs und der Zugrichtung der Kiefermuskeln.

1.4.4 Die Lippen

Ein weiteres Artikulatorsystem sowohl in Bezug auf die vokalrelevante Ansatzrohrverlängerung/-verkürzung als auch in Bezug auf konsonantische Enge- bzw. Verschlussbildung stellen die Lippen dar.

Äußerlich sind die fleischigen, den Mund umschließenden Lippen durch das scharf abgesetzte Lippenrot umschrieben. Ihre anatomisch komplexe Struktur wird neben Bindegewebe, Blutgefäßen, Drüsen und Nerven hauptsächlich durch Muskeln gebildet. Den Hauptanteil des Muskelgewebes bildet dabei der ringförmige **Schließmuskel** (*spincter*) des **Orbicularis oris**.

Die vielfältigen Lippenbewegungen, die neben den hier interessierenden konsonantischen labialen Artikulationen sowie der Lippenrundung/-spreizung bei der Vokalartikulation hauptsächlich dem facialen

Ausdrucksverhalten dienen, werden durch die in Abb. 27 dargestellten Muskeln vollzogen.

Nach ihrer Funktion eingeteilt besteht die Lippenmuskulatur (vgl. Abb. 27) aus:

Verschlussbildung:

- Orbicularis oris

Oberlippenhebung:

- Zygomaticus minor
- Levator labii superior
- Levator labii superior alaeque nasi

Unterlippensenkung:

- Depressor labii inferior

Lippenrundung:

- Orbicularis oris

Lippenvorstülpung:

- Mentalis (für Unterlippe)
- Orbicularis oris (tiefergelegene Fasern)

Zurückziehen der Mundwinkel:

- Buccinator
- Zygomaticus major
- Risorius

Anhebung der Mundwinkel:

- Levator anguli oris
- Zygomaticus major

Ebenso wie die extrinsische Zungenmuskulatur wird das Muskelsystem der Lippen bezüglich der resultierenden Ansatzrohrform durch die Aktivität der Kiefermuskeln unterstützt.

Artikulation 57

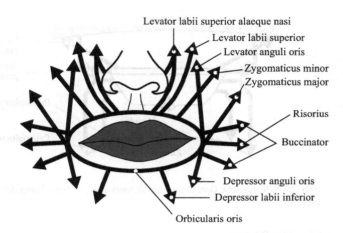

Abb. 27: Schematische Darstellung des Verlaufs und der Zugrichtung der Lippenmuskeln.

1.4.5 Das Velum

Im wesentlichen der Ab- bzw. Zuschaltung des Nasenraums dient das Muskelsystems des Velums, das als dünner Lappen die Oberseite des Mundraumes im Anschluss an den harten Gaumen bildet. Es ist durch zwei Muskeln oberhalb am Schädel befestigt (vgl. Abb. 28): Dem **Levator palatini**, der durch die Anhebung des Velums den Nasenraum gegenüber dem Mundraum abschließt, was die Normal-Sprechstellung darstellt, und dem **Tensor palatini**, der auf Grund seiner Umlenkung das Velum zusätzlich strafft. Beim Sprechen wird das Gaumensegel nur bei den Nasalen bzw. nasalierten Lauten abgesenkt. Dies geschieht entweder passiv durch Nachlassen der Aktivität des Levator palatini oder durch die Kontraktion des das Velum mit der Zunge verbindenden Palatoglossus. An seinem hinteren Ende besitzt das Velum als muskulösen Fortsatz noch das Zäpfchen, die Uvula, das als artikulierendes Organ z.B. für den uvularen Trill [R] dient.

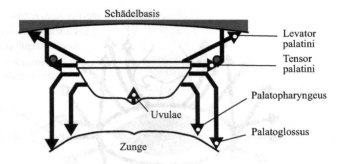

Abb. 28: Schematische Darstellung des Verlaufs und der Zugrichtung der Velummuskeln.

1.4.6 Der Rachen

Abschließend sei noch kurz auf das nicht sehr bewegliche System der drei **Sphinkter-Muskeln des Pharynx** eingegangen, das gemeinsam mit der Zungenmuskulatur in Abb. 20 dargestellt ist.

Über die durch die horizontale Zungenlage bewirkte Veränderung der Pharynx-Öffnung in Vorwärts-rückwärts-Richtung hinausgehend sind diese drei Muskeln in der Lage den Pharynxraum seitlich zu verengen. Neben dieser Verengung kann eine rein isometrische Muskelanspannung dieses Systems zu einer Versteifung der Rachenwände führen, was einen entscheidenden Einfluss auf die Resonanzklangfarbe hat und z.b. bei den gespannten Konsonantartikulationen des Koreanischen eingesetzt werden dürfte.

1.4.7 Die neuronale Kontrolle der Sprachproduktion

Wenngleich wir bis heute im Detail über kein gesichertes Wissen bezüglich der neuronalen Vorgänge bei der Sprachproduktion verfügen, sei an dieser Stelle doch einiges Grundsätzliches über die neuronalen Funktionen - soweit sie die uns interessierenden phonetischen Vorgänge betreffen - mitgeteilt, da auch dieser Aspekt unseren Blick auf das Funktionieren der lautsprachlichen Kommunikation wesentlich bestimmen muss.

Wir werden noch in diesem Abschnitt - unter dem Stichwort Reafferenz - und später verstärkt im Rahmen der perzeptiven Phonetik wiederum auf neuronale Prozesse zurückkommen. Im Hinblick auf unser leider noch sehr spärliches Wissen haben wir uns zu dieser etwas disparaten Darstellung der neuronalen Vorgänge - in ihrem jeweils funktionalen Zusammenhang bezüglich der Informationsübertragung innerhalb des signalphonetischen Bandes - entschieden. Detailliertere zusammenhängende Darstellungen sind der speziellen Literatur der bibliographischen Hinweise am Ende der einzelnen Kapitel zu entnehmen.

Exkurs: Die Grobstruktur des Nervensystems

Das menschliche Nervensystem besteht bezüglich einer ersten Grobeinteilung aus dem das Gehirn und das Rückenmark umfassende Zentralnervensystem (ZNS) und dem die Körperoberfläche versorgenden peripheren Nervensystem (PNS). Das ZNS (vgl. Abb. 29) besteht - in zentripetaler Richtung - aus dem Rückenmark, dem Hirnstamm mit den Teilen verlängertes Mark (*medulla oblongata*), Brücke (*pons*), Mittelhirn (*mesencephalon*) und dem Zwischenhirn (*diencephalon*) mit Thalamus und den Kernen der zwölf Gehirn- oder Kranialnerven. Hinter dem Hirnstamm sitzt das Kleinhirn (*cerebellum*) mit Verbindung zum PNS wie zu den motorischen Zentren als Koordinationsstelle für präzise muskuläre Kontrolle. Die übergeordnete Struktur des ZNS bildet das mit seinen beiden durch den Balken (*corpus callosum*) verbundenen Hälften (*Hemisphären*) ca. 80% des ZNS ausmachende Großhirn (*cerebrum*) und dessen Rinde (*cortex*).

Dieses zwecks Oberflächenvergrößerung durch Furchen (*sulci*) in Windungen (*gyri*) organisierte Gebilde lässt sich beidseitig in vier Lappen (*lobi*) unterteilen (vgl. Abb. 29a): den durch die Zentralfurche (*sulcus centralis/Rolandi*) nach hinten begrenzten Frontallappen (*lobus frontalis*), der für planerische, motorisch-efferente, d.h. nach außen gerichtete Aktivitäten zuständig ist, und die drei hauptsächlich für die sensorische Verarbeitung verantwortlichen Gebiete des Scheitellappens (*lobus parietalis*; Körpersensorik), des Schläfenlappens (*lobus temporalis*; Gehör) und des rückwärtig gelegenen Hinterhaupt- oder Okzipitallappens (Gesichtssinn).

An den beiden direkt neben der Zentralfurche gelegenen Windungen ist die Abbildung unserer Körperoberfläche auf unterschiedliche Gehirnareale besonders augenfällig am sog. 'Homunculus' der Abb. 30 klarzumachen: Sowohl in den motorischen Rindengebieten der präzentralen als auch den primären perzeptiven Projektionsgebieten der postzentralen Windung zeigt sich eine funktionale Verzerrung dergestalt, dass z.B. die feinmotorisch wichtigen Körperregionen wie die Artikulatoren und natürlich auch die Hand mit ihren Fingern einen überproportional großen Raum auf der Großhirnrinde belegen.

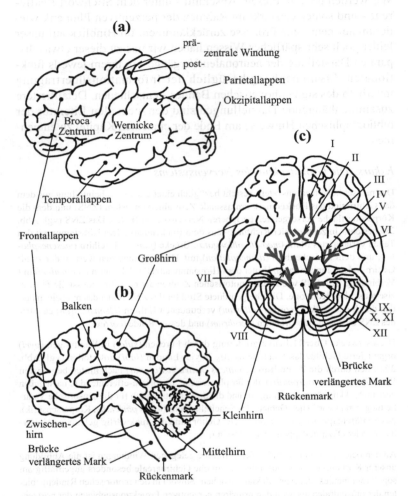

Abb. 29: Das menschliche Gehirn (a) in Seitenansicht, (b) im Sagittalschnitt und (c) von unten (mit den teilweise nur einseitig grau eingezeichneten und mit römischen Ziffern gekennzeichneten Kranialnerven (vgl. Tab. I)).

Artikulation

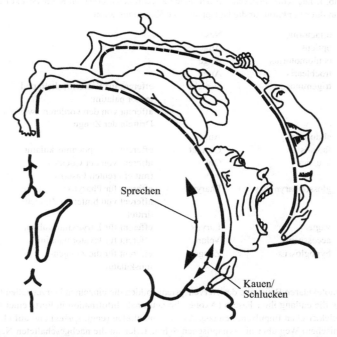

Abb. 30: Motorischer (vorne) und sensorischer (hinten) 'Homunculus' (nach Penfield), der schematisch die Körperoberfläche relativ zu ihrer räumlichen Repräsentation auf der Großhirnrinde darstellt.

Das periphere Nervensystem besteht aus den zwölf im Hirnstamm entspringenden und Kopf- und Halsregion versorgenden Kranialnerven (vgl. Tab. I), den im Rückenmark entspringenden und Rumpf- und Gliedmaßen versorgenden Spinalnerven sowie dem autonomen Nervensystem, dem die neuronale Kontrolle der nicht-willkürlichen vitalen Prozesse obliegt.

Für die Sprachproduktion besonders wichtig sind die an ihr beteiligten Kranialnerven, die als gemischte Nerven jeweils efferente, d.h. Information vom ZNS an die Muskulatur weiterleitende Fasern enthalten sowie afferente, die Information von den Rezeptororganen in der Haut und den Muskeln an das ZNS zurückleiten.

Bei den Spinalnerven sind für die lautsprachliche Kommunikation die als phrenischer Nerv die Innervation des Diaphragma bildenden Hals- oder Cervical-Nerven (gezählt von C1 bis C8) C3 - C5 von Bedeutung sowie die Brust- oder Thorax-Nerven, die die Zwischenrippenmuskeln (T1 - T11) sowie die Bauchmuskeln (T7 - T12) innervieren.

Tab. I: Die Kranialnerven mit den ihnen zugeordneten Organen/Körperstrukturen und ihrer Funktion für die lautsprachliche Kommunikation

I	olfactorius	Nase	
II	opticus	Auge	
III	oculomotorius	Auge	
IV	trochlearis	Auge	
V	trigeminus	Gesicht	efferent für Kiefermuskeln und tensor palatini; afferent von den vorderen zwei Dritteln der Zunge
VI	abducens	Auge	
VII	facialis	Gesicht	efferent für Lippenmuskulatur
VIII	acusticus	Ohr	afferent von der Cochlea (mit efferenten Fasern)
IX	glossopharyngeus	Pharynx	efferent für Pharynx; afferent von hinterem Zungendrittel
X	vagus	Larynx	efferent für Larynxmuskulatur
XI	accessorius	Velum	efferent für levator palatini
XII	hypoglossus	Zunge	efferent für die Zungenmuskulatur

Die molekularen Bausteine des Nervensystems bilden die einzelnen Nervenzellen (Neurone), die entlang ihrer Fasern (Axone) die neuronale Information in Form einer Folge von elektrischen Impulsen, den sog. Aktionspotentialen (engl. *spikes*) und auf elektrochemischem Weg über die synaptischen Schaltstellen an die nachgeschalteten Nervenzellen weiterleiten.

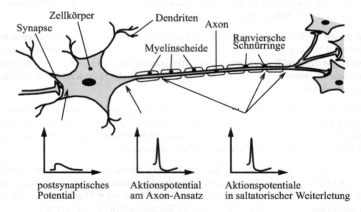

Abb. 31: Schematische Darstellung einer Nervenzelle und der in ihr ablaufenden elektrischen Prozesse

Artikulation 63

Die einzelne Nervenzelle (vgl. Abb. 31) besteht aus dem Zellkörper (Soma) - die sog. graue Masse - und seinen die Information zuleitenden Fortsätzen, den Dendriten und der weiterleitenden Faser (Axon) - die sog. weiße Masse - von unterschiedlichen Durchmessern, Längen und Umhüllungen. Im Ruhezustand ist das Zellinnere auf Grund des höheren Anteils an Kalium-Ionen (K^+) gegenüber der verstärkt Natrium-Ionen (Na^+) aufweisenden Umgebung um ca. 50 - 70mV negativ aufgeladen. Die Erregung vorgeschalteter Nervenzellen bewirkt an den Synapsen die Ausschüttung spezieller chemischer Stoffe, der sog. Transmittersubstanzen, die jeweils mit einer Latenzzeit von ca. 0.2 ms eine kurzzeitige (10 - 20 ms anhaltende) Spannungsänderung von ca. 1mV in der nachgeschalteten Zelle bewirken. Handelt es sich hierbei um eine positive Spannungsänderung, so spricht man von exzitatorischen postsynaptischen Potentialen (EPSP), bei negativer von inhibitorischen postsynaptischen Potentialen (IPSP; vgl. Abb. 32). Wird durch die Summation mehrerer postsynaptischer Potentiale mit einer positiven Spannungsänderung von ca. 10mV die Schwelle des Neurons überschritten, so kommt es am Ansatz des Axons durch die plötzliche Veränderung der Durchlässigkeit der Zellmembran und dem dadurch verursachten Einströmen von Na^+ Ionen bei gleichzeitigem Ausströmen von K^+ Ionen zu einer plötzlichen (nur 0.5 ms andauernden) positiven Auflading der Nervenzelle von ca. 40 mV. Danach bedarf es eines erneuten Ionen-Austauschs während der sog. absoluten Refraktärzeit von ca. 0.8 ms, bevor die Zelle erneut zur Ausbildung eines Aktionspotentials fähig ist. Die Aktionspotentiale gehorchen dabei dem sog. 'Alles-oder-nichts-Prinzip': Sie sind unabhängig vom Grad der Erregung in Bezug auf ihre Amplitude immer gleich; Intensitätsunterschiede des Reizes sind im Nervensystem durch die Rate der Aktionspotentiale - frequenzmoduliert - kodiert, wobei die absolute Refraktärzeit die obere Grenze der Kodierung bestimmt. Die Weiterleitungsgeschwindigkeit entlang der Nervenfaser ist abhängig von deren Durchmesser: Kleinere motorische Neurone mit einem Durchmesser von ca. 10μm leiten etwa 60m/sec, während die größten mit einem Durchmesser von ca. 20μm und einer zusätzlichen Myelin-Isolierung durch Schwannsche Zellen, die eine springende - saltatorische - Weiterleitung der Aktionspotentiale von einem unisolierten Ranvierschen Schnürring zum nächsten bewirkt, eine Leitungsgeschwindigkeit von ca. 120m/s aufweist.

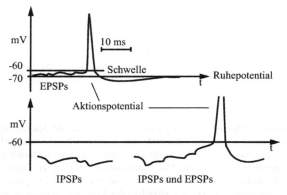

Abb. 32: Die elektrischen Vorgänge in der Nervenzelle

1.4.8 Die Steuerung artikulatorischer Prozesse

Über die während eines aktuellen Sprechakts ablaufende neuronale Steuerung wissen wir bis heute relativ wenig. Unter Mitwirkung subkortikaler Strukturen und der für die generelle Planung zuständigen Frontalhirnregionen spielt für die Sprachproduktion mit Sicherheit das den oralen Primärprojektionen in der präzentralen Windung vorgelagerte Brocasche Zentrum in der linken Großhirn-Hemisphäre eine entscheidende Rolle. Eine Schädigung dieses Gebietes führt nach der erstmals 1861 von dem französischen Chirurgen Pierre Paul Broca gemachten Beobachtung zu einer zentralen Sprachstörung, einer motorischen Aphasie.[5] Über den primären motorischen Kortex, dazwischengeschaltete subkortikale Zentren und unter koordinierender Teilhabe des Kleinhirns gelangen die neuronalen Steuerimpulse schließlich an die die Sprechmuskulatur versorgenden motorischen Einheiten.

---

[5] Als bei traumatischer Schädigung parallel hierzu Defizite der Sprachwahrnehmung nach sich ziehend erwies sich das nach dem deutschen Psychiaters Carl Wernicke benannte - und zur gleichen Zeit entdeckte - sensorische Sprachzentrum im linken Schläfenlappen (vgl. Abb. 29a). Man unterscheidet heute neben diesen Typen der Broca- (oder motorischen) und der Wernicke- (oder sensorischen) Aphasie zusätzlich die Typen der amnestischen, der globalen, der Leitungs- und der transkortikalen Aphasie.

Die bisherigen Beobachtungen zur Sprachproduktion sollen am Beispiel der Äußerung des Satzes *"Er ist nur ein Phonetiker"* (in expliziter Aussprache: [ʔeːɐ ʔɪstʰ nuːɐ ʔaɪ̯n foˈneːtʰɪkʰɐ]) bezüglich der Innervation, der beteiligten Muskeln in ihrer Bewegung, der resultierenden geometrisch-aerodynamischen Verhältnisse und dem phonetischen Resultat in dem folgenden Versuch einer tabellarischen Übersicht[6] auf den nächsten Seiten illustriert werden:

---

[6] Die allerdings stark vergröbernd nur die wichtigsten Komponenten der tatsächlichen physiologischen Abläufe wiedergeben kann.

Tab. II: Übersicht über die bei der Satzäußerung *"Er ist nur ein Phonetiker"* ablaufenden Sprachproduktionsprozesse

NERV	MUSKEL	BEWEGUNG	GEOMETR.-AERODYNAM. VERHÄLTNISSE	RESULTAT
C3-C5	Diaphragma	Absenken des Zwerchfells	vertikale Zunahme des Lungenvolumens, Druckabnahme	⎫ ⎬ Einatmung ⎭
T1-T11	Intercostales externi (u. interni)	Anheben der Rippen	horizontale Zunahme des Lungenvolumens, Druckabnahme	
XII	Genioglossus	Zungenanhebung zur Neutralposition	⎫ ⎬ neutrale Sprechstellung ⎭	
XI	Levator palatini	Velumanhebung zum Verschluss des Nasenraums für [ʔeːɐ ʔɪstʰ ʔaɪ]		
XII	Genioglossus	weitere Zungenanhebung zum [eː]	⎫ ⎬ Ausgangsstellung für [eː] ⎭	
XII	Verticalis	Zungenverflachung		
X	Interarytenoideus	Adduktion der Stimmlippen		
X	Cricoarytenoideus lateralis	starke Adduktion der Stimmlippen für [ʔ]		
(C3-C5)	Relaxation des Diaphragmas und der	passive Wiederherstellung der neutralen Thorax- und Lungenform	Abnahme des Lungenvolumens, Druckzunahme	Ausatmung (p_{sg} ca. 7 cm H_2O)
(T1-T11)	Intercostales externi			
		Stimmlippen öffnen ← → adduziert ← Stimmlippen →	p_{sg} sprengt ← Stimmlippen ← Bernoullieffekt erneuter Aufbau von p_{sg}	[ʔ] ⎫ ⎬ stimmhafter Schall mit [eː]-Resonanz ⎭

XII	Hyoglossus	Zungenrücken-absenkung für [ɐ]		Resonanz-veränderung [eː] - [ɐ]
V	Digastricus (pars anterior)	unterstützende Kieferöffnung		

X	Cricoarytenoideus lateralis	starke Adduktion der Stimmlippen für [ʔ]		[ʔ]

XII	Genioglossus	erneute Zungen-anhebung zum [ɪ]		
XII	Verticalis	Zungenverflachung	kurzes, vorne ver-engtes Ansatzrohr	sth. Schall mit tiefem F1, hohem F2: [ɪ]
V	Masseter	unterstützende Kieferhebung		
VII	Risorius	Lippenspreizung		

X	Cricoarytenoideus posterior	Abduktion der Stimmlippen, Aufhören der Schwingungen	erhöhter Luftstrom	
XII	Genioglossus	Verengung zw. Zungenblatt und Gaumen	Turbulenzbildung [s]	aperiod. Geräuschsi-gnal ≥ 4kHz
XII	Longitudinalis inferior	Absenken der Zungenspitze		
XII	Styloglossus	Aufbiegen der Zugenränder		

XII	Longitudinalis superior	Zungenspitze und -blatt zu alveolarem Kontakt	intraoraler Druck-anstieg hinter Ver-schluss	Signalpause
XII	Longitudinalis inferior	Lösung des alveolaren ver-Schlusses	scharfer Luftimpuls	hoch-frequentes Lösungs-geräusch u. Aspiration: [tʰ]

XII	Longitudinalis superior	Zungenspitze und -blatt zu alveolarem Kontakt		
XI	Palatoglossus	Senkung des Velums	Zuschaltung nasaler Resonanz	tieffrequente nasale Resonanz, Antiresonanzen im höheren F-Bereich: [n]
X	Interarytenoideus	Adduktion der Stimmlippen		
X	Cricoarytenoideus lateralis	Adduktion der Stimmlippen unterstützend		
XII	Longitudinalis inferior	Lösung des alveolaren Verschlusses		
XI	Levator palatini	Velumanhebung		tieffrequente Resonanzen F1 und F2: [uː]
XII	Styloglossus	Anhebung des Zungenrückens zum [uː]		
VII	Orbicularis oris	Lippenrundung, Ansatzrohrverlängerung		
XII	Hyoglossus (reziprok zu nachlassender Aktivität des Styloglossus)	Zungenrückenabsenkung für [ɐ]		Resonanzveränderung [uː] - [ɐ]
V	Digastricus (pars anterior)	Kieferöffnung		
X	Cricoarytenoideus lateralis	starke Adduktion der Stimmlippen für [ʔ]		[ʔ]
XII	Hyoglossus	Zungenrückenabsenkung zu [a]		[a]-Resonanzen
V	Digastricus anterior	unterstützende Kieferöffnung		

Artikulation 69

XII	Genioglossus (reziprok zu nachlassender Aktivität des Hyoglossus)	Zungenanhebung zum [ɪ]		
XII	Verticalis	Zungenverflachung	kurzes, vorne verengtes Ansatzrohr	Resonanzveränderung [a] - [ɪ]
V	Masseter	unterstützende Kieferhebung		
VII	Risorius	Lippenspreizung		
XII	Longitudinalis superior	Zungenspitze und -blatt zu alveolarem Kontakt		[n]-Resonanz
(XI)	Relaxation des Levator palatini	Senkung des Velums	Zuschaltung nasaler Resonanz	
XI	Levator palatini	Velumanhebung		
X	Cricoarytenoideus posterior	Abduktion der Stimmlippen, Aufhören der Schwingungen	erhöhter Luftstrom	
VII	Zygomaticus major	Zurückziehen der Mundwinkel		
VII	Orbicularis oris inferior	Engebildung zw. Unterlippe und oberen Schneidezähnen	Turbulenzbildung	schwaches breitbandiges aperiod. Geräuschsignal: [f]
VII	Mentalis	Vorstülpen der Unterlippe		
VII	Orbicularis oris	Lippenrundung		
XII	Styloglossus	Anheben des Zungenrückens zum [o]		[o]-Resonanzen
X	Interarytenoideus	Adduktion der Stimmlippen		

X	Cricoarytenoideus lateralis	Adduktion der Stimmlippen unterstützend		
XII	Genioglossus (reziprok zu nachlassender Aktivität des Styloglossus	Zungenanhebung nach vorne		F2-Erhöhung
XII	Longitudinalis superior	Zungenspitze und -blatt zu alveolarem Kontakt		[n]-Resonanz
(XI)	Relaxation des Levator palatini	Senkung des Velums	Zuschaltung nasaler Resonanz	
XII	Longitudinalis inferior	orale Verschlusslösung		
XI	Levator palatini	Velumanhebung		
T1 - T11	Intercostales interni	Rippenabsenkung	erhöhter p_{sg}, stärkere Schwingung	Intensitätserhöhung
X	Cricothyroideus interni	erhöhte Stimmlippenspannung	schnellere Stimmlippenschwingung	f_0-Erhöhung
XII	Genioglossus posterior	Zungenbewegung zum [e:]		starke [e:]-Resonanzen
X	Cricoarytenoideus posterior	Abduktion der Stimmlippen, Aufhören der Schwingungen	erhöhter Luftstrom	
XII	Genioglossus	weitere Zungenanhebung	↓	
XII	Longitudinalis superior	Zungenspitze und -blatt zu alveolarem Kontakt	intraoraler Druckanstieg hinter Verschluss ↓	Signalpause
XII	Longitudinalis inferior	Lösung des alveolaren Verschlusses	scharfer Luftimpuls	Lösungsgeräusch u. Aspiration: [tʰ]

X	Interarytenoideus	Adduktion der Stimmlippen		
			erneute Einsetzen der Stimmlippen-schwingungen	[ɪ]-Resonanzen
X	Cricoarytenoideus lateralis	Adduktion der Stimmlippen unterstützend		
V	Mylohyoideus	Anhebung der Zungenmasse		
XI	Palatoglossus	Anhebung des Zungenrückens		
X	Cricoarytenoideus posterior	Abduktion der Stimmlippen, Aufhören der Schwingungen	erhöhter Luftstrom ↓	
XII	Styloglossus	dorsaler Kontakt mit dem Velum	Druckaufbau ↓	Signalpause
(XII)	Relaxation des Styloglossus	Verschlusslösung	scharfer Luftimpuls	kurzes breit-bandiges Lösungsge-räusch u. Aspiration: [kʰ]
XII	Hyoglossus	Zungenrücken-absenkung für [ɐ]		⎫
V	Digastricus (pars anterior)	unterstützende Kieferöffnung		⎬ [ɐ]-Resonanzen
X	Interarytenoideus	Adduktion der Stimmlippen		
X	Cricoarytenoideus lateralis	Adduktion der Stimmlippen unterstützend		⎭

Der in der vorangehenden Tabelle dargestellte Verlauf muskulärer Aktivitäten während der Äußerung "Er ist nur ein Phonetiker" ist in normaler flüssiger Rede vielfältigen Veränderungen - mit entsprechenden Veränderungen auch des akustischen Resultats - unterworfen. So wäre eine mögliche, in der aktuellen Kommunikationssituation völlig unauffällige Variante dieser Äußerung z.b. mit [ʔeːəsnuːən ...] zu transkribieren. Diese käme durch eine Vereinfachung des Bewegungsablaufs zustande, wie z.b. durch den Wegfall von glottalen Gesten für [ʔ] und den der wiederholten alveolaren Verschlussbildung/-lösung für [t] und [n] und eine unterschiedliche zeitliche Koordination einzelner Muskelaktivitäten, wie z.b. durch eine frühere Stimmlippenabduktion, so dass [ɪ] entfällt, und durch Absenken des Velums schon während der Verschlussbewegung für das [t].

Die in der obigen Tabelle dargestellten muskulären Aktivitäten beziehen sich allerdings - trotz ihrer augenfälligen Komplexität - nur auf das grobe Gerüst der Bewegungsabläufe.

Um abschließend eine immer noch vergröbernde Darstellung tatsächlich ablaufender artikulatorischer Vorgänge zu geben, sei hier die - zugegebenermaßen wohl komplexeste - Artikulation eines Einzellautes unseres Beispiels, nämlich [s] (in neutraler Umgebung) nach Hardcastle (1976) im Detail dargestellt:

Aus der neutralen Sprechposition [ə] bewegt sich die Zunge nach vorn (vgl.o. Parameter 1) und oben (Parameter 2) durch die gemeinsame Aktivität von Genioglossus (posterior), Styloglossus und Palatoglossus, wobei während der Vorwärtsbewegung, die durch eine von Temporalis, Masseter und Pterygoideus bewirkte Vorwärts-Aufwärts-Bewegung des Kiefers unterstützt wird, die Aktivität des Styloglossus und Palatoglossus eine konkave Zungenform (Parameter 5) bewirkt. Gleichzeitig wird längs des Zungenblatts und der Zungenspitze durch die medialen Fasern des Verticalis und die oberflächlichen des Transversus eine zentrale Rille gebildet und die Lippen bewegen sich durch die Aktivität des Buccinators, Zygomaticus major und des Risorius in gespreizte Form. Während der Haltephase sorgt die Kontraktion der medialen Fasern des Verticalis und der oberflächlichen des Transversus weiterhin für die Aufrechterhaltung der zentralen Längsrille, wobei diese Muskeln durch die die Zungenmitte absenkende Aktivität des Longitudinalis inferior unterstützt werden. Zudem muss die seitliche

Luftpassage durch die Kontraktion des Verticalis und des hinteren Teils des Genioglossus verschlossen werden (Parameter 7), wobei auch die gegeneinander ausgewogene Kontraktion von Longitudinalis superior und des vorderen Teils des Genioglossus mit für die nötige Absenkung der Zungenspitze sorgt. Gleichzeitig muss der gesamte Zungenkörper in vorgezogener Position gehalten werden (Parameter 1), was hauptsächlich durch die Aktivität des hinteren Genioglossus und die vorderen suprahyoidalen Muskeln - unterstützt durch die Kieferheber - bewerkstelligt werden dürfte, wobei auch jeweils die antagonistischen Muskeln zur Feinabstimmung mit beitragen. Zusätzlich bewirken Styloglossus und Palatoglossus eine Vorwärts-aufwärts-Bewegung insbesondere der Zungenränder. Zur Aufrechterhaltung der für die jeweiligen aerodynamischen (atemmuskulaturbedingten) Gegebenheiten notwendigen zentral gefurchten Öffnung bedarf es dabei immer des feinabgestimmten antagonistischen Zusammenspiels von Longitudinalis inferior und superior sowie des vorderen Genioglossus. In der Übergangsphase zu [ə] schließlich wird der Zungenkörper sowie Zungenspitze und -blatt durch die Aktivität des Hyoglossus und der infrahyoidalen Muskeln abgesenkt, wobei dies durch eine Kiefersenkung mittels der suprahyoidalen Muskulatur unterstützt wird.

1.4.9 Reafferenzen

Trotz der im Vorausgehenden bereits augenfällig gewordenen Komplexität der Vorgänge bei der Sprachproduktion bleibt auf einen weiteren Bereich einzugehen, der dieses Bild weiter verkompliziert, nämlich den des 'feedback' bei der Sprachproduktion: Beim aktuellen Sprechakt erhält der Sprecher sensorische Rückmeldungen (Re-Afferenzen) über sein artikulatorisches Verhalten. Die wichtigste Rückmeldung erfolgt - wie die Übermittlung an den Hörer (wenngleich in modifizierter Form) - dabei über den Gehörssinn. Die Behandlung der hierbei auftretenden Prozesse wollen wir auf das übernächste Kapitel zur perzeptiven Phonetik zurückstellen. Der Sprecher erhält aber zusätzlich Rückmeldungen über seine artikulatorische Tätigkeit sowohl durch die taktile Wahrnehmung der durch die Sprechbewegungen bedingten Kontakte der artikulierenden Organe an den entsprechenden Artikulationsstellen als auch durch die propriozeptive Wahrnehmung der Muskelaktivität als solche. Diese beiden letzteren Reafferenzsysteme sollen im Folgenden kurz bezüglich ihrer physiologischen Grundlagen und ihrer Funktionalität im Rahmen der Vorgänge innerhalb des signalphonetischen Bandes skizziert werden.

Die propriozeptive Reafferenz
Rückmeldungen über den Kontraktionszustand einzelner Muskeln erhalten wir über spezielle Rezeptororgane in den zu sog. Muskelspindeln zusammengefassten intrafusalen Muskelfasern (vgl. Abb. 33).

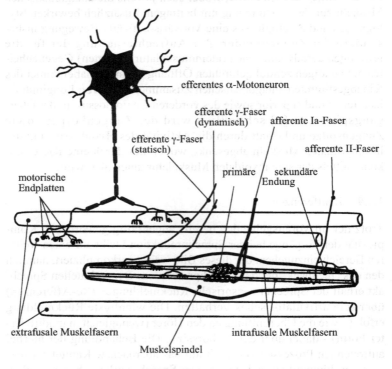

Abb. 33: Extrafusale und intrafusale Muskelfasern und ihre Innervation.

Diese Rezeptoren bestehen aus jeweils einer primären Endung eines bezüglich der Leitungsgeschwindigkeit den α-Motoneuronen entsprechenden afferenten Neurons (Typ Ia), die sich als spiralförmige Windung um die Mitte der einzelnen Fasern darstellt. Sie reagieren in unterschiedlicher Weise sowohl auf die am Muskel anliegende Spannung als auch auf deren Änderungsrate. Die in einer Vielzahl anzutreffenden sekundären Endungen in Form von Verästelungen kleinerer afferenter Neurone (vom Typ IIa) reagieren wohl eher nur auf die zur Muskellänge proportionale Spannung.

Im spinalen Bereich formen die Neurone der primären Endungen einen monosynaptischen Reflexbogen mit den dem entsprechenden Muskel zugeordneten α-Motoneuronen, der einer Dehnung des Muskels entgegenwirkt (wie z.b. beim Kniesehnenreflex). Ähnliches dürfte - in komplexerer Form - auch für die kranialen Systeme der Artikulationsmuskeln gelten. Dieses auf die Erhaltung eines Gleichgewichtszustandes ausgerichtete Reflexsystem dürfte einen auch für die Sprachproduktion wichtigen sog. Servo-Mechanismus darstellen.

Noch komplexere Servo-Funktionen erwachsen diesem System durch das Hinzutreten von zusätzlichen, vom Zentralnervensystem differenziert durch die α-Neuronen ansteuerbaren efferenten γ-Neuronen, die die Sensitivität der primären Endungen gegenüber der anliegenden Spannung bzw. deren Änderungsrate beeinflussen. Zusammen mit dem bereits genannten Streckungsreflex könnten diese so z.B. einen Servo-Mechanismus zur Einstellung des Gleichgewichtszustands auf eine bestimmte Muskellänge hin bilden. Neben der Steifheit ist dies einer der Kontrollparameter, dem in neueren dynamischen Modellierungen der Artikulationsvorgänge ein zentraler Stellenwert zukommt.

Im oralen Bereich sind die Muskelspindeln insbesondere im vorderen Teil der Zunge besonders häufig anzutreffen: so im vordersten Drittel des Longitudinalis superior insbesondere entlang der Mittellinie und im Mittelteil des Transversus an den Seitenrändern der Zunge. Dies bedeutet eine verstärkte Sensitivität insbesondere der Strukturen, die einer sehr feinen Kontrolle (z.B. bei der Bildung von [ʃ/ʒ] oder [s/z] bedürfen.

Zu den Rezeptoren der Muskelspindeln treten im Bereich der propriozeptiven Reafferenz Gelenkrezeptoren hinzu, die auf die Spannung innerhalb der Gelenkkapseln reagieren, wobei für die Sprachproduktion hier das System innerhalb des Kiefergelenks die wichtigste Informationsquelle darstellt.

Taktile Reafferenz

Während den propriozeptiven Mechanismen wohl eher Servo-Funktionen zugewiesen werden müssen, bilden die sensorischen Rückmeldungen unseres taktilen Systems auch bewusst wahrgenommene und für die Kontrolle der eigenen Artikulation eingesetzte echte Reafferenzen.

Bei den Rezeptoren des taktilen Systems handelt es sich um teilweise unspezifische Nervenendigungen innerhalb der Haut, die aber allesamt auf mechanische Einwirkungen reagieren.

Hierbei haben wir es einerseits zu tun mit sogenannten freien Endigungen, die als vielfältige, unmyelinierte, einander überlappende Verästelungen myelinierter afferenter Fasern bis in die untere, basale Schicht der Oberhaut (Epithelium) hineinreichen. Diese freien Endigungen können bei ihrer langsamen Adaptation an den jeweiligen Reiz (d.h. sie reagieren recht langsam und halten Erregung auch noch nach Reizbeendigung aufrecht) lediglich als generelle Tast- (bzw. besser: Druck-)Sensoren angesehen werden.

Ein spezifischeres taktiles Bild liefern uns auf der anderen Seite die organisierten Nervenendigungen, im oralen Bereich vor allem die sog. *Meißnerschen Körperchen* und die *Krauseschen Endkolben* (vgl. Abb. 34), wie sie z.B. - den freien Endigungen gegenüber tieferliegend - in der papillaren Bindegewebsschicht der Zunge anzutreffen sind. Diese Art der Rezeptoren adaptieren sehr schnell, d.h. sie reagieren auf leichteste druckbedingte Deformation und hören bei Beendigung des Reizes sofort auf zu feuern. Sie werden von mit 8-10μm Durchmesser geringfügig kleineren afferenten Nervenfasern als die der efferenten α-Neurone versorgt.

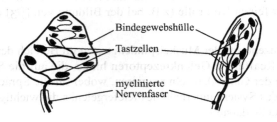

Abb. 34: Schematischer Aufbau von Meißnerschem Körperchen (links) und Krauseschem Endkolben (rechts).

Neben den Rezeptoren in der Haut dürften für die Sprachproduktion auch die in der Zahnhaut angesiedelten Nervenendigungen von Bedeutung sein, die auf die Berührung der Zähne reagieren.

Parallel zum propriozeptiven System weist der vordere orale Bereich gegenüber dem hinteren auch eine größere taktile Sensitivität auf.

Die neuronale Information über vorliegende Berührungen gelangt über verschiedene Umschaltstellen im Stammhirn schließlich somatotopisch (d.h. die Körperoberfläche abbildend; vgl. o. Abb. 30) zum primären somatosensorischen Projektionsfeld, der postzentralen Windung der Großhirnrinde.

Unter Einbeziehung der auditiven Reafferenz, die wir aber erst im Kapitel zur Sprachwahrnehmung behandeln wollen, müssen wir unser Modell des signalphonetischen Bandes im Bereich der Sprachproduktion ausgehend von einer rein efferenten Vorstellung (vgl. o.) zu einem in groben Zügen in der Abbildung 35 dargestellten komplexen Regelkreissystem erweitern: Eine funktionierende neuronale Kontrolle der Artikulation mit der Vielzahl der jeweils beteiligten Muskeln kann auf Grund der damit prinzipiell verbundenen Freiheitsgrade eben nicht in einer klaviaturähnlichen Ansteuerung der einzelnen Muskeln durch einzelne Neurone erfolgen.

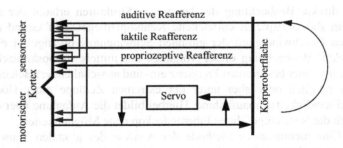

Abb. 35: Schema der produktionsbezogenen Signalflüsse innerhalb des 'signalphonetischen Bandes'.

Nicht nur benötigt das Nervensystem vorab ('Rück'-)Meldungen über den gegenwärtigen Zustand des peripheren artikulatorischen Systems, es müssen zudem einzelne Muskelaktionen funktional zur Verfolgung bestimmter artikulatorischer Aktionen auf koordinierte Aktivitäten hin auf neuronaler Grundlage voreingestellt sein. In neueren Sprachproduktionsmodellen wie dem 'Task dynamics'-Modell wird dem mit der Postulierung von sog. 'koordinativen Strukturen' für einzelne artikulatorische Aktionen wie spezifische Verschluss- bzw. Engebildungen Rechnung getragen.

Neben diesen für die normale Sprachproduktion unabdingbaren internen Kontroll- und Steuersystemen unterliegt die Sprachproduktion der bewussten Kontrollfunktion der auditiven und der taktilen Reafferenz. Die sich im Verlauf des Spracherwerbs auf der Grundlage dieser Mechanismen auch intrakortikal herausbildenden Assoziationen zwischen selbst- und fremdbeobachtbaren Sprachproduktionen bilden nicht zuletzt auch die Grundlage für Spezifika unserer Sprachwahrnehmungsfähigkeit, die nur im Rückgriff auf Mechanismen der Sprachproduktion erklärt werden können. Auf diese Zusammenhänge werden wir im Kapitel zur perzeptiven Phonetik nochmals ausführlicher zurückkommen.

1.4.10 Experimentelle Untersuchungstechniken

Instrumentalphonetische Methoden zur Erfassung des Kehlkopfverhaltens

Die direkte Beobachtung der laryngalen Strukturen erlaubt der aus einem Zahnarztspiegel entwickelte Kehlkopfspiegel. Auf Grund der hohen Geschwindigkeit der glottalen Schwingungsvorgänge ist eine 'direkte' Beobachtung dieser Vorgänge nur mittels stroboskopischer (d.h. mit einer bestimmten Frequenz ein- und ausschaltender) Beleuchtung möglich oder aber unter der extremen Zeitlupe einer Hochgeschwindigkeitsfilmaufnahme. Hierbei bildet die Aufnahme über ein durch die Nase eingeführtes Fiberendoskop neue Möglichkeiten.

Eine nichtinvasive Methode der Analyse des glottalen Schwingungsverhaltens stellt die Laryngographie dar: Hierbei wird zwischen zwei mittels eines elastischen Halsbands verstellbar auf Glottishöhe äußerlich applizierten Elektroden der elektrische Widerstand gemessen, der mit der Entfernung bzw. dem Grad des Kontakts zwischen den Stimmlippen zusammenhängt.

Zur Untersuchung der langsameren Glottisbewegungen (z.B. der Entstimmungsgesten) eignet sich das Verfahren der Photoelektroglottographie, bei der die durch die Glottis gelassene Lichtmenge gemessen wird. Dazu wird entweder durch einen Plexiglaskegel gebündeltes Licht von außen unterhalb des Cricoids angebracht und die durchgelassene Lichtmenge mittels eines über den Nasenraum eingeführten Phototransistors gemessen (ursprüngliche Methode) oder die einer nasal applizierten Endoskoplichtquelle wird äußerlich unterhalb des Kehlkopfs gemessen (heute gängige Methode).

Wie bei allen Muskeln ist auch bei der Kehlkopfmuskulatur die Untersuchung der elektrischen Muskelaktivität mittels Elektromyographie möglich, wenngleich die Muskeln des Kehlkopfs nicht so ohne weiteres für die Anbringung der meist als Messelektroden verwendeten Drähtchen mit umgebogener Spitze zugänglich sind.

Instrumentalphonetische Methoden zur Erfassung der artikulatorischen Geometrie

Die objektiven Verfahren zur Messung der von außen nicht sichtbaren Artikulationsstellungen bzw. -bewegungen sind bis heute - leider - recht eingeschränkt. Grundsätzlich sind hierbei zwei mögliche Messverfahren zu unterscheiden: das eine betrifft die Messung der Kontakte des artikulierenden Organs an der Artikulationsstelle, das andere die der geometrischen Gestalt des Ansatzrohrhohlraumes.

Die früheste Technik der objektiven Erfassung von artikulatorischen Kontakten der Zunge am Gaumen stellt die sog. direkte Palatographie dar. Hierbei wurde/wird die Zunge oder der Gaumen mit einer lose haftenden Masse (z.B. einer Mischung aus Kakao und Gummi arabicum) eingefärbt und nach einer Einzelartikulation der Abdruck bzw. die Spur über Spiegel vermessen und eventuell abfotografiert. Erstmals wurde diese Methode von Grützner 1879 verwendet. Schon ein Jahr später wurde diese Methode durch die der indirekten Palatographie ergänzt, bei der ein eingefärbter künstlicher Gaumen verwendet wurde, der anschließend zur genaueren Inspektion und Vermessung herausgenommen werden konnte.

In neuerer Zeit konnte diese Technik - nicht zuletzt auf Grund der vielfältigen Möglichkeiten der digitalen Signalverarbeitung - weiterentwickelt werden zur Methode der dynamischen Palatographie (oder Elektropalatographie), die auf elektrischem Weg auch die Veränderung der Zungen-Gaumen-Kontakte während einer Äußerung anhand des Stromflusses über in einen künstlichen Gaumen (vgl. Abb. 36) eingebettete Elektroden erfassen kann (vgl. Abb. 37).

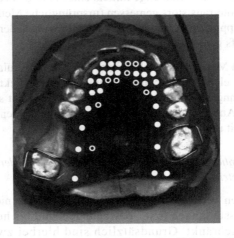

Abb. 36: Bei der Elektropalatographie (System der Universität Reading) verwendeter künstlicher Gaumen mit eingelassenen Elektroden (auf dem Oberkieferabdruck des Autors; mit Markierung der Kontakte während eines [t]-Verschlusses (alle Markierungen) bzw. bei der Lösung dieses Verschlusses (nur gefüllte Markierungen)).

Zur Messung des Zungen-Gaumen-Abstands dienten im Verlauf der Geschichte u.a. der sog. Mouth measurer von Atkinson (1898), ein an den Zähnen anzusetzendes Instrument mit biegsamer ausfahrbarer Messfeder oder auch von einem künstlichen Gaumen herabhängende Stanniolfäden, bei denen nach einer vorgegebenen einzelnen Vokalartikulation die Höhe der Abknickungen ausgemessen wurde. Auch nachträglich in einzelne Segmente zerschneidbare Abgüsse (vgl.u. Abb. 61, S. 115) des vorderen Ansatzrohres bei den einzelnen vokalspezifischen Artikulationsstellungen bilden eine nicht zu unterschätzende Basis unseres heutigen Wissens.

Artikulation

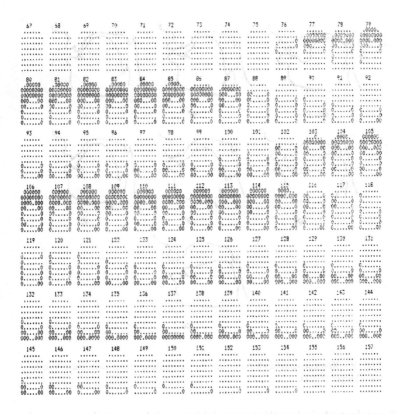

Abb. 37: Veränderung der Zungen-Gaumen-Kontakte (durch 0 gekennzeichnet) während der Äußerung der Lautfolge [...oneːtɪkʰ] des Wortes *"Phonetik"*.

Sehr früh nach der Entdeckung der Röntgenstrahlen wurden diese auch für die Untersuchung der Artikulation benutzt. Als einer der erste setzte sie E.A. Meyer 1907 (vgl. Abb. 38) systematisch zu diesem Zweck ein, und 1930 wurde von Gutzmann in Bonn bei der Internationalen Konferenz für experimentelle Phonetik der erste Röntgentonfilm der Sprache vorgeführt.

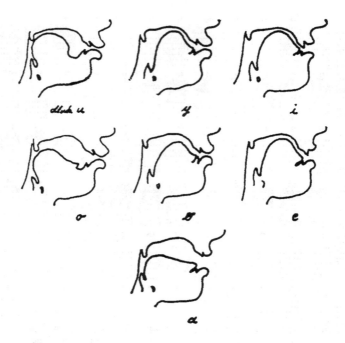

Abb. 38: Röntgenographisch ermittelte Zungenstellungen der deutschen Vokale nach Meyer (1907).

Trotz der technischen Weiterentwicklung auf diesem Gebiet, das in der Installation der zweiten Generation des 'X-ray micro beam'-Systems in Madison, U.S.A. gipfelte, erscheint der Einsatz der Röntgentechnik für nichtklinische Forschung heute nicht mehr verantwortbar, obgleich im Gegensatz zu der früher notwendigen Dauerbestrahlung des interessierenden Gebiets die 'X-ray micro beam'-Technik mit einem gepulsten Mikro-Röntgenstrahl arbeitete, der computergesteuert lediglich die Position einzelner an den Artikulatoren angebrachter Metallkügelchen ermittelte.

Artikulation

Abb. 39: Der elektromagnetische Artikulograph AG 100 der Firma Carstens Medizinelektronik, Göttingen.

Eine - von der Form der gewonnenen Daten her - der 'micro beam'-Technik vergleichbare Neuentwicklung der letzten Jahre ist die sog. elektromagnetische Artikulographie (vgl. Abb. 40), bei der die Position einzelner kleiner (1x2mm) auf die Artikulatoren geklebter Spulen anhand der frequenzmodulierten Induktionsströme bestimmt wird, die sich je nach ihrer Position innerhalb des Magnetfelds dreier an einem Plexiglashelm befestigter Sendespulen ergeben (s. Abb. 39).

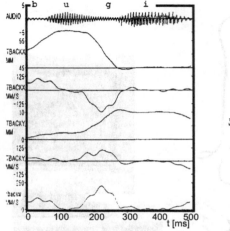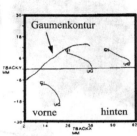

Abb. 40: Artikulographisch erfasste Bewegung einzelner Zungenpunkte während der Äußerung "bugi" (links unter dem Audiosignal jeweils als Bewegung und Geschwindigkeit der hintersten Spule in X- und Y-Richtung sowie deren Gesamtgeschwindigkeit, rechts zusammen mit zwei weiteren Spulen als Bewegungsverlauf in der mediosagittalen Ebene dargestellt).

Neben diesen Verfahren seien hier als moderne Techniken noch die Ultraschallvermessung ('Sonographie') des Ansatzrohres genannt sowie die sog. 'Glossometrie', bei der mittels Photozellen der Abstand zwischen Zunge und Gaumen gemessen werden kann. Auch die Magnetresonanz-Tomographie - wenngleich auch heute noch sehr aufwändig - hat zu unserem Wissen über die Ansatzrohrgeometrie beigetragen.

Die instrumentalphonetischen Aufzeichnungen der Artikulation - am augenfälligsten dabei die Röntgenkinematographie - zeigte ab den 20er Jahren unseres Jahrhunderts, dass man von früheren Vorstellungen über das Funktionieren der lautsprachlichen Kommunikation Abstand nehmen musste: Nach Meinung der ersten Instrumentalphonetiker bildete der artikulatorisch klar beschreibbare einzelne Sprachlaut - in Analogie zum Buchstaben - das Grundelement einer gesprochenen

Äußerung. Bezüglich der Sprachproduktion wurde dabei davon ausgegangen, dass dieser Sprachlaut sich in den instrumentalphonetischen Aufzeichnungen als rascher artikulatorischer Übergang vom vorausgehenden Laut ('Anglitt'), einer längeren 'Haltephase' (einem sog. 'Singteil') sowie einem wiederum raschen Übergang zum Folgelaut ('Abglitt') zeigen würde. Was demgegenüber heute als phonetisches Grundwissen gelten kann, ist, dass sich die natürliche Sprachproduktion durch prinzipiell kontinuierlich ablaufende Artikulationsbewegungen - ohne statische Phasen - kennzeichnen lässt. Menzerath und de Lacerda belegten dies bereits in ihrer kymographischen Studie zur "Koartikulation, Steuerung und Lautabgrenzung" 1933 auf eindrucksvolle Weise. Sie vertraten dabei zusätzlich die Hypothese, dass eben diese artikulatorische Verflechtung geradezu notwendig ist, damit akustisch/auditorisch klar abgrenzbare Laute in Erscheinung treten können. Wir werden auf diesen letzteren Punkt gegen Ende des Kapitels zur akustischen Phonetik wieder zurückkommen.

1.5 Literaturhinweise

Weiterführende Literatur

Catford, J.C. (1993), Phonetics, articulatory. In: Asher, R.E. & Simpson, J.M.Y. (eds.), The Encyclopedia of Language and Linguistics. Oxford u.a. 3058-3070.

Hardcastle, W.J. (1976), Physiology of Speech Production. An Introduction for Speech Scientists. London u.a.

Laver, J. (1980), The Phonetic Description of Voice Quality. Cambridge.

Perkins, W.H. & Kent, R.D. (1986), Textbook of Functional Anatomy of Speech, Language, and Hearing. London u.a.

Sobotta, J. (^{18}1982), Atlas der Anatomie des Menschen. Bd. 1. Kopf, Hals, Obere Extremitäten. Hrgs. von Ferner, H. & Staubesand, J. München, Wien u.a.

Wängler, H. H. (1972) Physiologische Phonetik. Marburg.

Spezialliteratur

Atkinson, J.E. (1978), Correlation analysis of the physiological factors controlling fundamental voice frequency. Journal of the Acoustical Society of America 53, 211-222.

Berg, J.v.d. (1958), Myoelastic-aerodynamic theory of voice production. Journal of Speech Hearing Research 1, 227-244.

Hardcastle, W.; Jones, W.; Knight, C.; Trudgeon, A. & Calder, G. (1989), New developments in electropalatography: A state-of-the-art report. Clinical Linguistics and Phonetics 3, 1-38.

Hardcastle, W.J. & Marchal, A. (eds.) (1990), Speech Production and Speech Modelling. Dordrecht.

Harshman, R., Ladefoged, P. & Goldstein, L. (1977), Factor analysis of tongue shapes. Journal of the Acoustical Society of America 62, 693-707.

Hirose, H. & Gay, T. (1972), The activity of the intrinsic laryngeal muscles in voicing control. Phonetica 25, 140-164.

Jackson, M. T. T. (1988), Phonetic Theory and Cross-Linguistic Variation in Vowel Articulation. UCLA Working Papers in Phonetics, 71

Kaiser, L. (1939ff), Biological and Statistical Research Concerning the Speech of 216 Dutch Students. Archives Néerlandaises de Phonétique Expérimentale 15 (1939), 1-76; 16 (1940), 77- 136; 17 (1941),144-211; 18 (1942),1-58; 19 (1943), 37-78.

Menzerath, P. & de Lacerda, A. (1933), Koartikulation, Steuerung und Lautabgrenzung. Berlin.

Meyer, E.A. (1907), Röntgenographische Lautbilder. Medizinisch-pädagogische Monatsschrift für die gesamte Sprachheilkunde 17, 225-243.

Perkell, J.S.; Cohen, M.H.; Svirsky, M.A.; Matthies, M.L.; Garabieta, T. & Jackson, M.T.T. (1992), Electromagnetic midsagittal articulometer systems for transducing speech articulatory movements. Journal of the Acoustical Society of America 92, 3078-3096.

Schönle, P. (1988), Elektromagnetische Artikulographie. Berlin.

Titze, I.R. (1981), Biomechanics and distributed-mass models of vocal fold vibration. In: K.N. Stevens & M. Hirano (ed.), Vocal Fold Physiology. Proc. of the Vocal Fold Physiology Conference, Kurume, Jan. 15-19, 1980. Tokyo, 245-270.

2 Akustische Phonetik

2.1 Physikalische Grundlagen

Bevor wir die phonetischen Vorgänge in den Bereichen des signalphonetischen Bandes, die zwischen dem Sprecher und dem Hörer liegen, betrachten können, müssen wir vorab klären, was eigentlich Schall bzw. das von uns auditiv Wahrgenommene ist, und uns mit den Grundbegriffen der sich mit dem Schall beschäftigenden wissenschaftlichen Disziplin, der Akustik, bekanntmachen.

Die physikalische Disziplin der Akustik, Teil der Mechanik, die sich wiederum als Teilgebiet der allgemeinen Schwingungslehre mit den Schwingungsvorgängen in elastischen Körpern befasst, liefert auch für den am Sprachschall interessierten Phonetiker die Grundbegriffe.

Wenn wir von Schall reden, so meinen wir physikalisch gesehen im allgemeinen damit die von uns auditiv wahrnehmbaren minimalen Luftdruckschwankungen. Um für uns wahrnehmbar zu sein, müssen diese Schwingungen in einer gewissen Geschwindigkeit ablaufen, und zwar zwischen 20 bis 20000 mal in der Sekunde, d.h. mit einer Frequenz zwischen 20 Hz [Hertz] und 20 kHz. Bezüglich ihrer Amplitude sind diese wahrnehmbaren Luftdruckschwankungen als äußerst gering, aber einen großen Intensitätsbereich umspannend zu kennzeichnen. So liegt die absolute Gehörschwelle bei den vom Menschen am besten wahrnehmbaren Frequenzen um 3500 Hz bei einer Druckschwankung von ca. 10^{-4} μb [Mikrobar] (einem Zehntausendstel von einem Millionstel des uns umgebenden Luftdrucks von ca. 1 b[1], d.h. 0,0000000001b), die Schmerzgrenze hingegen bei einem Wert von ca. 10^3 μb (tausend Millionstel des atmosphärischen Drucks, d.h. 0,001b).

---

[1] Der Einfachheit halber, d.h. wg. des Bezugs auf den atmosphärischen Druck, wurde hier die alte Einheit bar verwendet; die Darstellung in der heute gültigen Einheit Pa [Pascal] bedeutet demgegenüber lediglich eine Veränderung des Stellenwerts um 5; 1 Pa = 10^{-5} b.

Wegen dieses großen Variationsbereichs des effektiven[2] Schalldrucks [p_{eff}] wird der Schalldruckpegel [L] in der logarithmischen Größe dB angegeben:

$$L = 20 \times lg \frac{p_{eff}}{p_0} dB$$

wobei als Referenzdruck

$$p_0 = 2 \times 10^{-4} \mu b = 2 \times 10^{-5} Pa$$

festgesetzt wurde.

Eine Veränderung des Schalldruckpegels um ± 6 dB entsprechen somit einer Verdoppelung/Halbierung des Schalldrucks, 20 dB einer Änderung des Schalldrucks um den Faktor 10.

Wenngleich im Folgenden (bezüglich der molekularen Vorgänge) des öfteren auf die Analogie eines schwingenden Pendels zurückgegriffen wird, so muss hier doch von Anfang an klargestellt werden, dass das akustische Signal als Schwingung innerhalb eines Mediums zu verstehen ist und nicht in erster Linie als Bewegung eines Gesamtkörpers: Es ist so z.B. im phonetischen Bereich nicht die Bewegung der Stimmlippen per se (im Gegensatz zu der einer Stimmgabel oder dem Schwingen einer Instrumentensaite), die die akustischen Schwingungsvorgänge im uns umgebenden Medium Luft bedingen, sondern die impulsartige Störung des Luftdrucks, die durch den periodisch wiederkehrenden glottalen Verschluss ausgelöst wird (vgl.u.).

---

[2] Unter effektivem Schalldruck [p_{eff}] versteht man im Gegensatz zum Spitzenschalldruck [p̂] die mittlere absolute Auslenkung der Schalldruckamplitude über die Zeit. Bei einer Sinusschwingung stehen diese im Verhältnis 1: √2, wie in untenstehender Skizze durch den rein geometrischen Vergleich der grau unterlegten Flächen verdeutlicht ist:

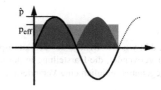

Physikalische Grundlagen 89

Zur Veranschaulichung sei zu Beginn eine Schwingung innerhalb eines elastischen Mediums - wie z.B. der uns umgebenden Luft - auf der molekularen (d.h. auf einzelne Partikel bezogener) Ebene dargestellt: Hier bewegen sich die einzelnen Partikel auf Grund der Elastizität des Mediums pendelförmig um ihre Ruhelage herum. Diese pendelförmige Bewegung bzw. der sich ändernde Zustand der Luftpartikel kann als Sinoidalkurve dargestellt werden. In der folgenden Abbildung ist im oberen Teil die durch eine pendelförmige Bewegung eines Partikels ausgelöste Bewegung der jeweils benachbarten Partikel zeilenweise für aufeinanderfolgende Zeitpunkte dargestellt. Im unteren Teil haben wir - als Funktion auf der molaren (d.h. den Gesamtprozess betreffenden) Ebene - den Schalldruck- und Schallschnelleverlauf[3] zu dem oben dargestellten letzten Zeitmoment in seiner räumlichen Ausdehnung dargestellt, wie er sich im Medium zwischen den Einzelpartikeln mit der medienspezifischen Schallgeschwindigkeit über die Zeit hin ausbreitet.

---

[3] Der Schallschnelleverlauf bezeichnet hierbei (im Gegensatz zur Partikel*dichte* beim Schall*druck*) die räumlich/zeitliche Verteilung der Partikel*beschleunigung* im Medium: So ist die Schallschnelle an den Punkten des maximalen Schalldrucks, an dem die Einzelpartikel die Richtung ihrer pendelförmigen Bewegung ändern, gerade 0, beim 0-Wert des Schalldruckverlaufs hingegen maximal, d.h. gegenüber dem Schalldruckverlauf um 90° bzw. π/2 phasenverschoben (vgl. hierzu u. 2.1.2 den Abschnitt zu den Bestimmungsgrößen von Klängen).

Akustische Phonetik

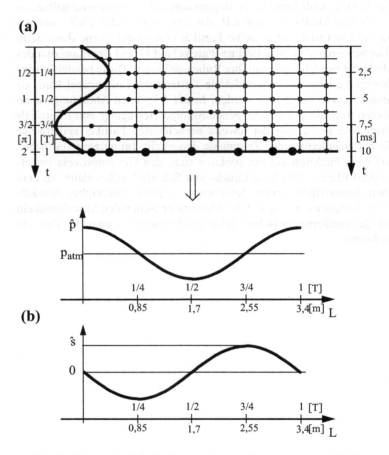

Abb. 41: Schema der Schallwellenentstehung und -ausbreitung: (a) Molekulare Ausbreitung einer Störung innerhalb der Luftteilchenkette durch die pendelförmige Bewegung eines Partikels (bei einer Frequenz von 100 Hz (vgl.u.); gefüllte Kreise stellen die in Schwingung geratenen, offene die noch in Ruhelage befindlichen Partikel dar); (b) räumliche Ausbreitung der Schalldruckwelle (oben) bzw. der Schallschnellewelle (unten) zum letzten in (a) dargestellten Zeitpunkt.

Während die molekularen Luftpartikel lediglich hin und her schwingen, breitet sich die Druckwelle in der Luft bei normalem atmosphäri-

schen Druck (Meeresspiegel) und einer Temperatur von 20°C im freien Schallfeld kugelförmig mit einer Geschwindigkeit von ca. 340 m/s (der Schallgeschwindigkeit in Luft [c_L]) aus.
Der Schall breitet sich dabei als sog. Longitudinalwelle, als Stoßwelle[4], d.h. als von der Frequenz abhängige räumliche Abfolge von Druckminima und -maxima nach der Formel[5]

$$\lambda = \frac{c_L}{f}$$

aus, wobei der effektive Schalldruck (bei einer punktuellen Schallquelle) mit der Entfernung von der Schallquelle quadratisch abnimmt.

In gewisser Weise auch auf psychoakustische Kategorien vorgreifend können wir die uns interessierenden Schallschwingungen in die folgenden Kategorien unterteilen:

- reine **Töne**, d.h. reine Sinoidal- oder Pendelschwingungen
- **Klänge** als aus einzelnen Sinoidalschwingungen zusammengesetzte Schwingungen
  (wobei bei Klängen im engeren Sinn die einzelnen Sinoidalkomponenten in einem harmonischen Verhältnis zueinander stehen, d.h. ein ganzzahliges Vielfaches einer Grundfrequenz (f_0) darstellen, bei Klängen im weiteren Sinn die zwar einzelnen sinoidalen Komponenten aber in beliebigem Frequenzverhältnis zueinander stehen können (z.B. beim Glockenklang))
- **Geräusche**, d.h. statistisch zufällige (stochastische) Verteilung von Amplitudenwerten über die Zeit, die aber frequenzmäßig (s.u.) auch als Addition unendlich eng beieinanderliegender Sinoidalkomponenten aufgefasst werden können.

---

[4] Im Gegensatz zu z.B. an der Wasseroberfläche zu beobachtenden Transversalwellen als Auf- und Abbewegung.
[5] Wobei λ die Wellenlänge in Metern, d.h. z.B. den Abstand zweier aufeinanderfolgender Maxima, c_L die Schallgeschwindigkeit in m/s und f die Frequenz in Hz, d.h. Schwingungen/sec bezeichnet.

2.1.1 Töne

Die grundlegende Form einer Schwingung, aus der sich - wie wir sehen werden - alle beliebigen Schwingungsformen ableiten lassen, ist die der Pendelschwingung oder - im mathematischen Sprachgebrauch - Sinoidalschwingung. Es ist dies die Bewegung, die ein Pendel, einmal aus seiner Ruhelage gebracht (bei Fehlen von dämpfenden Reibungskräften) unaufhörlich um seine Ruhelage herum vollführen würde: Es bewegt sich mit maximaler Geschwindigkeit durch den Punkt seiner Ruhelage, bremst bis zum Punkt der Maximalauslenkung auf Nullgeschwindigkeit ab, um von da an bis zum neuerlichen Durchschreiten der Ruhelage in entgegengesetzter Richtung zu beschleunigen und bis zum gegenüberliegenden Wendepunkt wiederum kontinuierlich abzubremsen u.s.f. Dieser absolut kontinuierliche Bewegungsprozess lässt sich anschaulich als sog. Kreisschwingung beschreiben, wie dies in Abb. 42 dargestellt ist:

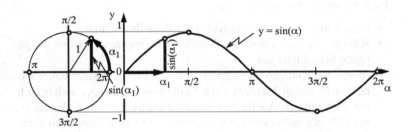

Abb. 42: Die Sinusschwingung als Kreisschwingung.

Der zeitabhängige Amplitudenwert dieser Schwingung ergibt sich durch den Abstand eines kontinuierlich entgegengesetzt zum Uhrzeigersinn auf dem Kreisumfang wandernden Punktes gegenüber der x-Achse. Bei einem Kreisradius von 1 (d.h. beim Einheitskreis) entspricht dies der bei 0 mit dem Wert 0 startenden und in Abhängigkeit vom Winkel α (in Grad, d.h. Bruchteilen von 360 bzw. im Bogenmaß als Bruchteilen von 2π, d.h. jeweils eines Kreisumfangs) zwischen den Werten ±1 schwankenden Sinusfunktion, welche nach einer Kreisumrundung wiederum den Wert 0 erreicht. Die Geschwindigkeit, mit der um den Kreis geschritten wird, bestimmt dabei die Frequenz.

Für die Kennzeichnung einer beliebigen **Sinoidalschwingung** genügen somit die drei Parameterwerte

- **Amplitude (A)** als Multiplikator der selbst ja lediglich zwischen ±1 variierenden sin-Funktion,
- **Frequenz (f)** als multiplikatives Element im Argument der sin-Funktion, die bei dem Restargument (2π x t[sec]) nach einer Sekunde eben jeweils einmal den Kreisumfang umschreibt, d.h. eine Schwingung von 1 Hz ergibt und
- **Phase (φ)** als additives Element im Argument der sin-Funktion, das angibt, um wieviel der Startpunkt der Schwingung - bezogen auf einen Schwingungszyklus - gegenüber dem Sinus verschoben ist (so ist z.B. die cos-Funktion gegenüber dem Sinus um 90° bzw. $\pi/2$ phasenverschoben):

$$y(t) = A \times \sin(2\pi \times f \times t + \varphi)$$

Diese Zusammenhänge sind - gemeinsam mit der Darstellung von Sinoidalschwingungen im Zeit- und Frequenzbereich - in der folgenden Abb. 43 verdeutlicht: Unter (a) ist in der bekannten Weise der Zeitverlauf zweier Sinoidalschwingungen dargestellt (als Amplitudenveränderung über die Zeit), wobei die obere im gleichen Zeitraum (durchgezogener Schwingungsverlauf) einen, die untere zwei Schwingungszyklen durchläuft. Zudem beginnt die obere Schwingung positiv ansteigend bei 0, während die untere zum Zeitpunkt 0 ihre negative Maximalamplitude aufweist, d.h. einen Viertelzyklus vorher ($-\pi/2$) bzw. einen Dreiviertelzyklus später ($3\pi/2$) beginnt. Unter (b) sind dieselben Schwingungen im Frequenzbereich, d.h. bezüglich ihres Spektrums (vgl.u.) dargestellt (die Koordinatenwerte stehen nun einerseits für die Frequenz, andererseits für die Amplitude bzw. die Phase): die obere Schwingung hat ein Amplitudenspektrum von der Größe A1 an einer einzigen bestimmten Frequenz mit dem dazugehörigen Phasenspektrum von 0, während die untere Schwingung in Entsprechung als Amplitude A2 bei der doppelten Frequenz der oberen Schwingung sowie einer Phase von $-\pi/2$ bei dieser Frequenz darstellbar ist.

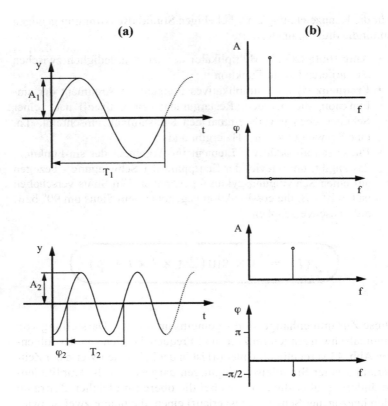

Abb. 43: Die Kenngrößen Amplitude (A), Periodendauer (T) [bzw. Frequenz (f = 1/T)] und Phase (φ) der Sinoidalschwingung in der Darstellung (a) des Zeit- und (b) Frequenzbereichs (vgl. Text).

2.1.2 Klänge

Als Klänge im engeren Sinn bezeichnen wir alle die Schwingungen, die in Form eines Linienspektrums als Addition einzelner Sinuskomponenten zu analysieren sind, wobei diese Einzelkomponenten in einem harmonischen Verhältnis zueinander stehen (d.h. ein ganzzahliges Vielfaches einer gemeinsamen Grundfrequenz [f_0] darstellen):

$$y(t) = \sum_{n=1}^{\infty} A_n \times \sin(t \times 2\pi \times f_n + \varphi_n)$$

In Abb. 44 ist dies anhand einer Rechteckschwingung und ihrer teilweisen Annäherung durch die Addition einzelner Sinuskomponenten verdeutlicht:

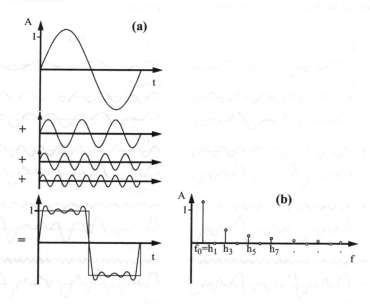

Abb. 44: Annäherung einer Rechteckschwingung durch die additive Überlagerung (Fourier-Synthese) harmonischer Sinusschwingungen in der (a) Zeitbereichs- und (b) Frequenzbereichsdarstellung (unter (b) sind einige der gegenüber der in (a) grau eingezeichneten Rechteckschwingung fehlenden spektralen Komponenten ebenfalls grau angedeutet).

Um die in der Abbildung unten links grau eingezeichnete rechteckige Schwingungsform anzunähern, bedarf es der Addition der jeweils ungeradzahligen Harmonischen der Grundfrequenz (d.h. der Sinuskomponente mit derselben Periodizität wie die der zu analysierenden Schwingung plus je einer Schwingung der drei-, fünf-, siebenfachen usw. Frequenz) mit bei aufsteigender Frequenz exponential abnehmender Amplitude und einer Phasenverschiebung von 0 (in Abb. 44 sind unter (a) die einzelnen Sinuskomponenten sowie ihre Summe im Zeitbereich dargestellt, unter (b) das resultierende Amplitudenspektrum).

Nach dem französischen Physiker Fourier gilt diese Analysierbarkeit in einzelne Harmonische für alle quasiperiodischen Schwingungen, wie dies nochmals in Abb. 45 (a) dargestellt ist (im Kontrast dazu zeigt Abb. 45 (b) eine aperiodische, aus Sinuskomponenten in unharmonischem Verhältnis zusammengesetzte Schwingung):

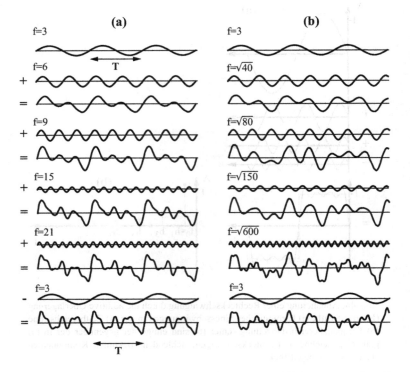

Abb. 45: Addition einzelner Sinuskomponenten (a) in harmonischem Verhältnis (1:2:3:5:7) und (b) in unharmonischem Verhältnis.

Im Fall der Synthese aus harmonischen Komponenten (vgl. Abb. 45 a) ergibt jede Summation ein Signal mit gleicher Periodizität der Dauer T wie der Grundfrequenz, auch wenn diese Signalkomponente vom Summensignal wiederum abgezogen wurde, wie dies in den beiden letzten Zeilen der Abbildung geschehen ist. Die einzelnen Summensignale der Abb. 45 (b) hingegen zeigen nirgends eine Periodizität auf (wir haben es hier mit einem Geräusch - vgl.u. - zu tun). Im obigen Beispiel weisen dabei alle Frequenzkomponenten die gleiche Phasenlage auf. Abbildung 46 hingegen soll die Auswirkungen unterschiedlicher Phasenlage einzelner Frequenzkomponenten auf das resultierende Zeitsignal verdeutlichen. Diesem starken visuellen Unterschied der Kurvenform entspricht dabei aber kein Unterschied in der auditiven Qualität dieser beiden akustischen Signale.

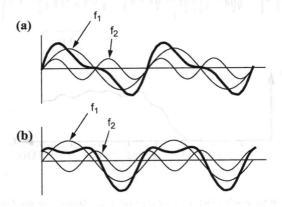

Abb. 46: Einfluss der Phasenlage der Frequenzkomponenten (dünn; unter (a) phasengleich, unter (b) f_2 um $\pi/2$ phasenverschoben) auf das Summenzeitsignal (dick)

"Klang" im weiteren Sinn bezeichnet schließlich auch die Summe einzelner distinkter Frequenzkomponenten, die in musikalischen Intervallen zueinander stehen, nicht aber in harmonischem Verhältnis, wie z.B. im Fall des Glockenklanges.

2.1.3 Geräusche

Als Geräusche (Rauschen) werden aperiodische, statistisch zufällige Abfolgen von Amplitudenwerten über die Zeit bezeichnet. Mathematisch gesehen besitzen diese Signale eine unendliche Periodendauer und sind somit im Frequenzbereich durch unendlich nah benachbarte Frequenzkomponenten darzustellen. Mit anderen Worten: Bei ihnen geht das Linienspektrum periodischer Signale (s.o.) über in ein kontinuierliches Spektrum.

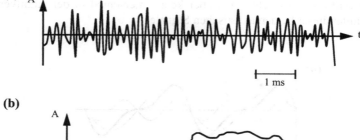

Abb. 47: Ein Geräusch - hier der Laut [s] - (a) in der Darstellung als Zeitsignal sowie (b) als kontinuierliches Spektrum.

2.2 Akustik der gesprochenen Sprache

Nachdem wir im vorausgegangenen Kapitel auf die allgemeinen Grundlagen der Akustik eingegangen sind, wollen wir im Folgenden wieder auf die bei der Sprachproduktion ablaufenden Prozesse, wie sie in Kapitel 1 dargestellt wurden, zurückkommen. Dabei wollen wir diese hier aber speziell unter dem Blickwinkel der Transformation aerodynamischer in akustische Vorgänge betrachten. Hierbei geht es grundsätzlich um zwei zu unterscheidende Phänomene: Auf der einen Seite steht der wiederum durch zwei unterscheidbare Prozesse charakterisierbare Vorgang der *Rohschallerzeugung*, auf der anderen Seite der darauf folgende Vorgang der *Rohschallmodifikation/-modulation* durch die geometrieabhängige Filterfunktion des an die Quelle des Rohschalls anschließenden Teils des Ansatzrohres, die sog. *'akustische Artikulation'*.

2.2.1 Die Rohschallerzeugung

Bei der Rohschallerzeugung sind zu unterscheiden:

- die Stimmtonerzeugung durch die Glottis (für stimmhafte, periodische Sprachsignalanteile) und
- die zwischen Glottis und Mundlippen, d.h. an der Glottis selbst und an beliebigen Stellen des Ansatzrohres mögliche Geräuschbildung (für stimmlose Laute) sowie
- eine durch beide Prozesse gekennzeichnete Erzeugung des Rohschallsignals (für stimmhafte Frikative).

Die Stimmtonproduktion

In Kapitel 1.3 haben wir gesehen, dass die Art und Weise der Stimmlippenschwingung grundsätzlich von zwei unterschiedlichen Faktoren abhängig ist: den aerodynamischen Kräften der transglottalen Luftströme (wie sie durch den subglottalen Druck und die geometrische Form der glottalen Öffnung bedingt sind) einerseits und den von der Dicke, Spannung und dem Grad der Adduktion der Stimmlippen abhängigen myoelastischen Kräften andererseits. Das für die akustische Sprachproduktion wichtigste Moment besteht dabei in der periodischen Wiederkehr der glottalen Schließ- und Öffnungsbewegungen, wobei die Entstehung eines akustischen Signals - d.h. wie oben gesehen einer kurzzeitigen minimalen Luftdruckschwankung - in der durch die myoelastischen und die Bernoulli-Kräfte bewirkten Bildung eines abrupten Stimmlippenverschlusses geschuldet ist: Während bei geöffneter Glottis mehr oder weniger Luft aus der Lunge ausströmt, kommt es bei der 'Abschneidung' dieses transglottalen Luftstroms durch den glottalen Verschluss direkt oberhalb der Glottis zu einer impulsartigen Störung des Luftdrucks in negativer Richtung, einer sog. Kavitätenbildung. Diese lokale Störung des Luftdrucks ihrerseits breitet sich - zwischen den molekularen Luftteilchen (vgl.o.) - mit Schallgeschwindigkeit in der oberhalb der Glottis gelegenen Luftsäule des Ansatzrohres aus (zu den dort auftretenden Effekten vgl. das folgende Kapitel). Die Abbildung 48 (nach Titze 1981) mag diesen Zusammenhang zwischen glottaler Öffnung und dem Schalldruckverlauf direkt oberhalb der Glottis verdeutlichen: Mit dem Stimmlippenschluss kommt es zu einem im Ansatzrohr reflektierten (s.u.) negativen Luftdruckimpuls (vgl. Abb. 48 Verschlussphase (B)), wohingegen die Luftdruckverhältnisse während der Öffnungsphase (vgl. Abb. 48 (A)) hauptsächlich durch den transglottal fließenden Luftstrom bedingt sind.

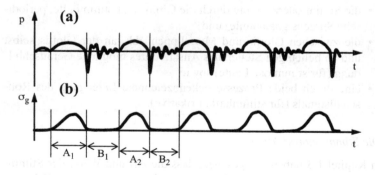

Abb. 48: Der Schalldruckverlauf direkt oberhalb der Glottis (a), wie er durch die Bewegung der Stimmlippen (b; dargestellt als Veränderung der offenen Querschnittsfläche) verursacht wird (mit synchroner Segmentation zweier Öffnungs- (A) und Verschlussphasen (B) des glottalen Zyklus; nach Titze 1981).

Wie wir im vorangegangenen Abschnitt gesehen haben, ist der Anteil höherer Harmonischer abhängig von der Form der Gesamt-Zeitfunktion: je "eckiger" diese, desto mehr stärkere höhere Frequenzanteile. Hieran lässt sich auf einfache Form klarmachen, dass die bei leisem Sprechen - das Schalldruckzeitsignal innerhalb der einzelnen Periode glättende - längere glottale Öffnungsphase im Kontrast zu der der lauten Stimme einen entscheidenden Einfluss auch auf den Parameter der Klangfarbe, auf die Stimmqualität hat: Leises Sprechen ist i.a. resonanzärmer als lautes.

Frikativbildung - Die Erzeugung geräuschhaften Rohschalls

Die zweite Form der Rohschallerzeugung beruht auf der Tatsache, dass bei einem Durchfluss von bestimmter Geschwindigkeit durch eine kritische Verengung hindurch die Strömung von ihrer laminaren Form hinter dieser Enge in eine turbulente, d.h. eine parallele Teilchenbewegung in eine verwirbelte übergeht (vgl. Abb. 49). Das akustische Resultat dieser Störung des Luftstroms besteht in einer stochastischen (statistischen) Variation des Luftdrucks über die Zeit, einem sog. Rauschen (vgl.o.).

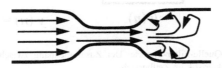

Abb. 49: Der Übergang von einer laminaren in eine turbulente Luftströmung an einer Engebildung.

Derartige Geräuschquellen sind artikulatorisch prinzipiell entlang der gesamten Länge des Ansatzrohres (bei entsprechend aufeinander abstimmbarer Engebildung und Luftstromgeschwindigkeit) von der Glottis (für [h] und behauchte Laute) bis zu den Mundlippen (für [ɸ], den sog. Suppenblaselaut) bildbar. Für die spektrale Charakteristik des so erzeugten Geräusches ist dabei hauptsächlich (vgl.u.) sowohl der geräuschbildende Engeabschnitt des Ansatzrohres sowie - als Modifikator - der daran anschließende Teil bis hin zu den Mundlippen verantwortlich.

2.2.2 Akustische Artikulation

Den für das Funktionieren der lautsprachlichen Kommunikation wichtigsten Aspekt der Sprachschallproduktion bildet die Modifikation des Rohschalls durch die Filterwirkung des Ansatzrohres.

Die Quelle-Filter-Theorie

Akustisch gesehen kann man nach Fant (1960) den Prozess der Sprachschallproduktion durch eine Rohschallquelle und ein Filter modellieren (vgl. Abb. 50).

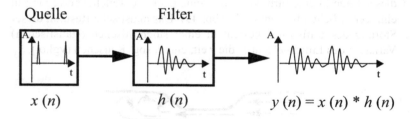

Abb. 50: Die Quelle-Filter-Theorie: Der Zusammenhang zwischen Quellsignal und Filtercharakteristik im Zeitbereich.

Als Zeitsignal betrachtet ist das am Filterausgang vorliegende akustische Resultat dabei das mit der Impulsantwort (d.h. der Reaktion des Filters auf einen einzelnen Impuls) gefaltete Quellsignal. Diese mit '*' abgekürzt geschriebene mathematische Funktion der Faltung lässt sich mit der folgenden Formel ausdrücken:

$$y(n) = \sum_{m=0}^{\infty} x(m) \times h(n-m)$$

Dies besagt, dass zu dem durch den derzeitigen Wert des Eingangs-(Quell-)Signals bedingten Ausgangssignal jeweils alle durch die davorliegenden Eingangswerte hervorgerufenen Werte der noch andauernden Impulsantworten hinzuaddiert werden.

Betrachtet man die vorliegenden Signale im Frequenzbereich, so stellt das resultierende Signal - wie in Abbildung 51 veranschaulicht - die Multiplikation der Spektren von Quellsignal und Impulsantwort des Filters dar:

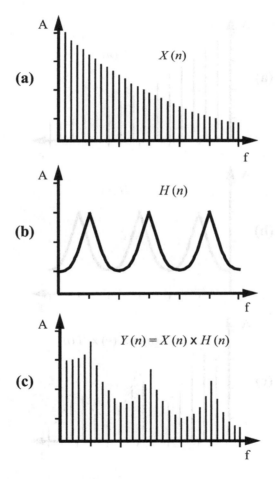

Abb. 51: Die Quelle-Filter-Theorie: Der Zusammenhang zwischen Quellsignal und Filtercharakteristik im Frequenzbereich: (a) Linienspektrum des Rohschallsignals, (b) Spektrum der Impulsantwort (Filterfunktion), (c) Linienspektrum des Ausgangssignals.

Die hierbei vorhandene generelle Unabhängigkeit des Quell- und Filtersignals auf das Spektrum des abgestrahlten Sprachschalls verdeutlichen die beiden folgenden Abbildungen (bei jeweils gleichbleibender Impulsantwort (b)):

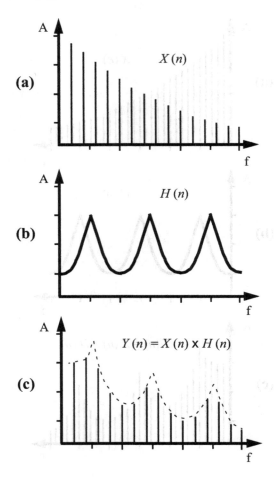

Abb. 52: Der Quelle-Filter-Zusammenhang bei gegenüber der vorangegangenen Abbildung geändertem Quellsignal (a) von doppelter Grundfrequenz (mit unter (c) punktiert eingezeichneter spektraler Hüllkurve).

Einmal (Abb. 52) wird hier die Grundfrequenz des Rohschallsignals verdoppelt, was dazu führt, dass die Resonanzfrequenzen im Ausgangssignal durch keine harmonischen Anteile repräsentiert sind; das andere Mal (Abb. 53) weist die Anregungsfunktion eine stärkere spektrale Dämpfung auf (größeren *spectral tilt*; resonanzärmere Stimme), was sich auch in einem stärker gedämpften Ausgangssignal widerspiegelt.

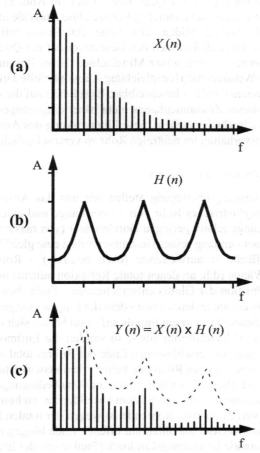

Abb. 53: Der Quelle-Filter-Zusammenhang bei gegenüber der Ausgangsabbildung 51 stärker gedämpftem Quellsignal (mit unter (c) zum Vergleich punktiert eingezeichneter spektraler Hüllkurve des ursprünglichen Beispiels).

Das Ansatzrohr als Filter

Das Ansatzrohr, das zwischen der Rohschallquelle und den Mundlippen liegt, fungiert in Abhängigkeit von seiner jeweiligen geometrischen Form als variabler Filter bzw. Resonator, d.h., dass von ihm bestimmte Frequenzen - seine Eigen- bzw. Resonanzfrequenzen - verstärkt durchgelassen, andere Frequenzen des Eingangssignals jedoch gedämpft werden (vgl. die 'Gipfel' bzw. 'Täler' in Abb. 51 (b)). Die Resonanzfrequenzen sind dadurch gekennzeichnet, dass sie im Ansatzrohr stehende Wellen bilden. Die Lage der Resonanzfrequenzen bestimmt sich dabei allein durch den Gesamtverlauf der Querschnittsfläche des Rohres entlang seiner Mittelachse. Dieser Zusammenhang ist durch die Webstersche Horngleichung - eine partielle Differentialgleichung zweiten Grades - beschreibbar. Es soll hier auf die komplexe Mathematik dieses Zusammenhangs nicht näher eingegangen werden. Wir wollen vielmehr versuchen, diese Filterwirkung des Ansatzrohres am Reflexionsverhalten im neutralen Rohr zu veranschaulichen.

Das Modell des neutralen Rohres

Für unsere Ausgangsüberlegung stellen wir uns das Ansatzrohr als gerades kreiszylindrisches Rohr von 17 cm Länge und einem gegenüber seiner Länge relativ geringen Durchmesser (von maximal 4 bis 5 cm) vor. Dieses - entlang seines Gesamtverlaufs z eine gleichbleibende Querschnittsfläche σ aufweisende (eben neutrale) - Rohr besitze schallharte Wände (d.h. an denen totale Reflexion auftritt) und sei am einen - der Position der Glottis entsprechenden - Ende ebenso schallhart verschlossen, am anderen Ende - dem der Lippen - hingegen offen.

Tritt in diesem System ein Impuls auf - und breitet sich diese akustische 'Störung' kugelförmig aus -, so werden die Luftmoleküle an den Wänden und am verschlossenen Ende des Rohres total reflektiert, während ihnen am offenen Rohrende kein Reflexionswiderstand entgegengesetzt wird. Diese Tatsachen stellen die Randbedingungen für die sich als **Resonanzen** in diesem System ausbildenden **stehenden Wellen** dar: Am verschlossenen Rohrende ist wegen der totalen Reflexion der Schalldruckwechsel maximal, am offenen Ende hingegen herrscht immer der normale Umgebungsluftdruck (Punkte mit der letztgenannten Eigenschaft nennt man auch 'Knoten' einer stehenden Welle). Auf Grund dieser Randbedingungen bilden sich im neutralen Rohr stehende Wellen nach dem in Abbildung 54 gezeigten Schema aus: Die frequenzmäßig erste Welle, die diesen Randbedingungen genügt, ist ein Cosinus mit einer Wellenlänge λ von viermal der Rohrlänge L, die zweite Resonanzfrequenz passt bezüglich ihrer Wellenlänge zu Dreiviertel (mit einem weiteren Knoten) in das Rohr, die dritte schließlich besitzt eine Wellenlänge von vier Fünftel der Rohrlänge (d.h. sie passt in dieses mit insgesamt drei Knoten eineinviertel Mal). Wegen der Randbedingung bezüglich der Lage der Maxima (geschlossenes Ende) und Knoten (offenes Ende) im einseitig geschlossenen Rohr[6] ergeben sich so als stehende Wellen die ungeradzahligen Vielfachen der Schwingung mit einer Wellenlänge von viermal der Rohrlänge:

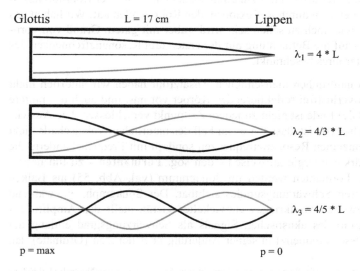

Abb. 54: Stehende Schalldruckwellen (jeweils beide Extrempositionen) im kreiszylindrischen neutralen Rohr.

Die Resonanzfrequenzen des neutralen Rohres sind somit nach der Formel Schallgeschwindigkeit (c [= 340 m/sec]) dividiert durch Wellenlänge ($f_i = c / \lambda_i$) leicht auszurechnen als:

---

[6] In einem beidseitig offenen Rohr ergäben sich auf Grund der Randbedingungen - an jedem Ende ein Knoten - hingegen die ganzzahligen Vielfachen der Schwingung mit einer Wellenlänge von der doppelten Länge des Rohres.

F1 = 340 / (4 x 0.17) = 340 / 0.68 = 500 Hz
F2 = 340 / (4/3 x 0.17) = 3 x 340 / (4 x 0.17) = 1500 Hz
F3 = 340 / (4/5 x 0.17) = 5 x 340 / (4 x 0.17) = 2500 Hz

Wenn wir also einen Vokalschall mit äquidistanten Resonanzfrequenzen im Verhältnis von 1:3:5 vor uns haben, so wissen wir, dass dieser durch ein Ansatzrohr mit gleichförmigem Querschnittsverlauf produziert wurde.[7] Die absolute Lage der Frequenzen gibt uns zudem Auskunft über die Länge des jeweiligen Ansatzrohres.[8]

In der Frequenz nach oben begrenzt sind die in unserem Rohr auftretenden Resonanzen durch das Verhältnis von Rohrlänge und Durchmesser: Frequenzen mit kürzeren Wellenlängen als der Rohrdurchmesser heben sich durch Reflexion an den Rohrwänden auf. Wir haben uns hier - wie noch zu sehen sein wird - aber mit gutem Grund von vornherein auf die Betrachtung nur der ersten drei Resonanzfrequenzen des Ansatzrohres beschränkt.

Beim natürlichen menschlichen Ansatzrohr haben wir natürlich nicht einen verlustfrei reflektierenden Körper vor uns, und auch das hintere (glottale) Ende ist nicht zu jedem Zeitpunkt verschlossen. Die Auswirkung hiervon ist, dass wir es im Fall des natürlichen Vokalschalls nicht mit einzelnen Resonanzfrequenzen sondern mit Frequenzbändern, die verstärkte Energie aufweisen - den sog. **Formanten** - zu tun haben. Diese Formanten werden im Sonagramm (vgl. Abb. 55) als Balken stärkeren Schwärzungsgrades sichtbar. Der Sonagraph, ein während des zweiten Weltkrieges entwickeltes Gerät, stellt das Amplitudenspektrum des akustischen Signals als Schwärzungsgrad entlang der Abszisse (Frequenz) in seiner Änderung über der Zeit (Ordinate) dar.

---

[7] Ungeheuer (1969) bezeichnete folgerichtig in Anlehnung an den Neutralvokal Schwa [ə] die Resonanzen des kreiszylindrischen Rohres als akustischen Schwa [A].
[8] So liegen - neben anderen Unterschieden - die Resonanzfrequenzen bei Frauen und insbesondere bei Kindern höher auf Grund ihrer kürzeren Ansatzrohre.
  Die hier und auch die weiter unten am vokalischen Schall beschriebenen Effekte gelten ebenso auch für frikativen Sprachschall: Dessen Spektrum ist einerseits bedingt durch die Art seiner Quelle, andererseits parallel zum Vokalschall durch die Resonanz des nachfolgenden Rohrabschnitts. So zeigen die labialen und dentalen Frikative auf Grund des Fehlens einer Resonanz einerseits die geringste Intensität und für die übrigen Frikative andererseits gilt, dass die untere Grenzfrequenz ihres Spektrums mit der Rückverlagerung der Artikulationsstelle von [s] über [ʃ] nach [x] stetig sinkt.

In der Abbildung 55 ist neben einer solchen Darstellung des Wortes *"sprechen"* [ʃpʀɛçən] für den durch den senkrechten Pfeil markierten Reduktionsvokal [ə] der Endsilbe auch das momentane Kurzzeitspektrum in der schon vertrauten Form als frequenzabhängige Amplitudenverteilung (in Form einer sog. '*cross section*') wiedergegeben. Wir sehen hier, dass die Mittelfrequenz der Formanten tatsächlich in etwa den Resonanzfrequenzen des neutralen Rohres entsprechen. Neben ihrer **Frequenzlage** sind die natürlichen Vokalformanten zusätzlich durch ihre **Bandbreite** gekennzeichnet. Letztere ist - wie in Abb. 55 (unten) gekennzeichnet - definiert als der Frequenzbereich [in Hz], den der Formant bei -3dB unter seiner Spitzenamplitude in der Breite einnimmt.

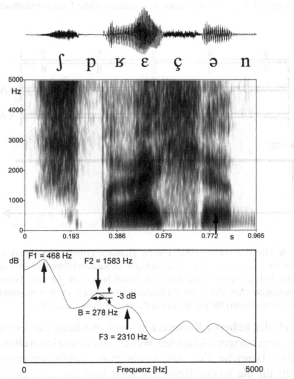

Abb. 55: Sonagraphische Analyse des Wortes [ʃpʀɛçən]: Oszillogramm (oben) mit dazugehörigem Sonagramm (Mitte) und dem Spektrum des [ə] zum Zeitpunkt der Markierung (unten; mit Kennzeichnung der Bandbreite des zweiten Formanten).

'Formantverschieber'

Die Resonanzen des nicht querschnittsflächengleichen Rohres lassen sich nicht in der Weise wie beim neutralen Rohr veranschaulichen. Der Einfluss lokaler Querschnittsveränderungen auf die Frequenzlage der einzelnen Resonanz ist abhängig von der Energieverteilung der entsprechenden stehenden Welle im neutralen Rohr (dem Produkt aus deren Schalldruck- und Schallschnelleverteilung) entlang der Rohrachse. Generell zeigt sich ein Bild, wie es Tillmann (1980) am Modell der Formantverschieber (vgl. Abb. 56) darstellt: Eine Verengung der vorderen, lippenseitigen Hälfte des Ansatzrohres hat dieselbe Wirkung wie eine entsprechende Erweiterung der hinteren, glottisseitigen Hälfte auf die Lage der ersten Resonanz, nämlich eine Frequenzabsenkung.

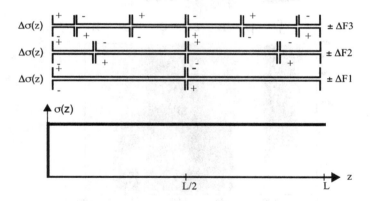

Abb. 56: Die Formantverschieber nach Tillmann (1980): Die Unterteilung des Ansatzrohres in seiner Länge bezüglich der frequenzerhöhenden/-erniedrigenden Wirkung (ΔFN; durch Vorzeichen gekennzeichnet) von lokalen Verengungen/ Erweiterungen ($\Delta\sigma$; durch unterschiedlich lange, nach oben bzw. unten offene Haken schematisiert) für die einzelnen Resonanzfrequenzen (FN).

Bezüglich der höheren Resonanzen - entsprechend der Energieverteilung der zugehörigen stehenden Wellen des neutralen Rohres sind die relevanten Bereiche der Ansatzrohrachse dementsprechend anders unterteilt: für die zweite Resonanz zeigt sich ein gleicher - frequenzvermindernder - Einfluss einer Verengung im vorderen Sechstel wie einer Erweiterung im hintersten Sechstel des Ansatzrohres; ebenso ist der Einfluss einer Verengung des Drittels vor der Ansatzrohrmitte in seiner frequenzerhöhenden Wirkung gleich der Erweiterung des rückwärts daran anschließenden Drittels. In der Abbildung 57 (nach Tillmann 1980) sind die nach dem kleinsten gemeinsamen Vielfachen der Ansatzrohrunterteilung möglichen Formantverschiebungen für die drei ersten Resonanzfrequenzen dargestellt.

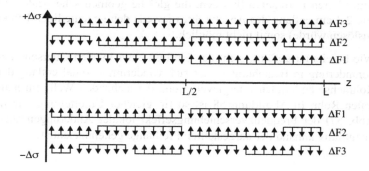

Abb. 57: Das nach dem kleinsten gemeinsamen Vielfachen der Formantverschieberlänge unterteilte Ansatzrohr: Formantfrequenzveränderung (Pfeile) auf Grund lokaler Ansatzrohrerweiterung (obere Hälfte) bzw. Ansatzrohrverengung (untere Hälfte) (nach Tillmann 1980).

Hier soll hervorgehoben sein, dass sich das akustische Vokalsystem durch dieses Modell als Abbildung der geometrischen Veränderungen gegenüber dem neutralen Rohr in die Verschiebung der Resonanzen aus der Neutrallage verstehen lässt.

Am Schema der Formantverschieber lässt sich eine weitere akustisch-phonetische Tatsache klarmachen. Auf Grund des bezüglich des Vorzeichens entlang der Rohrachse ständig wechselnden Einflusses geometrischer Veränderungen auf die Resonanzfrequenzen ergibt sich, dass die Abbildung der artikulatorischen Geometrie in die spektralen Eigenschaften des resultierenden Sprachschalls zwar eindeutig, nicht aber ein-eindeutig ist: Ein Schall gegebener spektraler Komposition kann durchaus durch sehr unterschiedliche geometrische Ansatzrohrkonfigurationen hervorgebracht werden.

Abbildung 57 mag auch verdeutlichen, wieso im allgemeinen die Betrachtung der ersten drei Formanten für die phonetische Analyse ausreichend ist: Die willkürliche Beeinflussung der Lage des dritten Formanten ist schon an so eng umschriebene lokale Veränderungen des Ansatzrohres gebunden, dass diese lediglich bei den feinmotorisch komplexen konsonantischen Artikulationenen vorkommen (vgl. Abb. 59). Globalere Zungenlageveränderungen heben sich in ihrer Wirkung auf die Lage der höheren Resonanzen wegen ihres wechselnden Einflusses gegenseitig auf: Eine gezielte, willkürliche Beeinflussung ist ab dem vierten Formanten (bei dem die gleiche geometrische Änderung alle 2,3 cm entlang des Ansatzrohres jeweils den gegenteiligen Effekt auslösen würde) somit nicht möglich.

Wie bereits ausgeführt, steht der Einfluss einer lokalen Querschnittsveränderung in Beziehung zu der sich wiederum sinoidal entlang der Rohrachse ändernden Energieverteilung der stehenden Welle im neutralen Rohr. In Abbildung 58 ist so (in gleicher Unterteilung wie in Abb. 57) der Frequenzverschiebungseffekt lokaler Änderungen auch quantitativ anhand der dargestellten Pfeillänge gekennzeichnet.

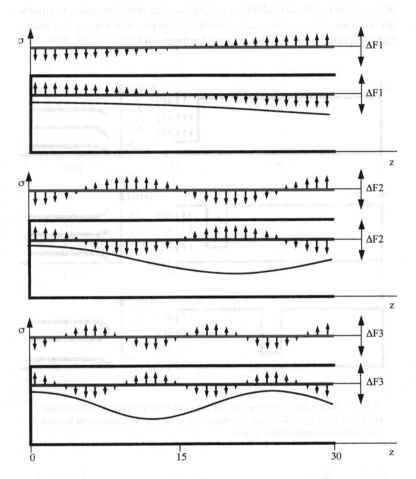

Abb. 58: Die abgestufte Wirkung lokaler Querschnittsflächenänderung gegenüber dem neutralen Rohr (schwarz, mit den eingezeichneten stehenden Wellen): bei Vergrößerung (nach oben, hellgrau); Verkleinerung (nach unten, dunkelgrau) als Frequenzverschiebung (Pfeile) gegenüber dem Neutralvokal [ə].

Die Abbildung 59 schließlich zeigt das sich hieraus ergebende Formantbewegungsmuster (Transition), das sich ergibt, wenn wir von einer labialen, alveolaren bzw. velaren Ansatzrohrverengung ausgehend wieder in eine neutrale Ansatzrohrstellung zurückkehren. Die in der rechten Hälfte der Abbildung dargestellten resultierenden Formanttransitionen entsprechen nun tatsächlich denen, wie wir sie bei natürlichsprachlichen Silbenäußerungen beobachten können (vgl. Abb. 60).

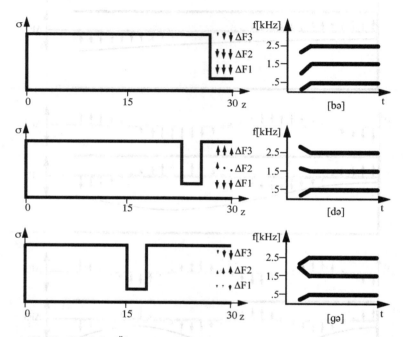

Abb. 59: Durch den Übergang von der links mit ihrer Formantverschiebungswirkung (Pfeile) dargestellten Ansatzrohrkonfiguration zur Neutralposition bewirkten Formanttransitionen (rechte Seite).

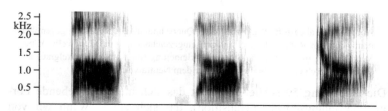

Abb. 60: Sonagramme der Silben [bæ], [dæ] und [gæ].

Ein realistisches Bild der Querschnittsflächenverhältnisse im natürlichen Ansatzrohr vermittelt die anhand von Röntgenanalysen und Ansatzrohrabgüssen erstellte Abbildung 61 der Artikulation des russischen hohen ungerundeten Hinterzungenvokals [ɯ] nach Fant (1960).

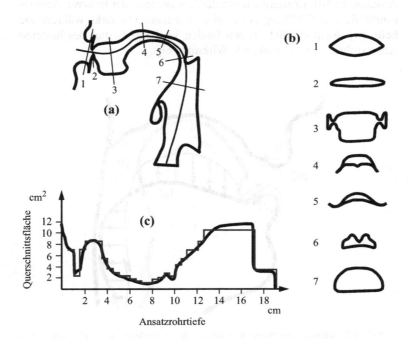

Abb. 61: Das Ansatzrohr bei der Produktion des Vokals [ɯ]: (a) Sagittalansicht mit Mittelachse und numerierten Schnittflächen der in (b) dargestellten Querschnitte; (c) tatsächlicher (schwarz) und zum Zweck der Berechnung gequantelter (grau) Querschnittsflächenverlauf.

Die Formantlage der Eckvokale [a], [i] und [u] - im Kontrast zum Neutralvokal [ə] - wollen wir uns abschließend anhand der Abbildung 62 klarmachen: Beim [a] haben wir es wie durch die Pfeile in der Abbildung gekennzeichnet mit einer Erweiterung der vorderen Hälfte des Ansatzrohres und einer Verengung der hinteren Hälfte des Ansatzrohres zu tun. Dies führt beides (vgl. Abb. 58) zu einer Anhebung des ersten Formanten, während sich die Wirkungen bezüglich der Lage des zweiten Formanten faktisch aufheben. Beim [i] und [u] sind die Verhältnisse der Flächenveränderung der beiden für den ersten Formanten maßgeblichen Einzelhälften gerade umgekehrt, d.h. der ersten Formant wird gesenkt. Die lokale Ansatzrohrverengung liegt jedoch so, dass sie beim [i] (hauptsächlich in den hinteren beiden Drittel der vorderen Ansatzrohrhälfte) zusammen mit der Erweiterung der hinteren Ansatzrohrhälfte eine Erhöhung des zweiten Formanten bewirkt, während sie beim [u] (hauptsächlich in den beiden vorderen Drittel des hinteren Ansatzrohres) eine absenkende Wirkung zeigt.

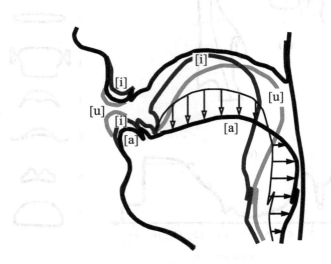

Abb. 62: Schematische Sagittaldarstellung der Artikulation der Eckvokale [a] (schwarz), [i] (dunkelgrau) und [u] (hellgrau) gegenüber der Neutrallage (dünn). Für [a] sind dabei die Querschnittsveränderungen durch Pfeile angedeutet (offen: Erweiterung, gefüllt: Verengung).

Akustik der Nasalartikulation

Wird das Velum gesenkt und somit der Nasenraum zugeschaltet, so haben wir es mit einem vom Rachenraum an nach vorne zweigeteilten Ansatzrohr zu tun. Bei einem Röhrensystem dieser Art kommt es zu Interferenzen zwischen den Resonanzen der Teilsysteme, wie sie anhand der Abbildung zur Nasalproduktion verdeutlicht werden sollen:

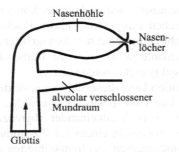

Abb. 63: Schema der Ansatzrohrkonfiguration für die Produktion eines alveolaren Nasals.

Als Hauptansatzrohr fungiert hier der Rachen- und Nasaltrakt, der eine erste Resonanz bei ca. 250 Hz aufweist und die höheren Frequenzen stark dämpft. Hinzu kommen die Resonanzeigenschaften des Mundraumes als geschlossenem Seitenrohr, die in einer solchen Konstellation als Antiresonanzen wirksam werden und im Spektrum als Intensitätseinbrüche auszumachen sind. Die frequenzmäßige Lage dieser Antiresonanzen ist wiederum von der Länge und der geometrischen Gestalt dieses Rohres abhängig. Wenn wir von einem neutralen Rohr einer Länge von 7 cm[9] ausgehen, so entspräche die erste dieser Frequenzen etwa 1200 Hz. Messungen an natürlich gesprochenem Material ergaben Antiresonanzen bei [m] zwischen 750 und 1250 Hz, bei [n] zwischen 1450 und 2200 Hz und bei [ŋ] über 300 Hz.

2.2.3 'Visible speech' - Segmentation und visuelle Analyse des akustischen Sprachsignals

Wir wollen, nachdem wir im Kapitel zur Sprachproduktion entsprechend der Geschichte der Phonetik erstmals diese Frage stellten, hier die Frage angesichts des akustischen Signals wiederholen: "Wie sehen die Sprachlaute aus?"

---

[9] Für den oralen Teil des Ansatzrohres.

Die enttäuschte Hoffnung, im akustischen Sprachsignal klar abgrenzbare Sprachlaute ausmachen zu können, kommt deutlich in dem von dem amerikanischen Linguisten Charles Hockett kolportierten Ausspruch beim Anblick seines ersten Sonagramms zum Ausdruck: Hier sähen die Sprachlaute ja aus wie eine Reihe Ostereier, nachdem sie durch eine Mangel gedreht worden seien.

Eine Illustration kann dieses Dilemma verdeutlichen: Obwohl wir im Sonagramm klar vom spektralen Muster her unterschiedliche akustische Segmente zeitlich voneinander abgrenzen können, so stehen diese jedoch keineswegs in einem 1:1-Zusammenhang mit den angenommenen 'Lautsegmenten' der transkribierten Äußerung.

So kann man im Sonagramm der Abbildung 64 die folgenden akustischen Segmente feststellen: (1) ein Geräuschsegment mit Frequenzen über 4 kHz ([s]-Friktion), (2) ein Segment, in dem sich die spektrale Lage des Geräusches verändert, (3) ein stimmhaftes, von schnellen Formantbewegungen gekennzeichnetes Segment (alveolare Öffnungstransition), (4) ein quasistationäres vokalisches Segment ([æ]), (5) ein wiederum durch schnelle Formantbewegungen gekennzeichnetes Segment (alveolare Schließungstransition), (6) ein stimmhaftes, nur niedrige Frequenzkomponenten aufweisendes Segment ([n]), (7) ein Verschlusslösungsgeräusch ([t]-'burst'), (8) eine alveolare Öffnungs-, gefolgt von (9) einer velaren Verschlusstransition, (10) eine Signalpause ([k]-Verschluss), (11) ein erneutes Verschlusslösungsgeräusch ([k]-'burst'), (12) ein transientes Geräuschsignal ([kʰ]-Aspiration), (13) ein stimmhaftes Segment mit langsameren Bewegungen der höheren Formanten (laterale Verschließungstransition), gefolgt von (14) einer lateralen Öffnungstransition, (15) ein längeres quasistationäres vokalisches Segment ([ɔː]), (16) eine langsame (alveolare) Schließungstransition mit (durch die breiter werdende vertikale Striation erkennbar) sich erniedrigender Grundfrequenz, (17) ein stimmhaft frikativisches und (18) ein stimmlos frikativisches Geräuschsegment.
Dem Sonagramm ist in Abbildung 64 unter der darüber angezeigten Zeitachse die enge phonetische Transkription der englischsprachigen Äußerung "Santa Claus" zugeordnet. Die in der obigen Beschreibung vorgenommene Zuordnung der akustischen Segmente zur zugrundeliegenden Lautfolge und zu den einzelnen akustischen Merkmalen ist im Mittelteil bzw. im unteren Abschnitt der Abbildung nochmals schematisch dargestellt.

Das Sonagramm stellt trotz dieser nicht vorhandenen 1:1-Beziehung das wohl wichtigste Hilfsmittel des Phonetikers zur Veranschaulichung und Segmentation des akustischen Sprachsignals dar, wie anhand der Abbildung 65 und der dort dargestellten Äußerung *"Phonetik und sprachliche Kommunikation"* zu demonstrieren ist:

Akustik der gesprochenen Sprache 119

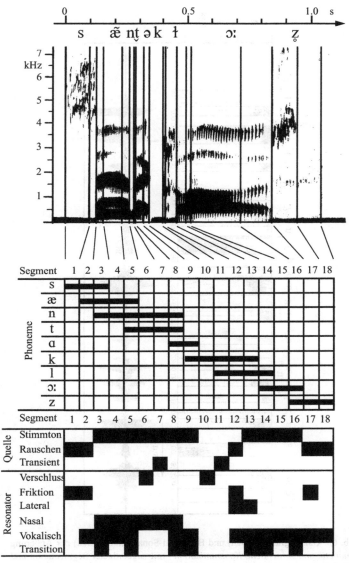

Abb. 64: Der komplexe Zusammenhang zwischen akustischen Segmenten und der transkribierten Lautfolge (Erläuterungen s. Text; nach Fant 1962).

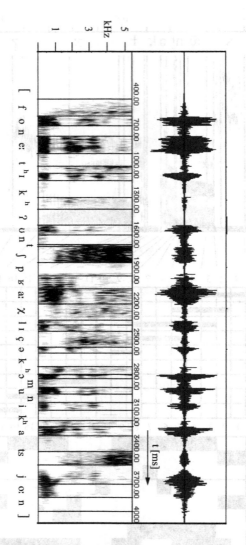

Abb. 65: Oszillogramm (oben) und Breitband-Sonagramm (unten) der Äußerung *"Phonetik und sprachliche Kommunikation"* mit zugeordneter Segmentation und Transkription.

Während bei gleicher Zeitauflösung im akustischen Zeitsignal (dem Oszillogramm in der Abb. 65 oben) lediglich die einzelnen Silben voneinander klar abgrenzbar erscheinen, zeigt das Breitband-Sonagramm (unten)[10] deutlich sichtbare, sich gegenüber dem Zeitsignal langsamer verändernde (vgl. a. die folgenden Abbildungen) spektrale Strukturen, die z.b. eine Segmentation der Aspiration von Plosiven (z.b. beim medialen [kʰ] von *"Kommunikation"*), das Auffinden von glottalen Plosiven (hier vor *"und"*) und eine erste Bestimmung der unterschiedlichen Vokale erlaubt (hier z.B. [o] mit zwei tiefen Formanten, [eː] und [ɪ] mit tiefliegendem ersten und hohen zweiten Formanten, [ʊ] mit ähnlicher, aber noch tieferer Formantlage wie [o], [aː] mit eng beeinanderliegenden mittleren Formanten, usw.; vgl. a. u.).

Die Formantstruktur der vokalischen Silbenkerne und die spektralen Eigenschaften von Verschlusslösungsgeräuschen sind in Abbildung 66 am Ausschnitt *"Phonetik"* der obigen Äußerung veranschaulicht:

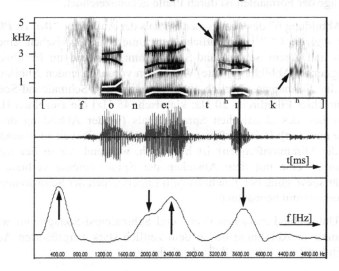

Abb. 66: Breitband-Sonagramm des Ausschnitts "Phonetik" (aus Abb. 65) mit nachgezeichnetem Formantverlauf (oben) mit zugeordneter Transkription und synchronem Oszillogramm (Mitte) sowie Spektrum zum im Oszillogramm markierten Zeitpunkt (unten; zur Erläuterung s.a. Text).

---

[10] Hergestellt mit dem Programm 'Signalyze' (InfoSignal, Lausanne; Eric Keller) für Apple MacIntosh; Filterbreite 200 Hz.

Die im Breitband-Sonagramm (Abbildung oben) nachträglich eingezeichneten Verläufe der einzelnen Formanten (die beiden unteren - F1 und F2 - weiß, F3 und F4 schwarz) zeigen die für die jeweiligen angrenzenden Konsonanten typischen Transitionen (vom [o] zum [n], vom [n] zum [eː] und vom [eː] zum [t]). Die Transitionen vom aspirierten [tʰ] zum [ɪ] (gepunktet) zeigen sich - wie für stimmlos aspirierte Plosive kennzeichnend - nur in den oberen Formanten, nicht in F1, und sind zudem nur geräuschhaft angeregt; vor ihrem Einsatz ist (durch Pfeil gekennzeichnet) der spektrale Schwerpunkt des Verschlusslösungsgeräusches erkennbar, der sich von dem des finalen [kʰ] (ebenfalls mit Pfeil markiert) klar unterscheidet. Im unteren Abschnitt der Abbildung ist zusätzlich das Spektrum in Form einer 'spectral section' zum im Oszillogramm (Abbildung Mitte) durch den senkrechten 'Cursor' markierten Zeitpunkt des Vokals [ɪ] dargestellt: Die y-Achse repräsentiert hier die Intensität, die x-Achse die spektrale Frequenz; die Lage der Formanten ist durch Pfeile gekennzeichnet.

Die Abbildung 67 des akustischen Signals der Äußerung *"Was ist Phonetik eigentlich?"*[11] verdeutlicht den Unterschied zwischen einem Breit- und einem Schmalband-Sonagramm: Während im Breitband-Sonagramm (Abbildung Mitte) wie in den vorausgehenden Abbildungen die Formanten deutlich werden, zeigt das Schmalband-Sonagramm (hier Filterbreite 20 Hz; klassisch: 45 Hz) die einzelnen Harmonischen des akustischen Sprachsignals (in der Abbildung durch Pfeile markiert): Beim Äußerungsteil *"ist"* liegen sie weit auseinander, d.h. die Stimmtonfrequenz ist hier hoch, während wir in der Silbe *"Phon..."* eine mit dem Absinken der Sprachmelodie verbundene Abwärtsbewegung bei gleichzeitigem Engerwerden der Schwärzungen im Sonagramm beobachten.

Der Unterschied zwischen Breit- und Schmalband-Sonagramm wird nochmals in Abbildung 68 an dem zeitlich stark vergrößerten Ausschnitt [eːti] aus *"Phonetik"*[12] deutlich:

---

[11] Mit der Intonation einer Frage, was der Ausdruck 'Phonetik' bedeutet (in der Abbildung schematisch oberhalb der orthographischen Repräsentation als Melodieverlauf angezeigt).

[12] Hier als anpreisender Ausruf mit Hochton auf [eː] und abfallend intoniert ausgesprochen.

Akustik der gesprochenen Sprache 123

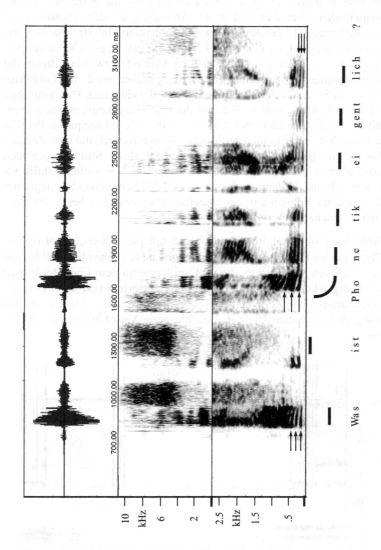

Abb. 67: Oszillogramm (oben), Breitband-Sonagramm (Mitte) und Schmalband-Sonagramm (unten) mit zugeordnetem Text und Intonationsnotation (Erläuterung s. Text).

Im Oszillogramm sind bei dieser Zeitauflösung die einzelnen Stimmtonperioden erkennbar und in der Abbildung für den Transitionsteil von [eː] zum [t]-Verschluss einzeln segmentiert. Im Breitband-Sonagramm entspricht der einzelnen Periode ein klar abgrenzbares vertikales Schwärzungsmuster, wobei aus den Abständen zwischen diesen die Grundfrequenz errechenbar ist. Demgegenüber wird die Grundfrequenz im Schmalband-Sonagramm durch die einzelnen Harmonischen (in der Abbildung unten wiederum durch Pfeile gekennzeichnet) abgebildet. Deutlich wird in der Abbildung 68 auch das reziproke Verhältnis von Zeit- und Frequenzauflösung: Während durch die gute Zeitauflösung im Breitband-Sonagramm die einzelnen Stimmtonperioden erkennbar sind - und dieses sich daher gut als Segmentationshilfe für das synchrone Zeitsignal eignet - zeigt das Schmalband-Sonagramm die spektrale Feinstruktur der einzelnen Harmonischen bei großer zeitlicher Unschärfe.

Abbildung 68 zeigt uns deutlich die unterschiedlichen akustischen Phasen eines Plosivlautes: Den schon erwähnten Transitionsteil bis hin zur stärkeren Markierung, die im Oszillogramm dem Ende der letzten eindeutig erkennbaren Stimmtonperiode entspricht und im Breitbandsonagramm dem Zeitpunkt des Verschwindens der Energie in den höheren Formanten. Hierauf folgt die orale Verschlussphase von 175 ms

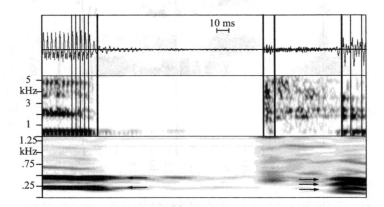

Abb. 68: Oszillogramm (oben), Breitband- (Mitte) und Schmalband-Sonagramm (unten) des Ausschnitts [eːtʰɪ] der Äußerung "Phonetik" (Erläuterungen s. Text).

Dauer,[13] gefolgt von dem - wiederum durch eine stärkere vertikale Markierung gekennzeichneten - Geräusch der Verschlusslösung, dem 10 ms dauernden 'burst', der als Friktionsgeräusch an der Artikulationsstelle eine andere spektrale Struktur als die darauf folgende Aspiration aufweist. Während dieser Phase von 68 ms Dauer sehen wir wiederum nur die höheren Formanten, die durch das glottale Geräuschsignal angeregt sind. Die Dauer des Verschlusslösungsgeräusches und der Aspiration ergeben die sog. 'Voice Onset Time' (VOT), d.h. die Verzögerung des Stimmtoneinsatzes gegenüber der Verschlusslösung (hier also 78 ms; ab ca. 20 - 30 ms VOT wird ein Plosiv als aspiriert wahrgenommen). An die Aspiration schließt sich der wieder stimmhafte vokalische Teil des Sprachsignals an, ggf. gegliedert in einen restlichen transitionellen Teil und einen quasi-stationären ('steady state') Vokalteil.

In der Abbildung 69 schließlich sind die Langvokale [uː], [oː], [aː] [eː] und [iː] im Breitband-Sonagramm dargestellt: Neben den durch die unterschiedliche Schwärzung zum Ausdruck kommenden intrinsischen Lautheitsunterschieden (tiefe Vokale > hohe Vokale, Hinterzungenvokale > Vorderzungenvokale) ist klar das systematische Verhalten der ersten beiden Formanten zu erkennen, das in der Abbildung 70 als vereinfachtes Merkschema nochmals dargestellt ist:

Der erste Formant, tief bei den hohen Vokalen [uː] und [iː], am höchsten beim [aː], bildet gewissermaßen den Öffnungsgrad (bzw. reziprok die Zungenhöhe) ab, während der zweite Formant sich vom Hinterzungenvokal [uː] zum Vorderzungenvokal [iː] stetig erhöht, d.h. mit der horizontalen Zungenposition korreliert.

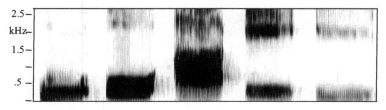

Abb. 69: Breitband-Sonagramme der Vokaläußerungen [uː], [oː], [aː], [eː], [iː].

---

[13] Wobei in ihrer ersten Phase durchaus noch Stimmlippenschwingungen im Oszillogramm und im Breitband-Sonagramm erkennbar sind.

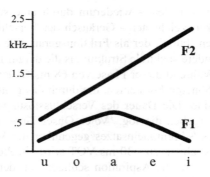

Abb. 70: Vereinfachtes Schema der Formantbewegung beim Übergang zwischen den verschiedenen Vokalen.

In der Abbildung 71 sind abschließend die mittleren Formantfrequenzen der deutschen Vokale im F1-F2-Schema nochmals zusammenfassend aufgelistet.

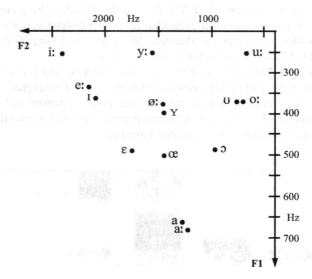

Abb. 71: Durchschnittliche Formantwerte deutscher Vokale (nach Rausch 1972).

Akustische Merkmale der verschiedenen Lautkategorien

Das Kapitel zum akustischen Erscheinungsbild der Sprachlautkategorien abschließend seien hier deren wichtigste Merkmale, wie sie in den verschiedenen Darstellungen des akustischen Sprachsignals sichtbar werden und auch bei der automatischen Sprachsignalverarbeitung Verwendung finden, kurz zusammengefasst. Diese Zusammenfassung versteht sich dabei in erster Linie als eine Zusammenstellung praktischer Hinweise für die Lautsegmentation - z.B. für die Dauerbestimmung einzelner Lautsegmente - am Zeitsignal und am Sonagramm, wie sie heute mittels verschiedener Spezialsoftware auch schon am heimischen PC bzw. am Laptop möglich ist.[14]

Die wichtigsten Merkmale am akustischen Zeitsignal in der Darstellung des Oszillogramms sind:

- Die **Amplitude** des Signals (ablesbar am Spitzenwert des Oszillogramms bzw. an den aus dem Zeitsignal extrahierten Pegelsignalen)
- die **Periodizität** (bei stimmhaften Signalteilen; als zeitlicher Abstand zwischen quasi gleichen Signalabschnitten, am besten als Abstand zwischen den jeweiligen Nulldurchgängen vor der Führungsamplitude*)

* Unter Führungsamplitude (einer Periode) versteht man den durch die periodische Glottisschließung verursachten ersten - meist maximalen - Amplitudenausschlag im Zeitsignal, der je nach Phasencharakteristik der analogen Aufnahme- und Überspielgeräte in positiver bzw. negativer Richtung erfolgt. (jede Tonbandkopie der ursprünglichen Aufnahme dreht das Signal in der Regel um 90°, d.h. verändert genau die Polarität der Führungsamplitude). Für die exakte Segmentation sollte man daher bei einer Aufnahme jeweils nur an den positiven (d.h. am Übergang zwischen einem negativen und einem positiven Signalwert) bzw. an den negativen Nulldurchgängen (d.h. am Übergang zwischen einem positiven und einem negativen Signalwert) schneiden.

---

[14] Als umfassendes Hardware/Software-System der gehobeneren Preisklasse ist hier das *CSL* (Computerized Speech Lab) der Firma Kay zu nennen. Für den privaten PC-Benutzer ist wohl eher das sehr einfach zu bedienende und preiswerte Programm PCQuirer von Scicon R&D (http://sciconrd.com) von Interesse, sofern er nicht von Vornherein mit der Freeware PRAAT (vgl.u. 2.3) arbeitet.

- die **Nulldurchgangsdichte** (d.h. die Anzahl der in der Zeiteinheit vorkommenden Änderungen zwischen gegenüber dem Signalmittelwert (= Nullinie) positiv und negativ liegenden Signalwerten)
- die **Extremwertdichte** (d.h. die Anzahl der Signalpunkte, in denen sich die Signalrichtung von positiv nach negativ bzw. umgekehrt ändert) und zusätzlich (mehr für automatische Verfahren)
- die **Weglänge** (d.h. die Signalstrecke über Zeit/Amplitude zwischen den aufeinanderfolgenden Extremwerten).

Die oben aufgeführten Merkmale des akustischen Zeitsignals sind durch unterschiedliche Analyseverfahren ihrerseits auch wieder als sich gegenüber dem Oszillogramm langsamer ändernde Parametersignale (wie z.B. Pegel- oder f_0-Verlauf) darstellbar.

Am Pegelverlauf ist bei geringer zeitlicher Auflösung des Oszillogramms die silbische Strukturierung der Äußerung abzulesen (vgl. z.B. o. Abb. 65ff.).

Der Grundfrequenzverlauf spiegelt die Sprechmelodie, die wahrzunehmende Tonhöhe (engl. *pitch*) wieder: Perioden kürzerer Dauer zeigen eine höhere Frequenz an. Am Oszillogramm sind anhand der Periodizität sehr gut auch Unregelmäßigkeiten der Tongebung zu erkennen, wie z.B. Laryngalisierungen ("Knarrstimme") am Äußerungsende, die durch von einer Periode zur folgenden sich stark ändernde Dauern der Einzelperioden gekennzeichnet sind.

Anhand der Nulldurchgangsdichte lässt sich am Oszillogramm gut zwischen stimmlosen frikativischen Segmenten - mit sehr hoher Nulldurchgangsdichte (und gleichfalls hoher Extremwertdichte) - und stimmhaften, periodischen Signalabschnitten (mit geringerer Nulldurchgangsdichte und erkennbarer Periodizität) unterscheiden. Die variable niedere Nulldurchgangsdichte spiegelt bei den Vokalen die am stärksten ausgeprägte Frequenzkomponente, d.h. den ersten Formanten (vgl. in Abb. 72 die Oszillogramme von [a] - hoher F1 - mit denen von [u] und [i] - niedriger F1), wieder.

Die Extremwertdichte entspricht bei vokalischem Schall einer zweiten, höheren Frequenzkomponente, die der ersten additiv überlagert ist, d.h. der Lage des zweiten Formanten (vgl. in Abb. 72 die geringe Extremwertdichte bei [u], die mittlere bei [a] und hohe bei [i]).

Akustik der gesprochenen Sprache

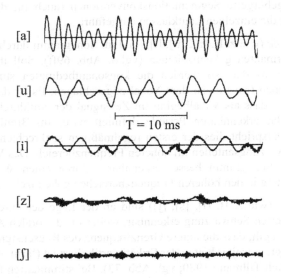

Abb. 72: Oszillogramme der Vokale [a], [u] und [i] sowie der Frikative [z] und [ʃ].

Bei der sonagraphischen Darstellung des akustischen Sprachsignals im Frequenzbereich sind für die optische Segmentation die folgenden Merkmale von Bedeutung:

- die Unterscheidung zwischen unregelmäßig strukturierten stimmlosen Abschnitten und im Breitbandsonagramm durch klare vertikale Strichmusterungen und - wie auch im Schmalbandsonagramm - durch horizontal verlaufende Bandmuster gekennzeichnete stimmhafte Abschnitte
- bei stimmlosen Segmenten die Frequenzlage der unregelmäßig strukturierten Schwärzung
- im Breitbandsongramm der Abstand der vertikalen Striationen (bzw. im Schmalbandsonagramm die Lage der horizontalen Bänder) als Wiedergabe der Grundfrequenz (bzw. der einzelnen Harmonischen; vgl.o. Abb. 68)
- die Frequenzlage der Schwärzungsbänder im Breitbandsonagramm als Wiedergabe der Formantfrequenzen.

Im Folgenden seien knapp einige wichtige sonagraphische Merkmale und eingebürgerte Segmentationskonventionen (auch für das Zeitsignal) für die einzelnen Lautklassen aufgeführt.

Die *Vokale* (wie z. B. [a], [u], [i]) sind im Sonagramm durch die Lage ihrer Formanten gekennzeichnet (vgl.o. Abb. 69ff). Soll ihre Dauer bestimmt werden, so werden die konsonantbedingten stimmhaften Transitionen (s.u.) meist dem Vokal zugeschlagen. Es ist das übliche Vorgehen, dass als Vokalbeginn im Zeitsignal der Nulldurchgang der ersten klar erkennbaren Periode definiert wird. Im Breitbandsonagramm entspricht dies der ersten regelmäßigen senkrechten Striation mit Schwärzungsanteilen im höheren Frequenzbereich. Das Vokalende ist - im Sonagramm besser erkennbar - durch einen Wegfall der Schwärzung in den höheren Frequenzbereichen gekennzeichnet.

Frikative (wie z. B. [f], [s], [ʃ]) sind an der Lage der unregelmäßig strukturierten Schwärzung erkennbar, wobei für die oralen Artikulationsstellen gilt, dass die untere Grenzfrequenz des Rauschsignals um so tiefer liegt, je weiter hinten der Frikativ artikuliert ist ('artikulatorische Tiefe' nach Tillmann 1980; vgl. Abb. 73). Bei stimmhaften Frikativen tritt neben diesen Geräuschblock eine wie bei den Vokalen vertikal strukturierte Schwärzung im untersten Frequenzbereich (d.h. dem der Grundfrequenz), die sog. *'voice bar'*.

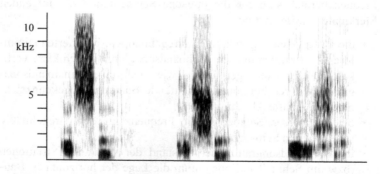

Abb. 73: Die spektrale Ausprägung der 'artikulatorischen Tiefe' am Beispiel der deutschen Wörter *"Asse"*, *"Asche"*, *"Ache"*.

Verschlusslaute (wie z. B. [p], [t], [k], [b], [d], [g]) prägen sich im Sonagramm in äußerst vielfältiger Weise aus (vgl.o. Abb. 68): In intervokalischer Position sehen wir in zeitlicher Abfolge (1) die durch die artikulatorische Verschlussbildung hervorgerufenen sog. *implosiven Transitionen*, das sind schnelle (ca. 40 ms dauernde) Formantbewegungen, (2) die *Verschlussphase*, die bei stimmlosen Plosiven aus einer Signalpause (mit gänzlich fehlender Schwärzung im Sonagramm) besteht, bei stimmhaften sonagraphisch durch eine isolierte 'voice bar' gekennzeichnet ist. Zum Zeitpunkt der Verschlusslösung erscheint im Sonagramm (3) als kurzzeitiges vertikales Muster von unterschiedlicher spektraler Komposition (vgl.o. Abb. 66 u. 68) das *Verschlusslösungsgeräusch* (engl. *burst*), als Friktionsgeräusch an der Artikulationsstelle. Bei aspirierten Plosiven folgt (4) die *Aspirationsphase*, die durch eine geräuschhafte Anregung der höheren Frequenzkomponenten bei Fehlen des ersten Formanten - im Sonagramm durch eine unregelmäßige, im höheren Frequenzbereich horizontal strukturierte Schwärzung - gekennzeichnet ist. Diese Phase entsteht auf Grund der stimmlosen Anregung des sich öffnenden Ansatzrohres und kann von ca. 20-30 bis weit über 100 ms andauern, wobei gilt, dass weiter hinten artikulierte Plosive gewöhnlich eine längere aufweisen. Die Dauer vom Beginn des Verschlusslösungsgeräusches bis zum Einsetzen des Stimmtons wird auch als 'voice onset time' (VOT) bezeichnet, die als Parameter die Kategorien der stimmhaften (mit negativer VOT, d.h. Stimmtoneinsatz vor der Verschlusslösung), stimmlos nichtaspirierten (mit VOT-Werten von 0 bis ca. 20-30 ms) und stimmlos aspirierten Plosiven (mit VOT-Werten von über ca. 20-30 ms) voneinander unterscheidet. Auf den burst bzw. die Aspirationsphase folgen (5) - wiederum als schnelle (ca. 40-50 ms dauernde), durch die artikulatorische Öffnungsbewegung bedingte Formantbewegungen - die *explosiven Transitionen*. Hierbei bewegt sich[15] der erste Formant bei allen oralen Plosiven aus einer tieferen Frequenzlage in die des folgenden vokalischen Segments. Für den zweiten Formanten gilt, dass er bei Bilabialen eine tiefe, bei Alveolaren eine mittlere und bei Velaren eine hohe Startfrequenz aufweist (vgl.o. Abb. 59). Der dritte Formant schließlich

---

[15] Das Folgende gilt - wenngleich nicht exakt - spiegelbildlich für die implosiven Transitionen bei der Verschlussbildung. Auch die Transitionen der anderen konsonantischen Modi folgen den hier beschriebenen artikulationsstellenabhängigen Gesetzmäßigkeiten.

hat eine niedrigere Startfrequenz bei Bilabialen ([p], [b]) und Velaren ([k], [g]) gegenüber der bei Alveolaren ([t], [d]).

Approximanten (wie z. B. [j]) zeigen sich im Sonagramm in Form von gegenüber den Transitionen der Plosive langsameren (bei langsamer Sprechgeschwindigkeit im Bereich von 100 ms) Formantbewegungen.

Nasale (wie z. B. [m], [n], [ŋ]) sind im Sonagramm durch relativ abrupte Änderungen der spektralen Struktur gekennzeichnet: Während ihrer Dauer zeigt sich eine Konzentration der Energie vor allem im unteren Spektralbereich mit wenig ausgeprägter Formantstruktur.

Laterale (wie z. B. [l]) sind spektral durch starke, zeitlich denen der Approximanten entsprechende Bewegungen vor allem des dritten Formanten gekennzeichnet.

Das *gerollte 'r'* schließlich prägt sich akustisch vor allem durch eine - im Oszillogramm wie im Sonagramm deutlich sichtbare - gegenüber dem Stimmton niederfrequente Amplitudenmodulation aus.

2.2.4 Neuere Entwicklungen in der akustischen Phonetik

Neben die klassischen Geräte der akustischen Phonetik wie z.B. den Sonagraphen ist in den letzten zwei Jahrzehnten immer verstärkter der Computer getreten.

Mit den Methoden der digitalen Signalverarbeitung haben sich im Bereich der digitalen Verarbeitung von Sprachsignalen auch die Möglichkeiten der akustischen Analyse von Sprachsignalen entscheidend weiterentwickelt.

Eine eingehendere Behandlung der Verfahren der digitalen Sprachsignalverarbeitung würden den Rahmen der vorliegenden "Einführung in die Phonetik" klar sprengen. Es sei an dieser Stelle aber zumindest angemerkt, dass diese Verfahren aber neben der softwaremäßigen Implementation gängiger Analyseverfahren auch völlig neuartige Möglichkeiten der Signalanalyse eröffnet hat, welche auch schon in den heutigen Produkten für den interessierten privaten Anwender (vgl.o. S. 127 und unter 2.3) zum Einsatz kommen.

Als Beispiel für solche neuen, digitalen Verfahren ist z.B. die der linearen Prädiktion (z.B. für die Spektralanalyse, Grundfrequenzbetimmung, Resynthese, Ansatzrohrmodellierung etc.) zu nennen, aber auch die statistisch basierten Verfahren, wie sie z.B. in der automatischen Spracherkennung in Form von HMMs (*hidden Markov models*) massivst zum Einsatz kommen. Auch selbstlernende Systeme - für die unterschiedlichsten Anwendungen einsetzbar - wie die sog. neuronalen Netze sind nicht ohne die Entwicklungen in der Computertechnologie denkbar.

Neben dem durch diese technologische Entwicklung erst ermöglichten Fortschritt in den 'sprachtechnologischen' Bereichen der automatischen Spracherkennung und der Sprachsynthese - bis hin zu den sog. 'text-to-speech'-Systemen (vgl. Klatt 1993) - wird v.a. die Miniaturisierung und Verbilligung der Speichermedien einen entscheidenden Einfluss auf die weitere Entwicklung nicht nur der akustischen Phonetik, sondern auch der Phonetik ganz generell haben: So ist es heute erstmals möglich, auch große Mengen akustischer Signale[16] gesprochener Sprache verfügbar und verarbeitbar zu machen.

2.3 Akustische Sprachanalysen am eigenen PC

Für die Bearbeitung signalphonetischer Fragen am eigenen audiofähigen PC/Laptop (gleichermaßen auch für Mac-Nutzer und unter dem Betriebssystem Linux Arbeitenden) ist das unter http://www.praat.org als Freeware erhältliche Programmpaket PRAAT von Paul Boersma und David Weenink (1992ff.) "wärmstens" zu empfehlen.

Dieses Programmpaket, das inzwischen auch von vielen Forschungseinrichtungen standardmäßig (mit)genutzt wird, ermöglicht akustische Analysen, phonetische Segmentation und Etikettierung sowie Signalmanipulationen, wie sie zur Zeit der Erstauflage der vorliegenden Einführung (1995) nur von kommerzieller Software zum Preis von einigen Tausend DM gewährleistet wurden.

Da dieses überaus empfehlenswerte Programm für den normale Windows-Programme gewohnten Nutzer zugegebenermaßen einige ungewohnte Eigenschaften aufweist, sei an dieser Stelle eine sehr knappe Arbeitsanleitung für die wohl grundlegenden Funktionen gegeben.[17] Ich beschränke mich hierbei im Wesentlichen auf die akustische Signalerfassung und die Möglichkeiten des Abhörens sowie der Seg-

---

[16] Wie auch parallel erhobener zusätzlicher z.B. artikulatorischer Daten.

mentation und Etikettierung anhand des Osziollogramms und des Sonagramms und schließlich der Grundfrequenz- und Spektralanalyse, wie sie in den vorangegangenen Abschnitten vorgestellt wurden.

Nach dem Start von PRAAT

Nach dem Programmstart erscheinen auf dem Bildschirm standardmäßig zwei Fenster: *Praat objects* (links) und *Praat picture* (rechts). Das Objects-Fenster ist dabei das für die weitere Arbeit maßgebliche. Mit seinen Menue-Funktionen können Sie z.b. neue Signale aufnehmen (*New*), auf der Festplatte gespeicherte Audiodateien unterschiedlicher Formate (u.a. längere *.wav Dateien) für die Weiterbearbeitung öffnen (*Read*), Signal- und Analysedateien in unterschiedlichen Formaten auf Festplatte abspeichern (*Write*)[18] sowie unter dem Menuepunkt *Help* auf verschiedene Tutorials zugreifen.

Einlesen einer Sprachsignaldatei

Für die weitere Verarbeitung in PRAAT können auf Platte abgespeicherte Audiodateien unterschiedlichsten Formats[19] mit *Read → Read from file* (bzw. *Read → Open long sound file*) eingelesen oder aber über das Menue *New* (*New → Record mono/stereo Sound*) neu aufgenommen werden.[20]

Der PRAAT *SoundRecorder* (ein eigenes Fenster) bietet die Möglichkeit unterschiedlicher Abtastraten bei der Aufnahme - standardmäßig die halbe Abtastrate (22,05 kHz) des Audio CD Standards -, die für die

---

[17] Der Leser sei zudem auf das sehr hilfreiche englischsprachige Tutorial von Pascal van Lieshout verwiesen, das ebenfalls von der PRAAT-Homepage aus erhältlich ist. Auch die Help-Funktion von PRAAT bietet Tutorials, gibt ansonsten aber großteils eher die jeweiligen Informationen handbuchmäßig für den in digitaler Signalverarbeitung versierteren Nutzer wieder.

[18] N.B.: Die im Objects-Fenster während der Arbeit mit PRAAT gelisteten und nach Windows-Standard auswählbaren Objekte befinden sich grundsätzlich im Computer-Memory und müssen vor dem Schließen des Programms zur Weiterverwendung ggf. erst noch auf Platte abgespeichert werden (PRAAT warnt Sie hier vorsichtshalber).

[19] Es empfiehlt sich, generell das standardgemäße Windows *.wav Format zu verwenden. Komprimierende Formate wie MPEG - von PRAAT auch nicht unterstützt - sind N.B. für akustisch-phonetische Analysen ohnehin ungeeignet.

[20] Hierzu sind vorab windowsgemäß die Eingangskanäle und deren Aussteuerung zu spezifizieren.

akustische Sprachanalyse völlig ausreichend ist. (Nach der Aufnahme mit dem PRAAT SoundRecorder muss die Datei - ggf. umbenannt - mit dem Menuepunkt *Save to list* in die Liste der Praat objects übernommen werden.) Wenn keine spektrale Frikativanalyse geplant ist, reicht auch eine Abtastrate von 11,025 Hz aus bzw. steigert sogar die Realibilität der Grundfrequenz- und Formantanalysen.

TIPP: Digitalisieren Sie Ihre Audiodaten am besten mittels des Windows-Zubehörs (oder anderer Programme) als längere *.wav Dateien (in PRAAT: *long sound file*) mit einer Abtastfrequenz von 22,05 kHz und sichern Sie diese auf CD. Lesen Sie diese Daten sodann als *long sound files* in PRAAT ein. Nutzen Sie sodann PRAAT, um die für Ihre Weiterarbeit ggf. downgesampelten Teildateien zu erzeugen.

Weiterverarbeitung, Visualisierung und Abhören einer Audiodatei

Wenn Sie eine Audiodatei aus der Liste der Praat objects auswählen (durch Anklicken), verändert sich das Menue des Objects-Fensters.[21] Neben den nun aktiven Menuepunkten unterhalb des Listenfeldes links, mit denen Sie Dateien umbenennen (*Rename*), aus der Liste löschen (*Remove*), kopieren (*Copy*) bzw. sich Informationen über diese geben lassen können (*Info, Inspect*), erscheinen auf der rechten Seite die objektspezifischen Menuepunkte. Um z.B. die Abtastrate eines Signals zu verändern, wählen Sie aus dem unteren rechten Menueabschnitt *Synthesize: Convert → Resample*, woraufhin sich ein Dialogfenster öffnet, in dem Sie die neue Abtastrate eingeben können.[22] Nach der Abarbeitung des Befehls erscheint dann in der Objekt-Liste ein weiteres Objekt mit dem Namenszusatz _, gefolgt vom Abtastfrequenzwert (z.B. kommt zu *Sound bass* das Objekt *Sound bass_10000*).

Eine ausgewählte lange Audiodatei können Sie über den Menuepunkt *View*, eine normale ausgewählte Audiodatei über den Menuepunkt *Edit* in einem Fenster, das Ihnen das Oszillogramm und Sonagramm zeigt, weiter verarbeiten (vgl. Abb. 74).

---

[21] Das Objects-Fenster zeigt immer ein dem ausgewählten Objekt entsprechendes Menue.
[22] Meist sind in den PRAAT Dialogfenstern häufig verwendete Default-Werte (bzw. Ihre eigene letzte Einstellung während der Arbeit mit PRAAT) bereits vorgegeben. Die auch hier immer vorhandene Helpfunktion führt zu den jeweils relevanten Handbuchausschnitten.

Das Editierfenster beinhaltet oben eine Menueleiste und darunter ein Oszillogramm- und Sonagrammfenster, in denen auch zusätzliche Analyseparameter wie Grundfrequenz- und Intensitätsverlauf, Formanten und Periodenmarkierungen angezeigt werden können.[23] Mittels Mausklick können Sie im Signalfenster einen Cursor setzen und mittels einer horizontalen Bewegung der gedrückt gehaltenen Maus innerhalb der Signalfenster können Sie - ähnlich wie in Textverarbeitungssystemen - Abschnitte auswählen, die dann pink umrandet erscheinen. In dieser Einstellung haben sie nun die Möglichkeit, einzelne Signalabschnitte mittels der Abspieltasten (vgl. Abb. 74) gezielt abzuhören: Die Taste oberhalb der Signalfester gibt die Auswahl wieder, ebenso die entsprechende in der ersten Reihe unterhalb der Signalfenster, die zudem Tasten für das vorangehende und nachfolgende Signal innerhalb des Fensters aufweist. Mit der mittleren Taste hören Sie das gesamte im Fenster sichtbare Signal und mit der untersten das gesamte im Memory verfügbare Signal.[24]

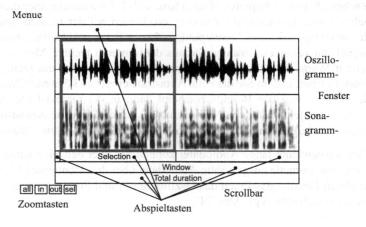

Abb. 74: Das PRAAT Sound Edit-Fenster (vgl. Text zu Details).

Unterhalb der Abspieltasten finden sich links die Zoomtasten, mit denen sich das dargestellte Signal zeitlich dehnen (*in*), stauchen (*out*)

---

[23] Diese sind über den Menuepunkt *View* aktivierbar.
[24] Sie können die Audiowiedergabe dabei jederzeit durch Drücken der Escape-Taste abbrechen.

und auf Gesamtdarstellung des Memory-Inhalts einstellen (*all*) lässt. Die Taste *sel* dehnt den Auswahlbereich auf die gesamte Fensterbreite. Rechts neben den Zoomtasten erscheint dabei die Scrollbar, mit der Sie das Signal im Fenster verschieben können.

Für die Weiterverarbeitung langer Audiodateien empfiehlt sich eine weitere Möglichkeit der Signalauswahl mittels des Menuepunktes *Select*: Hier können Sie den Cursor sowie den Beginn/das Ende des Signalausschnitts auf definierte Zeitpunkte setzen bzw. um definierte Zeitintervalle verschieben. Mit den Menuebefehlen *File → Extract selection* bzw. *File → Write selection to ...* können Sie zur Weiterbearbeitung Signalausschnitte ins Memory laden bzw. auf Platte abspeichern.

TIPP: Erzeugen Sie zur weiteren Bearbeitung aus Ihren langen Audiodateien auf diese Weise überlappende (evtl. downgesampelte) Audiodateien gleicher Länge für die anschließende Segmentation und Etikettierung.[25]

Segmentieren und Etikettieren von Sprachsignaldateien

Am häufigsten werden Sie PRAAT wohl als Transkriptionswerkzeug verwenden. Hierzu müssen Sie einer ausgewählten Audiodatei eine Annotationdatei zuordnen. Dazu verwenden Sie den Befehl *Label & segment → To TextGrid* im oberen Abschnitt des rechten Menuefeldes, der wiederum ein Dialogfenster erscheinen lässt, in dem Sie die durch Leerzeichen voneinander getrennten Namen der Segmentationsebenen (*Tier names*) eingeben können und in einer zweiten Zeile bestimmen, welche dieser Ebenen nur Zeitpunktinformationen enthalten sollen (*Point tiers*).[26] Wählen Sie anschließend im PRAAT Objects-Fenster (mit gleichzeitig gedrückter Control-Taste) die Audiodatei und die gleichnamige TextGrid-Datei. Unter dem Menuepunkt *Edit* erzeugen Sie nun ein dem oben beschriebenen Editierfenster äquivalentes Seg-

---

[25] Die zeitliche Überlappung sollte so gewählt werden, dass zumindest eine gemeinsame Segmentgrenze in den aufeinander folgenden Dateien vorhanden ist, damit eine fortlaufende zeitliche Zuordnung zum originalen langen Audiofile möglich bleibt. N.B.: Bei der Abspeicherung eines mittels *File → Extract selection (preserve times)* erhaltenen Audioobjekts auf Platte geht die Zeitinformation verloren.

[26] Die nicht unter *Point tiers* genannten Ebenen speichern die Segmentationsinformationen als Anfangs- und Endgrenzen. Hier ist die Default-Einstellung (*Mary John bell* bzw. *bell*) natürlich Unsinn. Eine von Ihnen gewünschte Annotation könnte aber z.B. folgendermaßen aussehen: *Wort Laut Tonposition* bzw. *Tonposition*.

mentationsfenster mit zusätzlichen Fenstern für die angegebenen Segmentierungsebenen (vgl. Abb. 75).

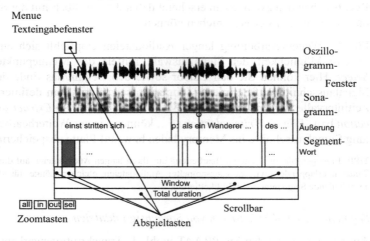

Abb. 75: Das PRAAT Segmentationsfenster (vgl. Text zu Details).

Die Cursorpositionierung (Mausklick in den Signalfenstern) mit den oben beschriebenen Abhörfunktionen führt nun zur Möglichkeit der Segmentation: In den unterhalb der Signalfenster liegenden Segmentfenstern erscheint an der Cursorposition jeweils oben ein hellblauer Kreis (vgl. Abb. 75, rechte Bildhälfte), der durch (präzises) Anklicken in eine (verschiebbare) Segmentgrenze im Textgrid wird.[27] Haben Sie entsprechende Grenzen gesetzt, so können Sie die Segmente mittels des unter der Menueleiste befindlichen Texteingabefensters annotieren. Der TextGrid enthält sodann die Zeitinformation (Anfangs- und Endgrenze bzw. Zeitmarke) und Annotation zu ihrem Audiosignal. Sie können abgespeicherte TextGrids immer wieder mit dem Audiosingnal gemeinsam öffnen und haben Ihr Segmentationsergebnis vor Augen. Im Segmentationsfenster haben Sie auch eine weitere Abhörmöglichkeit: Wenn Sie in den Segmentfenstern ein bestimmtes Segment

---

[27] Das TextGrid ist über *File* → *Write TextGrid to text file* als ASCII-File abzuspeichern.

anklicken, wird dieses ausgewählt (vgl. Abb. 75, linke Bildhälfte) und Sie können es durch Drücken der Tabulatortaste abspielen.[28]

Weitere Funktionen von PRAAT

PRAAT ist ein sehr vielfältiges Programm, das auch laufend weiterentwickelt wird. Es seien daher hier nur kurz ein paar weitere Möglichkeiten des Programms skizziert.

- Abbildungen erstellen: Ausgewählte PRAAT Objects können mittels der Menuepunkte Draw bzw. Paint als Abbildungen im PRAAT Picture-Fenster bearbeitet und für Textverarbeitungsprogramme zur Verfügung gestellt werden.[29]
- Verändern der Analyseparameter: Bei den Analysen lassen sich die Parameter verändern. Wollen Sie z.B. im Editierfenster ein Schmalbandsonagramm anstelle eines Breitbandsonagramms, so verändern Sie mittels *Spectrum* → *Spectrogram Settings* den Parameter *Analysis width (s)* von 0,005 in 0,029.
- Signalmanipulation: Neben Schneide- Kopier- und Einsetzfunktion im normalen Editierfenster bietet PRAAT anhand des Menuepunkts *To Manipulation*, der ein neues Objekt erstellt, vielfältige Möglichkeiten der Signalmanipulation z.T. mit einfacher graphischer Eingabe: Anhören des "gesummten" Tonhöhenverlaufs, Stilisierung/Manipulation des Melodieverlaufs, zeitliche Dehnung/ Stauchung von Signalabschnitten etc.
- Scripting: Viele Routinefunktionen von PRAAT können Sie auch programmieren.
- Experimentansteuerung: Mittels Scripting können inzwischen auch Standard-Identifikationstests und Diskriminationstest (allerdings ohne Reaktionszeitmessung) angesteuert werden.

---

[28] Für die ohrenphonetische Beurteilung/Transkription sollten Sie jedoch darauf achten, jeweils längere Abschnitte abzuhören, da scharfe Segmentgrenzen zu auditiven Artefakten führen können.
[29] Um Sonagramme darzustellen, müssen diese zuerst aus der Audiodatei mittels *Spectrum* → *To Spectrogram* als Objekte erzeugt werden. Für die Bildweiterverarbeitung hat sich die Abspeicherung als Windows Metafiles als am stabilsten erwiesen.

2.4 Literaturhinweise

Weiterführende Literatur

Benguerel, A.-P. (1993), Phonetics, descriptive acoustic. In: Asher, R.E. & Simpson, J.M.Y. (eds.), The Encyclopedia of Language and Linguistics. Oxford u.a. 3070-3082.

Beranek, L. (1949) Acoustic Measurements. New York.

Flanagan, J. L. (1972), Speech Analysis, Synthesis and Perception. Berlin. 1972.

Fry, D. B. (ed.) (1976), Acoustic Phonetics. A Course of Basic Readings. Cambridge, MA.

Ladefoged, P. (1972), Elements of Acoustic Phonetics. Chicago.

Lehiste, I. (ed.) (1967), Readings in Acoustic Phonetics. Cambridge, MA.

Neppert, J. & Pétursson, M. (1986), Elemente einer akustischen Phonetik. Hamburg: .

Rosen, S. & Howell, P. (1991), Signals and Systems for Speech and Hearing. London u.a.

Stevens, K.N. (1998), Acoustic Phonetics. Cambridge MA.

Wakita, H.J. Speech: Acoustics. In: Asher, R.E. & Simpson, J.M.Y. (eds.), The Encyclopedia of Language and Linguistics. Oxford u.a. 4109-4124.

Spezialliteratur

Chiba, T. & Kajiyama, M. (1941), The Vowel, its Nature and Structure. Tokyo.

Fant, C. G. M. (1961), Acoustic Theory of Speech Production. den Haag.

Fant, G. (1962), Sound spectrography. In: Proceedings of the Fourth International Congress of Phonetic Sciences. den Haag, 14-33.

Fant, G. (1973), Speech Sounds and Features. Cambridge, MA.

Hess, W. (1983), Pitch Determination of Speech Signals: Algorithms and Devices. Berlin.

Klatt, D.H. (1987) Review of text-to-speech conversion for English. Journal of the Acoustical Society of America 82, 737-793.

Potter, R. K.; Kopp, G. A. & Green, H. (1947), Visible Speech. New York.

Rabiner, L. R. & Schafer, R. W. (1978), Digital Processing of Speech Signals. Englewood Cliffs.

Rausch, A. (1972), Untersuchungen zur Vokalartikulation im Deutschen. In: Beiträge zur Phonetik von Heinrich Kelz und Arsen Rausch. IPK-Forschungsberichte (Bonn) 30, Hamburg, 35-82.

Titze, I.R. (1981), Biomechanics and distributed-mass models of vocal fold vibration. In: K.N. Stevens & M. Hirano (ed.), Vocal Fold Physiology. Proc. of the Vocal Fold Physiology Conference, Kurume, Jan. 15-19, 1980. Tokyo, 245-270.

Ungeheuer, G. (1962), Elemente einer akustischen Theorie der Vokalartikulation. Berlin.

3 Perzeptive Phonetik

3.1 Anatomische und physiologische Grundlagen

In den folgenden Unterkapiteln sollen die anatomischen und physiologischen Grundlagen unserer Hörfähigkeit - und somit auch der auditiven Sprachwahrnehmung - dargestellt werden. Nach einer knappen Beschreibung des anatomischen Aufbaus des Gehörorgans werden die in diesem auftretenden Signaltransformationen sowie die Weiterverarbeitung der phonetischen Information im auditorischen Nervensystem erläutert.

3.1.1 Anatomie und Physiologie des Ohres

Das menschliche **Gehörorgan** (vgl. Abb. 76) lässt sich in die drei folgenden anatomisch und funktionell differenzierten Abschnitte unterteilen:

- das akustische Schallempfänger- bzw. Schallverstärkersystem des **äußeren Ohres**,
- das mechanische Übertragungs- bzw. Verstärkungssystem des **Mittelohres** und
- das hydraulische System des **Innenohres** mit dem Cortischen Organ als Reiztransformator.

Das **äußere Ohr** wird durch die Ohrmuschel (*pinna*) und den äußeren Gehörgang (*meatus auditivus*) gebildet, wobei die Ohrmuschel das Richtungshören (bezüglich Unterscheidung vorne/hinten) unterstützt, der äußere Gehörgang als ca. 2,5 cm lange Röhre durch seine Resonanz (vgl.o.) die sprachakustisch wichtigen Frequenzen im Band um 3,4 kHz zwei- bis vierfach verstärkt. Das an seinem Ende zum Mittelohr hin durch das Trommelfell (*membrana tympani*) abgeschlossene äußere Ohr dient zudem dem Schutz des Mittelohrapparats (mechanisch und durch 'Ohrenschmalz' gegen Austrocknung).

Der in der sog. Paukenhöhle gelegene mechanische Apparat des

Mittelohres dient der Signalübertragung zwischen dem freien Luftraum des äußeren Ohres und dem mit Lymphflüssigkeit gefüllten System des Innenohres. Es ist über die Eustachische Röhre mit dem Rachenraum verbunden, wodurch ein Luftdruckausgleich mit der Umgebung stattfinden kann. Die mechanischen Teile des Übertragungsapparates des Mittelohres bestehen aus dem beim Menschen (bezüglich seiner schwingenden Fläche) ca. 0,5 cm^2 großen und ca. 0,1 mm dicken Trommelfell und der daran anliegenden Kette der Gehörknöchelchen **Hammer** (*malleus*), **Amboss** (*incus*) und **Steigbügel** (*stapes*). Mit dem am Trommelfell anliegenden Hammer und dem an der Membran des ca. 0,03 cm^2 großen ovalen Fensters ansetzenden Steigbügel bildet die Gehörknöchelchenkette ein Hebelsystem, das den Schwingungsdruck (hauptsächlich bedingt durch den Flächenunterschied zwischen Trommelfell und ovalem Fenster) zum Ausgleich des unterschiedlichen Widerstands der Luft und der Lymphflüssigkeit (d.h. impedanzanpassend) um ca. 30 dB verstärkt. Die Gehörknöchelchenkette dient zudem dem Schutz des Innenohres, indem sich durch dort ausgelöste Reflexe mittels Kontraktion des Steigbügel-Muskels (*m. stapedius*) - sowie des Trommelfellspanners (*m. tensor tympani*) - dieses Hebelsystem versteift und bei höheren Schallintensitäten (ab ca. 85 - 90 dB) nicht den vollen Druck überträgt.

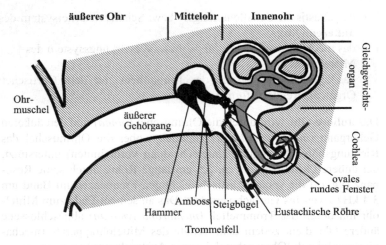

Abb. 76: Schematischer Schnitt durch das menschliche Gehörorgan (die strichpunktierte graue Linie durch die Cochlea markiert die Schnittebene der Abb. 77).

Anatomische und physiologische Grundlagen 145

Das eigentliche Gehörorgan befindet sich in der - gemeinsam mit dem Vestibulärapparat als Sitz des Gleichgewichtssinns das **Innenohr** bildenden - **Schnecke** oder *Cochlea* (vgl.a. Abb. 77 u. 78). Das Innenohr ist in den Hohlräumen des Felsenbeins (knöchernes Labyrinth) als mit Lymphflüssigkeit gefülltes Schlauchsystem (häutenes Labyrinth) eingebettet. Bei der Cochlea, die beim Menschen 2 1/2 Windungen aufweist, besteht dieses aus zwei an der Spitze (*helicotrema*) der Schnecke miteinander verbundenen mit Perilymphe gefüllten Teilen: der sich vom ovalen Fenster zum Helicotrema erstreckenden Vorhoftreppe (*scala vestibuli*) und der vom Helicotrema zum gegenüber dem Mittelohr mit einer Membran elastisch abgeschlossenen Paukentreppe (*scala tympani*). Zwischen diesen beiden befindet sich der mit Endolymphe gefüllte Schlauch des ***Ductus cochlearis***, die *Scala media* als Sitz des eigentlichen Gehörorgans. Nach oben, gegenüber der *Scala vestibuli*, ist diese durch die Reissnersche Membran abgegrenzt, während den Abschluss gegenüber der unter ihr gelegenen *Scala tympani* durch die **Basilarmembran** gebildet wird. Auf der Basilarmembran schließlich sitzt unser eigentliches Hörorgan, das **Cortische Organ** (oder: Corti-Organ; vgl. Abb. 78).

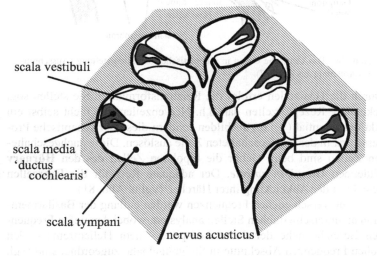

Abb. 77: Schematischer Schnitt durch die Cochlea (entlang der strichpunktierten grauen Linie in Abb. 76; der rechteckige dunkelgrau markierte Ausschnitt ist vergrößert in Abb. 78 wiedergegeben)

Das Cortische Organ wird gebildet durch die Basilarmembran, die in ihr gelegenen Rezeptorzellen unseres Gehörs, die einreihigen inneren (insgesamt ca. 3.500) und mehrreihigen äußeren **Haarzellen** (insgesamt ca. 20.000), sowie die die Härchen (*Cilien*) der letzteren berührende frei bewegliche darübergelagerte Deck-(oder: Tektorial-) membran.

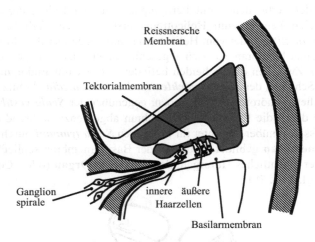

Abb. 78: Das Cortische Organ in schematischer Schnittdarstellung (Ausschnittvergrößerung aus Abb. 77).

Durch die Haarzellen erfolgt die Reiztransformation: Sie stellen sog. sekundäre Rezeptorzellen dar, d.h. Nervenzellen, die nicht selbst ein Aktionspotential (vgl.o.) ausbilden sondern dies über synaptische Prozesse erst in der nachgeschalteten Zelle auslösen. Diese nachgeschalteten Zellen sind beim Gehör die bipolaren Zellen des den **Hörnerv** bildenden *Ganglion spirale*. Der adäquate Reiz für die Haarzellen besteht in der Abknickung ihrer Härchen (vgl.u. Abb. 81).

Die verschiedenen Frequenzen werden entlang der Basilarmembran an unterschiedlichen Stellen analysiert, wobei den tiefen Frequenzen Bereiche nahe der Schneckenspitze - dem Helicotrema -, den hohen Frequenzen Abschnitte in Steigbügelnähe zugeordnet sind (vgl. Abb. 79).

Anatomische und physiologische Grundlagen 147

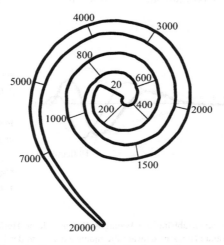

Abb. 79: Abbildung der Frequenzen auf der Basilarmembran

3.1.2 Hörtheorien

Die Tatsache der zusammenhängenden und gleichmäßigen - tonotopen - Abbildung der Frequenzen auf der Basilarmembran führte Helmholtz (1862) zu seiner *Resonanzhypothese*, nach der bei Reizung durch bestimmte Frequenzen eben immer ganz bestimmte Teile der Basilarmembran auf Grund ihrer Resonanzeigenschaften in Schwingung geraten. Er stellte sich hierbei die Basilarmembran in Analogie zu einer Harfe als aus einzelnen - den Instrumentensaiten entsprechenden - querverlaufenden abgestimmten Fasern zusammengesetzt vor. Nachdem sich jedoch herausstellte, dass die Basilarmembran ein durchgängiges elastisches Häutchen ohne diese angenommene Strukturierung darstellt, konnte nicht Resonanz die bestimmende Größe für die Lokalisierung bestimmter Frequenzen auf der Basilarmembran sein.

Die heute gültige Hörtheorie ist die von Békésy (1960) entwickelte *Wanderwellentheorie*, wonach die Steigbügelbewegung einer bestimmten Frequenz zu einer der Basilarmembran entlangwandernden Wellenbewegung führt, wobei diese auf Grund der mechanischen Eigenschaften der Basilarmembran in Abhängigkeit von der Frequenz ihr Hüllkurvenmaximum an einer bestimmten Stelle ausbildet (vgl. Abb. 80).

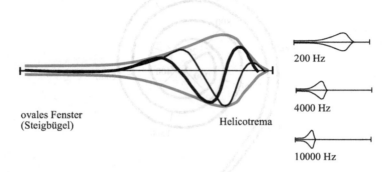

Abb. 80: Die frequenzabhängigen Wanderwellen und deren Hüllkurven entlang der Basilarmembran (links in schwarz die momentane Form der Basilarmembran zu zwei unterschiedlichen Zeitpunkten, in grau die Hüllkurve dieser Wanderwelle; rechts die Hüllkurven von Wanderwellen unterschiedlicher Frequenz).

Auf Grund dieser Bewegung kommt es an bestimmten Stellen der Basilarmembran zu 'Verscherungen' zwischen Basilarmembran und Tektorialmembran, die ein Abknicken der Härchen der Haarzellen - und damit deren Stimulation - (wie schematisch in Abbildung 81 dargestellt) zur Folge hat.

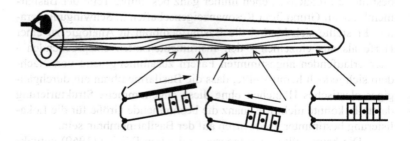

Abb. 81: Schema der Basilarmembranbewegung und die hierdurch verursachte Abscherung der Sinneshärchen.

Anatomische und physiologische Grundlagen 149

In den letzten zwanzig Jahren wurden erhebliche Fortschritte bezüglich der Modellierung der Reiztransformations-Vorgänge im Innenohr erzielt. Diese sind aber bis heute noch nicht bis in jede Einzelheit bekannt.

Gesichert erscheint für die Arbeitsweise der Haarzellen, dass das Gegeneinander-Abscheren der Härchen (Cilien) in positiver Richtung (d.h. hin zum längsten dieser Härchen) durch das Öffnen quasi 'gefederter' molekularer Klapptüren einen Ionenfluss zwischen dem Inneren der Zelle und deren Umgebung ermöglicht, der zu einer Depolarisierung der Zelle - und damit verbunden zur Auslösung von Aktionspotentialen in den nachgeschalteten Zellen - führt. Gerade die auch efferent innervierten äußeren Haarzellen zeigen aber zusätzlich auch ein aktives mechanisches Verhalten bei vorliegender elektrischer Stimulation: Sie verändern ihre Länge je nach der an ihrer Membran anliegenden Spannungsdifferenz. Dies führt einerseits dazu - und durch diesen Effekt wurde der zugrundeliegende Mechanismus erst entdeckt -, dass das Innenohr auch akustische Signale aussendet (die sog. otoakustischen Emissionen), andererseits aber bewirkt es eine viel bessere intensitätsabhängige Auflösung der neuronalen Analyse im Frequenzbereich, als dies allein durch die rein mechanischen Eigenschaften der Basilarmembran bewerkstelligt werden könnte.

Insgesamt müssen wir uns das periphere auditorische System als ein komplexes elektromechanisches System vorstellen, das dem nachgeschalteten neuronalen auditorischen System die unterschiedlichst vorverarbeitete Information über den Zeitverlauf wie die spektrale Komposition des akustischen Signals zugänglich macht.

3.1.3 Signalverarbeitung im auditorischen Nervensystem

Während innerhalb der Cochlea bzw. im nachgeschalteten Ganglion spirale neuronal lediglich positive tonotope Reaktionen (d.h. Erregung auf den Reiz hin) bei Vorhandensein bestimmter Frequenzen auftreten, verändert sich das Bild der adäquaten Reize für die einzelnen Nervenzellen drastisch, je weiter die neuronale Information über die vielen Schaltstellen des auditorischen Systems (vgl. Abb. 82) zur Endverarbeitung in der Großhirnrinde gelangt.

Gegenüber z.B. dem Gesichtssinn weist unser auditorisches System eine komplexe Vielfalt von Verschaltungen auf dem Weg der neuronalen Information von der Peripherie zur Großhirnrinde hin auf.

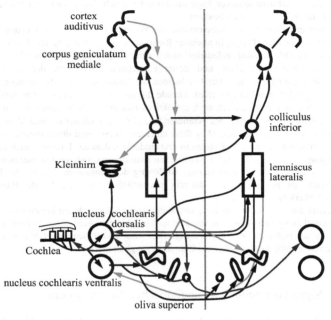

Abb. 82: Die auditorischen Bahnen und ihre Umschaltstationen (nach Whitfield 1967); schwarz: afferent; dunkelgrau: efferent, anatomisch nachgewiesen; hellgrau: efferent, vermutet).

Unter funktionalem Gesichtspunkt kann man die afferenten auditorischen Bahnen - von der Chochlea zum primären auditorischen Projektionsfeld im Temporallappen der Großhirnrinde - in zwei Systeme unterteilen: Die *ventrale* (d.h. bauchseitig gelegene) *auditorische Bahn* als **System zur Schallrichtungsbestimmung** über den *Nucleus cochlearis ventralis* (den bauchseitigen Cochlearis-Kern) zur ipsilateralen (gleichseitigen) *Oliva superior* (der oberen Olive), die auch neuronale Information des gegenüberliegenden Ohres erhält, und die höheren ipsilateralen Kernstrukturen zur Großhirnrinde verlaufend und die auf die kontralaterale Seite *kreuzende dorsale* (d.h. rückenseitig gelegene) *auditorische Bahn* als **System zur auditorischen Zeichenerkennung** vom *Nucleus cochlearis dorsalis* über den kontralateralen *Lemniscus lateralis* und den höheren Kernen zur Großhirnrinde verlaufend.

Im Bereich der ventralen Bahn finden sich so z.B. schon im Nucleus cochlearis verstärkt Neurone, die nicht nur mit gleichmäßiger Erregung auf bestimmte Frequenzen hin sondern auf bestimmte Phasen der Schwingungsform (bei Zellen einer Bestfrequenz unter 500 Hz) reagieren. Die Information solcher Zellen dient in den nachgeschalteten Kernen z.B. der Oliva superior zur Verrechnung der Laufzeitunterschiede zwischen den von beiden Ohren aufgenommenen Signalen, die sich je nach Lage der Schallquelle im Raum verändern. Ebenso ergeben sich Unterschiede in der Intensität der Signale zwischen dem der Schallquelle zugewandten und abgewandten Ohr, und auch für diese Unterschiede zeigen sich sensible Neurone schon in der oberen Olive. Das ventrale System ist zum Teil zudem mit dem visuellen System gekoppelt, so dass sich auf den höheren Verarbeitungsstufen auch Zellen finden, die lediglich bei gleichzeitiger akustischer und optischer Reizung aus derselben Raumrichtung reagieren.

Auch in der kreuzenden dorsalen Bahn werden die Reiz- und Reaktionscharakteristika einzelner Neurone in aufsteigender Richtung immer komplexer: So zeigen sich An- und Aus-Reaktionen (bzw. komplexe Antwortmuster) nicht nur für einzelne Frequenzen sondern auch für Frequenzkombinationen, Rauschen, Frequenz- und Amplitudenmodulationen und Frequenz- und Amplitudenänderungen in bestimmter Richtung und Geschwindigkeit. In der Großhirnrinde finden wir daher die mehrfache tonotope Projektion des Basilarmembran stark überlagert von sehr spezifischen Reizcharakteristiken. Wie auch z.B. beim Gesichtssinn das optische Bild als zusammengesetzt aus Konturen, Winkeln etc. und deren Bewegung abgebildet wird, wird auch der akustische Reiz durch die einzelnen kortikalen Neurone auf komplexe Art und Weise in seinen kategorialen Komponenten wiedergespiegelt.

Parallel zu den afferenten Bahnen verläuft die efferente Hörbahn, die den jeweils tieferliegenden Kernen reefferent Informationen vermittelt. Diese efferenten Bahnen sind z.B. dafür verantwortlich, dass wir räumlich selektiv zu hören in der Lage sind. In der englischsprachigen Literatur hat sich dies unter dem Begriff 'cocktail party'-Effekt eingebürgert: Bei einer Party, wo rund um uns gesprochen wird, sind wir dennoch in der Lage, einem bestimmten Gespräch zu folgen, was nicht möglich wäre, wenn wir nicht die anderen Signale 'ausblenden' könnten. Dieser Effekt geht auch sofort verloren, wenn wir uns eine Monoaufzeichnung derselben Party anhören.

3.2 Auditive Wahrnehmung

Mit diesem Kapitel verlassen wir die Betrachtung der phonetischen Vorgänge als rein physikalische Größen und wollen uns fragen, in welchem Zusammenhang die nur messbaren physikalischen Vorgänge zu den wahrgenommenen Ereignissen stehen. Dieser Zusammenhang ist kein logischer, wohl aber ein empirischer: Das akustische Schalldrucksignal ist ebensowenig mit der wahrgenommenen lautsprachlichen Äußerung gleichsetzbar wie der kariesbefallene Zahn mit der Schmerzempfindung; spiele ich andererseits aber ein Tonband - auf dem ja die akustischen Signale gespeichert sind - wiederholt ab, so werde ich auch jedesmal wieder dasselbe zu Gehör bekommen.

Um die Frage nach dem Zusammenhang zwischen Signalen und Wahrgenommenem beantworten zu können, bedarf es so immer eines wahrnehmenden Subjekts, das im Experiment befragt werden kann.

Das folgende erste Unterkapitel befasst sich mit der auditiven Wahrnehmung allgemein unter dem Aspekt der Skalierung von Wahrnehmungsgrößen in Bezug auf die Skalierung von physikalischen Größen als Gegenstand der Psychophysik im engeren Sinne (hier: Psychoakustik).

Im zweiten Unterkapitel sollen sodann einige spezielle Effekte, wie sie bei der auditorischen Sprachwahrnehmung - also bei Vorliegen spezieller akustischer Signale - auftreten, zuerst unter rein auditiv-phonetischen Gesichtspunkten näher diskutiert werden, um im letzten Unterabschnitt zu einer generellen Betrachtung der - auch visuellen - Sprachwahrnehmungsprozesse überzugehen.

3.2.1 Psychoakustik

Wenngleich die in der Psychoakustik im engeren Sinn untersuchten Zusammenhänge allein die bei der Wahrnehmung lautsprachlicher Äußerungen auftretenden Effekte nicht erklären können, so bilden sie doch die Basis auf der die Erforschung der phonetischen Wahrnehmung zu erfolgen hat.[1]

---

[1] Trotz der heute noch zu konstatierenden Lücke in unserem Wissen bezüglich der auditiven Verarbeitung zwischen einfachen Empfindungsgrößen und komplexen phonetischen Signalen.

Gegenstand der Psychoakustik im engeren Sinn ist die Formulierung des mathematischen *Zusammenhangs* zwischen den *physikalischen Skalierungsgrößen* der Parameter des akustischen Signals und den zugeordneten *psychologischen Skalierungsgrößen* der auditiven Wahrnehmung: So ist dem akustischen Parameter des Schalldruckpegels auf der Wahrnehmungsseite die Lautstärke bzw. die Lautheit zuzuordnen, der physikalisch definierten Frequenz die psychische Größe der Tonhöhe.

Skalen der Lautstärke

Bezüglich der mit der physikalischen Skalierungsgröße des Schalldruckpegels ([in dB]; vgl. o. Kap. 2.1) verbundenen Wahrnehmungsgrößen können wir unterscheiden zwischen der frequenzabhängigen Skalierung der als gleich laut wahrgenommenen **Lautstärke** (im engeren Sinn der psychoakustischen Definition) und der daran anschließenden Skalierung nach dem lautstärkemäßigen Verhältnis akustischer Signale untereinander (also z.B. doppelt oder halb so laut), der sog. **Lautheit**.

Die **Lautstärke**, ausgedrückt in der Einheit *phon* wird dabei bezogen auf den dB-Pegel eines 1-kHz-Tones, d.h. dass die in phon ausgedrückte Lautstärke eines akustischen Signals gleich der bei einem 1-kHz-Ton mit einem Schalldruckpegel gleicher Höhe [in dB] ist.[2]

Tab. III: Lautstärke unterschiedlicher alltäglicher Schallereignisse

Schallereignis	Lautstärke [phon]
Flüstern	20
leises Sprechen	40
normales Gespräch	50
lautes Sprechen (nah), Staubsauger	60
belebte Straße	70
Schreien (nah), starker Straßenverkehr	80
Pressluftbohrer (nah)	90
Flugzeug (nah)	120

---

[2] Experimentell wird dies festgestellt, indem eine Versuchsperson aufgefordert wird, einen Ton auf die gleiche Lautstärke wie den 1-kHz-Referenzton einzuregeln.

Dieser psychoakustische Zusammenhang zwischen Schalldruckpegel [in dB] und wahrgenommener Lautstärke [in phon] ist in der Abbildung 83 anhand der Kurven gleicher Lautstärke dargestellt. Tabelle III listet zudem einige alltägliche Schallereignisse nach ihrer Lautstärke.

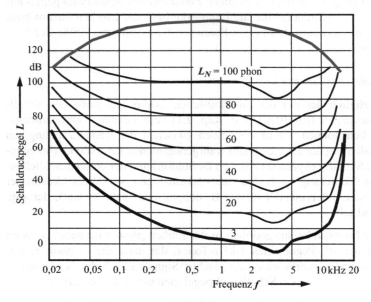

Abb. 83: Die Hörfläche mit Hörschwelle (dick schwarz) und Schmerzgrenze (dick grau) sowie Kurven gleicher Lautstärke (dünn; nach Zwicker & Feldtkeller 1967).

Wie aus der obigen Abbildung hervorgeht, ist unser Gehör im Bereich von ca. 3 kHz am empfindlichsten, während höhere und tiefere Töne mit entsprechend höheren Schalldruckpegeln dargeboten werden müssen, um als gleich laut wahrgenommen zu werden.

Neben der Phon-Skala steht die **Verhältnisskala** der Einheit *sone*, mit der das Lautstärkeverhältnis zwischen zwei Tönen (als doppelt, halb so laut etc.) ausgedrückt wird. Bezugspunkt ist auch hier wieder ein 1-kHz-Ton mit einem Schalldruckpegel von 40 dB und der Dauer von einer Sekunde, dessen Lautheit definitorisch als 1 sone festgesetzt ist.[3]

---

[3] Experimentell wird dies festgestellt, indem eine Versuchsperson aufgefordert wird, einen Ton auf die gleiche Lautstärke wie zwei gleichzeitig dargebotene, lautstärkemäßig gleiche Töne, die frequenzmäßig genügend auseinanderliegen, einzuregeln.

Abbildung 84 zeigt diesen psychoakustischen Zusammenhang zwischen Schalldruckpegel [in dB] und Lautheit [in sone] wiederum anhand der Kurven gleicher Lautheit:

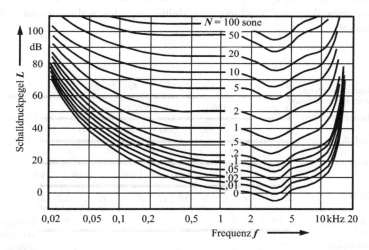

Abb. 84: Die Hörfläche mit Kurven gleicher Lautheit (nach Zwicker & Feldtkeller 1967).

Skalen der Tonhöhe

In Abbildung 85 sind die Skalen der Tonhöhe zur physikalischen Frequenzskala und zum ihnen entsprechenden Ort auf der Basilarmembran in Beziehung gesetzt:

Die entlang der ca. 32 mm langen menschlichen Basilarmembran durch ca. 3500 Reihen von Haarzellen analysierbaren akustischen Signale umfassen einen Frequenzbereich von ca. 16 Hz bis ca. 16 kHz. Die Frequenzen sind dabei - vom Helicotrema zur Basis der Schnecke hin orientiert - bis ca. 500 Hz linear auf der Basilarmembran abgebildet, während für die höheren Frequenzen ein logarithmischer Zusammenhang zwischen Frequenz und Ort auf der Basilarmembran besteht. So können wir auch verschiedene Töne - in ca. 620 ihrer äquidistanten Repräsentation auf der Basilarmembran entsprechenden Stufen - im tieferen Frequenzbereich differenzierter unterscheiden als Töne höherer Frequenz. Entsprechendes gilt für das musikalisch definierte Intervall der **Oktave**: Physikalisch (als harmonische Tonhöhe) ist diese als Verdoppelung/Halbierung der Frequenz (ausgehend von 131 Hz, definiert als der Ton c_0) gegeben, psychoakustisch - bei gleichgesetztem Bezugspunkt - als Verdoppelung/Halbierung der wahrgenommenen Tonhöhe.

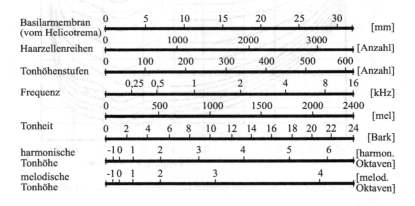

Abb. 85: Skalen der Tonalität in Bezug zu den Größen der Basilarmembran (nach Zwicker & Feldtkeller 1967)

Eine weitere, auch für die Lautheit spektral komplexer Schälle (wie u.a. Sprachsignale) wichtige Skala der Tonhöhe stellt die der sog. **Tonheit** [in der Einheit *Bark* bzw. der daraus als Hundertstel abgeleiteten Einheit *mel*] dar: Die Bark-Skala unterteilt den von uns wahrnehmbaren Frequenzbereich in sog. **Frequenzgruppen** (engl. *critical bands*; wiedergegeben in Tabelle IV), innerhalb denen sich bei spektral komplexen Schällen die einzelnen Frequenzanteile lautstärkemäßig nicht additiv verhalten - sondern die schwächere Komponente verdeckt bleibt -, während Frequenzkomponenten aus unterschiedlichen Frequenzgruppen durch das menschliche Gehör zur Gesamtlautheit gemittelt werden. Bei spektral komplexen Schällen ist somit der Mittelwert aus den jeweiligen frequenzgruppenbezogenen 'spezifischen Lautheiten' [in sone/Bark][4] für die wahrgenommene Gesamtlautheit des Schallereignisses maßgebend.

Tab. IV: Die oberen Grenzfrequenzen [f_g; Hz] und Mittenfrequenzen [f_m] der Frequenzgruppen [Bark] des menschlichen Gehörs (nach Zwicker & Feldtkeller 1967).

Frequenzgruppe	f_g	f_m
1	100	50
2	200	150
3	300	250
4	400	350
5	510	450
6	630	570
7	770	700
8	920	840
9	1080	1000
10	1270	1170
11	1480	1370
12	1720	1600
13	2000	1850
14	2320	2150
15	2700	2500
16	3150	2900
17	3700	3400
18	4400	4000
19	5300	4800
20	6400	5800
21	7700	7000
22	9500	8500
23	12000	10500
24	15500	13500

---

[4] Unter Berücksichtigung der ggf. auftretenden frequenzmäßig die jeweils höheren Frequenzgruppen betreffenden Verdeckungseffekte (engl. masking).

Neben - und in Bezug zu diesen - Skalierungen stellen u.a. die Maskierungseffekte[5] einen wesentlichen Bereich der - durchaus auch phonetisch relevanten - psychoakustischen Grundlagenforschung dar, auf den aber hier nicht im einzelnen eingegangen werden soll.

3.2.2 Auditive Sprachwahrnehmung

Sieht man ab von frühen Experimenten, die aber eigentlich eher der akustischen Phonetik zugerechnet werden müßten, insofern sie die Sprachwahrnehmung einsetzten, um mit dem Ohr akustische Eigenschaften von Sprachlauten zu 'messen' wie z.B. der Einsatz von Kugelresonatoren zur Bestimmung der Vokalresonanzen bei Helmholtz oder die Bestimmung der intrinsischen Lautstärke einzelner Laute durch Wolf (1871), der seine Versuchsperson in einer Allee auf einen Sprecher so weit zugehen ließ, bis sie den Laut erkennen konnte, und diesen Abstand als relatives Maß der Lautstärke verwendete, so hing die auditive Sprachwahrnehmungsforschung, die perzeptive Phonetik im engeren Sinn von der Entwicklung der entsprechenden elektroakustischen Geräte ab bzw. wurde durch deren technische Probleme und Anforderungen erst stimuliert.

So waren es bis zur Mitte unseres Jahrhunderts hauptsächlich die Telefongesellschaften, die die Sprachwahrnehmung untersuchten, allen voran die Bell-Laboratorien in den USA. Ihr Interesse galt dabei hauptsächlich der Frage, inwieweit - und auf welche Art und Weise - man das Sprachsignal reduzieren kann, um die Kapazität der Übertragungsmedien bestmöglich auszunutzen. Auf Grund der damals durchgeführten Verständlichkeitsuntersuchungen wird auch heute noch beim Telefon nur das Frequenzband zwischen 300 Hz und 3 kHz übertragen. Dieselbe Überlegung lag der Entwicklung des Vocoders[6] zugrunde: Man übertrug lediglich das sich langsam ändernde Parametersignal der spektralen Eigenschaften (d.h. das Filtersignal gemäß der Quelle-Filter-Theorie der Sprachproduktion (vgl.o. Kapitel 2.2.2)), das man zudem leicht verschlüsseln konnte, sowie einige Zusatzsignale und

---

[5] Wie u.a. die in der englischen Terminologie als *'backward masking'* bezeichnete Beeinflussung der auditiven Wahrnehmung durch nachfolgende akustische Signale sowie der entgegengesetzte Vorgang des *'forward masking'*.

[6] Kurz für 'voice coder', ein Gerät zur parametrisch kodierten Übertragung von - evtl. zusätzlich verschlüsselten - akustischen Sprachsignalen.

resynthetisierte empfängerseitig das Signal mit einem beliebigen Quellsignal.

Auch die eigentliche perzeptive Phonetik entstand im Kontext der technischen Entwicklung, allerdings auf Grund eines Fehlschlags: Die Haskins-Laboratorien in New York hatten sich in den 50er Jahren die Aufgabe gestellt, ein Lesegerät für Blinde zu entwickeln und verfolgten ursprünglich die Absicht, die Buchstaben des Textes - ähnlich wie beim Morsen - durch spezielle akustische Signale zu chiffrieren. Es stellte sich jedoch sehr bald heraus, dass auf diesem Wege die Übertragungsraten, wie wir sie von der alltäglichen lautsprachlichen Kommunikation her gewohnt sind, in keiner Weise erreicht werden können. Die auditorische Sprachwahrnehmung von Einzellauten - auf die wir uns im Folgenden konzentrieren wollen - muss also in anderer Art und Weise erfolgen: Die perzeptive Phonetik wurde zu einem neuen Wissenschaftszweig innerhalb der Phonetik.

Da mit dem während des Weltkriegs neuentwickelten Sonagraphen ein Gerät zur visuellen Inspektion der spektralen Struktur der akustischen Sprachsignale (*'visible speech'*, vgl.o. Kapitel 2.2.3) zur Verfügung stand, war die Idee naheliegend, die dort zu beobachtenden Muster auch wieder hörbar zu machen und anhand des Hörerurteils über das synthetisierte Material die Wahrnehmungsprozesse zu analysieren (*'analysis-by-synthesis'*). An den Haskins-Laboratorien wurde zu diesem Zweck das in Abbildung 86 dargestellte *'pattern playback'*-Verfahren entwickelt:

Dieser photoelektrisch arbeitende Synthetisator wurde angesteuert durch ein entlang der Frequenz-Achse eines schematischen Sonagramms mittels einer Lochscheibe unterschiedlich (in Schritten von 120 Hz, der konstanten f_0) gepulstes Licht, wobei jeweils nur der durch das aufgemalte Sonagrammmuster repräsentierte Frequenzbereich hörbar gemacht wurde.

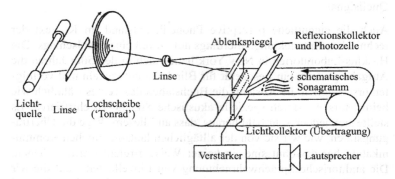

Abb. 86: Der 'pattern playback'-Synthetisator der Haskins-Laboratorien.

Das deklarierte - so natürlich nicht erreichbare - Ziel dieser frühen Experimente mit synthetischer Sprache war es, die sonagraphischen Muster so zu stilisieren, dass man das 'von seinen phonetischen Details gereinigte', nur mehr die linguistisch relevante Information beinhaltende akustische Signal erhalte.

Das Problem der Unsegmentierbarkeit und der fehlenden Invarianz

Die frühen Syntheseexperimente der Haskins-Forscher hatten gezeigt, dass es relativ einfach ist, gut verständliche Vokale durch die Resynthese entsprechender zwei-formantiger Muster[7] zu erhalten. Als theoretisch äußerst interessantes Problem aber stellten sich die silbeninitialen Plosivlaute heraus, die in der Folgezeit auch den hauptsächlichen Untersuchungsgegenstand der perzeptiven Phonetik darstellten.

Wie in Kapitel 2.2.3 ausgeführt, bilden die schnellen, ca. 40 ms langen Formanttransitionen das sonagraphisch auffälligste Merkmal der akustischen Plosivartikulation. Resynthetisiert man solche Formantmuster, wie sie in Abbildung 87 dargestellt sind, so sind tatsächlich die Silben [du] und [di] das auditive Ergebnis. Wie in der Abbildung zu sehen ist, unterscheiden sich diese beiden Muster nur bezüglich des zweiten For-

---

[7] Vgl. dazu oben Abbildung 70.

manten, wobei aber dem Plosiv [d] in beiden Fällen gänzlich unterschiedliche Transitionen (in der Abbildung durch Einkreisung markiert) des zweiten Formanten entsprechen, d.h., dass das dem einzelnen Laut zuzuordnende akustische Signal nicht gleich bleibt.

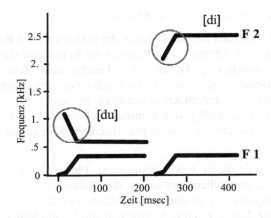

Abb. 87: Schematische Sonagramme der Silben [du] und [di].

Neben diesem Problem der fehlenden Invarianz wurde ein weiteres sprachwahrnehmungsrelevantes Phänomen beobachtet: Synthetisiert man nur die Teile mit gleichbleibender Formantlage, so erhält man - wie erwartet - klar wahrnehmbare Vokale; synthetisiert man jedoch nur den Transitionsteil der akustischen Silbe, so ist das perzeptive Resultat ein komplexes, nichtsprachliches Glissando (engl. *chirp*), das zudem keinerlei Anhaltspunkt für ein [d] beinhaltet. Akustisch stellt sich also der 'Laut' [d] nicht nur je nach vokalischem Kontext anders dar, man kann ihn auch nicht in der Form aus dem Signal ausschneiden, segmentieren, dass er als Einzellaut hörbar wäre.

Wie man allerdings in der Abbildung 87 auch sieht, weisen die beiden [d]-Transitionen der Silben [du] und [di] auf einen gemeinsamen imaginären Punkt bezüglich der Startfrequenz des zweiten Formanten. Diese Beobachtung führte zu dem Konzept des sog. *'Locus'*. Dieses Konzept geht davon aus, dass die Formantbewegung von einer, für jeden einzelnen Plosiv spezifischen Frequenz ausgeht und sich auf die Formantlage des Vokals zubewegt, wobei aber die ersten ca. 10 ms dieser Bewegung akustisch nicht in Erscheinung treten. Auch diese Vorstellung einer Invarianz der Plosivakustik ist in ihrer strengen Form nicht aufrecht zu erhalten.

Bei der Plosivwahrnehmung wurden weitere spezielle Effekte gefunden, die für die Sprachwahrnehmung als typisch angesehen wurden, und auf die im Folgenden etwas detaillierter eingegangen werden soll.

Kategoriale Wahrnehmung und 'Enkodiertheit'

Der erste Effekt, den man im Rahmen der systematischen Resynthese-Experimente mit silbeninitialen Plosiven entdeckte, war der der kategorialen Wahrnehmung. Dieser Effekt besteht darin, dass eine Serie von Einzelreizen (engl. *stimuli*), die durch einen sich in physikalisch gleichen Schritten ändernden akustischen Parameter gekennzeichnet ist, nicht als gleichmäßig, sich kontinuierlich verändernd wahrgenommen wird, sondern in Abschnitte diskreter Kategorien unterteilt erscheint.

Entdeckt wurde dieser Effekt erstmals an Plosiv-Vokal-Silben eines sog. Artikulationsstellenkontinuums, das dadurch entsteht, dass man die Startfrequenz des zweiten (und dritten) Formanten systematisch variiert. Der Ausgangspunkt hierfür war die Beobachtung, dass sich Plosiv-Vokalsilben mit gleichem Vokal - abgesehen vom Verschlusslösungsgeräusch - spektral nur in dieser Hinsicht unterscheiden (vgl.o. Abbildung 60 die Sonagramme der Silben [bæ], [dæ] und [gæ]).

Werden nun die Einzelstimuli einer solchen - in Abbildung 88 (a) als übereinandergezeichnete schematische Sonagramme dargestellten - Serie Versuchspersonen zur Identifikation dargeboten (*Identifikationstest*), so werden sie wie in der Abbildung unter (b) dargestellt beurteilt: Die ersten drei Stimuli (mit steigendem zweiten Formanten) werden mehr oder minder klar als [bæ] identifiziert, die Stimuli fünf bis neun (mit kaum steigendem bzw. leicht fallendem zweiten Formanten) als [dæ] und die Stimuli elf bis dreizehn wiederum klar als [gæ]. Die Wahrnehmung folgt also nicht der kontinuierlichen akustischen Variation des Signals (und folgt auch nicht aus möglichen psychoakustischen Größen wie steigender vs. fallender Formantverlauf), sondern unterteilt das akustische Kontinuum in klare Kategorien mit jeweils nur wenigen Zwischenstimuli, deren kategoriale Zugeordnung unsicher ist (im Beispiel die Stimuli drei und vier sowie zehn).

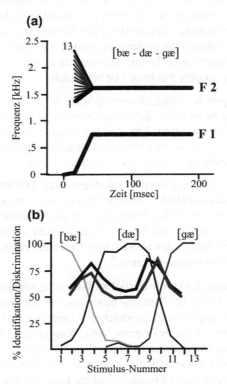

Abb. 88: Der Experimentalaufbau im Paradigma der kategorialen Wahrnehmung: (a) 13-stelliges Artikulationsstellen-Kontinuum durch Variation der Startfrequenz des zweiten Formanten (F2); (b) Verteilung der [bæ]-, [dæ]- und [gæ]-Antworten bei deren Identifikation sowie die hieraus errechnete Diskrimination (fett grau) und die experimentell gemessene Diskriminationsleistung (fett schwarz; zur Erläuterung s.a. Text).

Ein paralleles Ergebnis zeigt sich auch, wenn die Versuchspersonen aufgefordert werden, über die Gleich- bzw. Verschiedenheit von aufeinanderfolgenden Stimuli zu urteilen (*Diskriminationstest*), wobei diese Stimuli im Kontinuum entweder benachbart sind bzw. einen gleichbleibenden Abstand zueinander aufweisen: Nur diejenigen Paare werden als unterschiedlich beurteilt, deren Einzelstimuli bei der Identifikation unterschiedlichen Kategorien zugeordnet würden (vgl. die fett schwarz gezeichnete Diskriminationsfunktion in Abbildung 88 (b)). Die Übereinstimmung dieser experimentell ermittelten Diskrimination und der aus der Identifikationsleistung der Versuchspersonen unter der Annahme der strikten Kategorienbezogenheit der Diskrimination rein rechnerisch ermittelten Diskriminationsfunktion (die in Abbildung 88 (b) fett grau dargestellte Funktion) ist sehr hoch.

Ähnliche kategoriale Wahrnehmungseffekte sind auch bei synthetischen Kontinua zu erzielen, die andere akustische Parameter der Konsonantartikulation variieren. Ein Beispiel hierfür ist die VOT (vgl.o. Kapitel 2.2.3), d.h., dass sich hier ein wahrnehmungsmäßiges Umkippen der Kategorien 'stimmhaft' vs. 'stimmlos' zeigt.

Den Gegensatz zu dieser Form der **kategorialen Wahrnehmung** bildet die sog. **kontinuierliche Wahrnehmung**, wie wir sie z.b. aus der Psychoakustik bezüglich der Wahrnehmung von Schalldruck- und Frequenzänderungen bei Tönen kennen: Hier können wir normalerweise wesentlich mehr Stufen der akustischen Variation voneinander unterscheiden als wir benennen könnten.[8]

Näher an der Form der kontinuierlichen Wahrnehmung liegt im sprachlichen Bereich das Identifikations- bzw. Diskriminationsvermögen bei Vokalen: Abbildung 89 zeigt im gleichen Format wie Abbildung 88 die Versuchspersonenurteile bei einem Vokal-Kontinuum, das nur durch die gleichmäßige Variation der Formantlage erzeugt wurde. Wir sehen hier im Ergebnis des Identifikationstests wesentlich breitere Abschnitte unsicherer Zuordnungen (d.h. auch flachere Kurven), und können auch eine gegenüber der aus dem kategorialen Urteil berechneten Diskriminationsfunktion weit bessere Diskriminationsleistung feststellen.

---

[8] Abgesehen vielleicht einmal von Leuten mit absolutem Gehör.

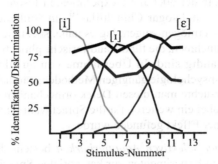

Abb. 89: Identifikation und Diskrimination bei einem akustischen Vokalkontinuum von [i] über [ɪ] zu [ɛ] (Darstellung wie in Abb. 88)

In einer Vielzahl von Einzelexperimenten im Paradigma der kategorialen Wahrnehmung konnte festgestellt werden, dass eine Korrelation zwischen dem Grad der Kategorialität bei der Wahrnehmung und dem der Variabilität des akustischen Signals besteht, was die Haskins-Forscher zur Formulierung der 'motor theory of speech perception' (Liberman et al. 1967; vgl.a. u. S. 170) veranlasste: Je mehr das einem Einzellaut zuzuordnende akustische Signal auf Grund koartikulatorischer Effekte umgebungsabhängig variiert - dies wird als *'Enkodiertheit'* (engl. *'encodedness'*) bezeichnet - desto kategorialer fällt deren Wahrnehmung aus. So zeigen die extrem enkodierten Plosivlaute die klarste kategoriale Wahrnehmung, gefolgt von den Lateralen und Approximanten, sodann den Nasalen und Frikativen und - als Extrem auf der anderen Seite - den je nach experimentellem Kontext kaum akustische Variabilität aufweisenden und mehr oder weniger einen kontinuierlichen Wahrnehmungsmodus zeigenden Vokalen.

Linguistische Merkmalsdetektoren?

Da man im Laufe der 60er Jahre experimentell festgestellt hatte, dass auch Säuglinge[9] und sogar Chinchillas[10] ein ähnliches kategoriales Wahrnehmungsvermögen zeigen, lag es nahe, spezielle neuronale Mechanismen anzunehmen, die für die auditorische phonetische Signalverarbeitung zuständig sind. In Übernahme von aus der allgemeinen Wahrnehmungspsychologie gängigen Methoden, nämlich der Adaptationstechnik, versuchte man diesen Detektormechanismen auf die Spur zu kommen, wobei ein weiterer, für die Sprachwahrnehmung als spezifisch angesehener Effekt gefunden wurde.

Dieser *Effekt der selektiven Adaptierbarkeit* besteht darin, dass man das Ergebnis von Experimenten zur kategorialen Sprachwahrnehmung dadurch gezielt verändern kann, indem man der Versuchsperson vor dem Identifikations- bzw. Diskriminationstest (und zwischen den einzelnen Testabschnitten) jeweils in rascher Folge viele gleiche Stimuli (als Adapter) darbietet, um dadurch den vermuteten Merkmalsdetektor zu ermüden, ihn an diesen Stimulus zu adaptieren.

Die Auswirkungen einer derartigen Adaptation sind in Abbildung 90 anhand eines der Abbildung 88 ähnlichen Artikulationsstellen-Kontinuums dargestellt: In einem Vortest wurde jeweils die präadaptive Identifikation ermittelt, wie sie gemittelt in der Abbildung unter (a) dargestellt ist. Nach der Beschallung der Versuchspersonen mit den kategorial eindeutigen Stimuli (den Eckstimuli Nr. 1: [bæ] und Nr. 13: [gæ] bzw. dem Stimulus Nr. 8: [dæ]) zeigt sich jeweils eine geringere Wahrscheinlichkeit, dass ein Stimulus als zu der Kategorie des Adapters gehörig klassifiziert wird (Abb. 90 (b)), wodurch sich die dem Adapter benachbarten Kategoriengrenzen (in der Abbildung durch Pfeile kenntlich gemacht) in Richtung auf diesen hin verschieben.

---

[9] Mithilfe physiologischer Messungen (z.B. Pulsrate) bzw. der konditionierenden Ausnutzung des Saugreflexes.
[10] Mittels Konditionierungsverfahren.

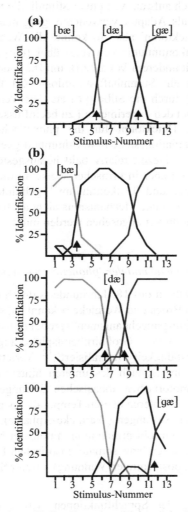

Abb. 90: Das experimentelle Paradigma der selektiven Adaptation: (a) präadaptive Identifikation eines Artikulationsstellen-Kontinuums (vgl. Abb. 88), (b) Identifikation desselben Kontinuums nach Adaptation mit der jeweils angegebenen Silbe (Pfeile markieren die Lage der präadaptiven bzw. die durch Adaptation verschobenen Kategoriengrenzen; s.a. Text).

Da dieser Effekt auch auftrat, wenn man Stimuli, die nicht dem Kontinuum angehörten, als Adapter verwendete, ging man von 'linguistischen Merkmalsdetektoren' aus: So konnte die Wahrnehmung eines Artikulationsstellenkontinuums von [bæ] über [dæ] nach [gæ] auch durch eine Silbe mit anderem Vokal (z.b. mit [ba] oder [de]) adaptiert werden oder auch ein Stimmhaft-stimmlos-(VOT-)Kontinuum von z.B. [ba] nach [pa] durch die Silbe [po] etc. Die Vermutung lag also nahe, dass es sich bei den experimentell zu beeinflussenden Mechanismen um spezielle Detektoren für die phonetisch-phonologischen Merkmale wie Artikulationsstelle bzw. Stimmhaftigkeit handele. - Wie sich jedoch in der Folgezeit relativ bald herausgestellt hat, war der Effekt der Adaptation aber in kritischer Weise an die spektrale Ähnlichkeit von Adapter und Testkontinuum[11] gebunden, so dass der zugrundeliegende neuronale Mechanismus nicht als linguistischer sondern doch als rein auditiver angesehen werden muss.

Hemisphärenunterschiede und der 'phonetic speech processor'

Wie seit den 60er Jahren des 18. Jahrhunderts durch die Beobachtungen der Neurologen Broca und Wernicke bekannt ist, sind die neuronalen Sprachverarbeitungsmechnanismen (produktions- wie wahrnehmungsmäßig) in der linken Großhirnhemisphäre angesiedelt, ist die Sprachverarbeitungsfähigkeit 'lateralisiert':[12] Verletzungen nur der *linken* Hemisphäre im Bereich des unteren hinteren Frontallappens führen zu primär motorischen aphasischen Störungen (Broca-Aphasie), Verletzungen des hinteren oberen Temporallappens zu primär perzeptiven aphasischen Störungen (Wernicke-Aphasie). Beide Bereiche befinden sich auf der Großhirnrinde in unmittelbarer Nachbarschaft zu den primären motorischen bzw. somatosensorischen Projektionsgebieten (in der prä- bzw. postzentralen Windung) unserer Sprechwerkzeuge (vgl.o. Kapitel).

Die Lateralisierung der Sprachfunktionen wird im medizinischen Bereich mit der invasiven Methode der Einspritzung eines Betäubungsmittels in die jeweils nur eine Hirnhäfte versorgenden Hals-

---

[11] So ist z.B. keine Adaptation eines [ba]-[da]-[ga]-Kontinuums durch [di] möglich.
[12] Diese Linkslateralisierung der Sprachfunktionen besteht bei fast allen rechtshändigen Personen und auch der Mehrheit der Linkshänder.

schlagadern ausgetestet[13]: Nach dem Test der Wirksamkeit der Betäubung[14] hatten die Patienten einfache sprachliche Aufgaben wie Zählen, Wochentage Aufsagen etc. durchzuführen. Wurden hierbei Störungen festgestellt, so war die sprachdominante Hemisphäre herausgefunden.

Im Jahr 1961 gelang es der kanadischen Neurologin Doreen Kimura erstmals, die Lateralisierung mithilfe eines Wahrnehmungstests nachzuweisen. Sie bediente sich dabei der Technik des sog. *dichotischen Hörens* von akustischen Sprachsignalen. Diese Technik besteht darin, dass der Versuchsperson über Kopfhörer gleichzeitig konkurrierende Sprachsignale dargeboten werden (im Experiment Kimuras gesprochene Zahlwörter), wobei die Aufgabe darin besteht, das Gehörte (auf beiden Ohren oder aber auch mit der Aufmerksamkeit nur auf einen Kanal) wiederzugeben und evtl. auch bezüglich der Sicherheit des Wahrnehmungsurteils zu bewerten. Als für Sprache typischer Effekt tritt bei diesem Experiment der sog. **Rechts-Ohr-Vorteil** (engl. *'right ear advantage', REA*) auf: Das dem rechten Ohr dargebotene Sprachmaterial wird besser, d.h. häufiger und mit weniger Fehlern behaftet erkannt als das dem linken Ohr dargebotene; selbst dann, wenn die Versuchsperson ihre Aufmerksamkeit nur auf ein Ohr richten soll.

Bietet man hingegen nichtsprachliche Stimuli wie Melodiefragmente dichotisch dar, so zeigt sich der gegenteilige Effekt in Form eines Links-Ohr-Vorteils (Kimura 1964).

Die neuronale Grundlage für diesen Rechts-Ohr-Vorteil sah man in der unterschiedlichen Projektion der Signale von beiden Ohren zum Sprachverarbeitungsmechanismus in der linken Hemisphäre, wie sie in Abbildung 91 dargestellt ist: Die stärker ausgeprägte afferente sensorische Bahn führt vom Innenohr der jeweiligen Seite zur kontralateralen Großhirnhemisphäre, d.h., dass das Signal vom rechten Ohr direkt zum Sprachverarbeitungszentrum in der linken Hemisphäre gelangt, während das Signal des linken Ohres nur wesentlich schwächer (über die ipsilaterale Nervenbahn) bzw. zudem verzögert über die rechte Hemi-

---

[13] Z.B. zur präoperativen Diagnose der Lateralität bei Epilepsie-Patienten, denen Herdstellen aus dem häufig betroffenen Temporallappen entfernt werden sollten.

[14] Festellbar durch motorische Störung der der betäubten Gehirnhälfte gegenüberliegenden (kontralateralen) Körperhälfte.

sphäre und von dort aus über die die Gehirnhälften verbindenden Nervenbahnen des 'Balkens' (corpus callosum) hierhin gelangt.

Abb. 91: Schema der neuronalen Projektionen von den beiden Ohren zum Sprachverarbeitungszentrum (schraffiert)

Bei dem Versuch, die durch die längere Projektionsbahn bedingte Verzögerung des linksohrigen Signals auszugleichen - und damit den Rechts-Ohr-Vorteil zum Verschwinden zu bringen -, indem man das rechtsohrige Signal gegenüber diesem verzögert darbot, wurde ein weiterer Effekt, der sog. 'Lag'-Effekt gefunden (von engl. 'lag', Verzögerung): Bietet man dichotisch Signale asynchron an, so wird das später dargebotene Material besser wahrgenommen bzw. das erste Signal durch dieses maskiert. Der REA kann auf Grund dieses von ihm unabhängigen Effekts also auf diese Weise nicht aufgehoben werden.

Auch für den REA wurde im Rahmen der vielfältigen phonetischen Experimente in den 60er und 70er Jahren eine Korrelation mit der Enkodiertheit festgestellt: Der Rechts-Ohr-Vorteil ist am ausgeprägtesten bei Plosiven, am geringsten bei 'steady state'-Vokalen. Diese Beobachtung führte zum Konzept des 'phonetischen Signalverarbeitungsmechanismus' (engl. *phonetic speech processors*) der **'motor theory of speech perception'** der Haskins-Forscher (vgl. Liberman et al. 1967). Nach dieser Vorstellung erfolgt die Wahrnehmung der enkodierten Sprachlaute unter Beteiligung der für ihre Produktion zuständigen neuronalen Mechanismen: Der Prozess der Enkodierung (vgl. das in Abbildung 92 dargestellte Sprachproduktionsmodell der 'motor theory'), der als relativ peripher (in etwa auf der Stufe der artikulatorischen Regeln des Modells) angesehen wird, wird also quasi zurückverfolgt.

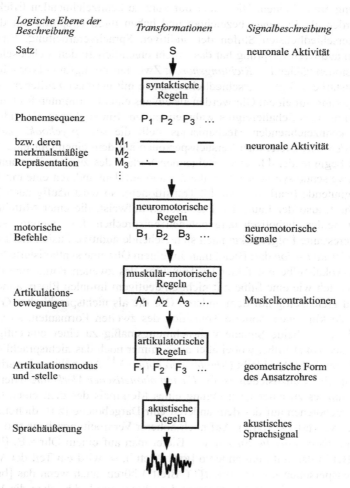

Abb. 92: Das Sprachproduktionsmodell der 'motor theory'.

Im Zuge der Untersuchungen zum dichotischen Hören wurden auch eine Vielzahl unterschiedlicher Effekte der gegenseitigen Beeinflussung der konkurrierenden Signale gefunden, die in gewissen Bereichen eine Detailanalyse der phonetischen Prozesse bei der Sprachwahrnehmung ermöglichten. Diese hier nur kurz zu kennzeichnenden Effekte werden als *Fusionen* bezeichnet und haben ihren Ursprung auf den unterschiedlichsten Stufen der auditiven Sprachverarbeitung. Einen rein auditiven Ursprung hat das - nicht eigentlich zu den dichotischen Fusionen zählende - *Richtungshören*: Zwei nur geringfügig (vor allem lautstärkemäßig) unterschiedliche Signale mit geringer zeitlicher Verzögerung auf einem Ohr werden als ein aus einer bestimmten Richtung kommendes Schallereignis wahrgenommen. Einen ebenso als auditiv zu kennzeichnenden Mechanismus stellt die sog. *psychoakustische Fusion* dar: Bietet man Versuchspersonen auf dem einen Ohr eine mit [b] beginnende, d.h. einen steigenden Verlauf des zweiten Formanten aufweisende synthetisierte Silbe dar und auf dem anderen eine mit [g] beginnende (stark fallende F2-Transitionen), so wird häufig auch [d] gehört, also der Laut, der Transitionen aufweist, die einer Mittelung der beiden dichotisch dargebotenen entsprechen. Eine weitere, sehr interessante Folgeeffekte nach sich ziehende auditive Fusion stellt die *spektrale Fusion* dar: Bietet man auf einem Ohr eine synthetisierte Plosiv-Vokal-Silbe mit fehlender Transition des zweiten Formanten dar, was sich wie eine Silbe mit nicht eindeutigem initialen Plosiv anhört, und gleichzeitig auf dem anderen Ohr die als nichtsprachliches Glissando klingende isolierte Transition des zweiten Formanten, so verschmelzen beide Signale wahrnehmungsmäßig zu einer eindeutigen Plosiv-Vokal-Silbe, wobei aber auch immer noch das nichtsprachliche Glissando hörbar bleibt (*'duplex perception'*).[15] Auf höherer Verarbeitungsebene anzusiedeln ist die *Fusion phonetischer Merkmale*. Hierbei kommt es zu einer Übertragung eines Merkmals des dem einen Ohr Dargebotenen auf das dem anderen Ohr Dargebotene (z.B. dichotisch [ba] vs. [ta] → "[pa]"). Auf noch höherer Verarbeitungsebene tritt die sog. *phonologische Fusion* auf: Bietet man auf einem Ohr z.B. [bɛt] ("Bett") dar, auf dem anderen [ʁɛt] ("rett"), so wird ein Teil der Versuchspersonen immer "[bʁɛt]" ("Brett") hören, auch wenn das [bɛt]-Signal gegenüber [ʁɛt] verzögert dargeboten wird; d.h., dass die Versuchsperson, wenn sie fusioniert, immer nur die in ihrer Sprache mögliche Lautabfolge wahrnimmt.[16]

---

[15] Wird in dieser Art ein Kontinuum erzeugt, so zeigt sich kategoriale Wahrnehmung für das sprachliche, jedoch kontinuierliche für das nichtsprachliche Perzept.
[16] Eben [bʁɛt], nicht etwa *[ʁbɛt].

3.2.3 Heteromodale Sprachwahrnehmung

Zum Abschluss dieses Kapitels soll hier noch kurz auf das noch recht wenig erforschte Gebiet der heteromodalen Sprachwahrnehmung eingegangen werden.

Wenn wir miteinander reden, so ist der Normalfall, dass wir dabei den Sprecher auch anschauen, und jeder hat wohl schon die Erfahrung gemacht, dass es für das Verstehen des Gesagten - z.B. in sehr lauter Umgebung - sehr hilfreich ist, dem Sprecher auf den Mund zu schauen. Bekannt ist ja auch die hervorragende Fähigkeit Gehörloser, von den Lippen 'abzulesen'.

Interessante Aufschlüsse über das Funktionieren der Sprachwahrnehmung bietet der McGurk-Effekt (McGurk & MacDonald 1976): Unterlegt man die Videoaufzeichnung eines Sprechers in Nahaufnahme mit einem anderen Sprachsignal, so kommt es unter bestimmten Bedingungen bei Versuchspersonen, die mit Blick auf den Bildschirm zuhören, zu auditiv wahrgenommenen Fusionen, d.h. die gesehene Sprechbewegung beeinflusst das gehörte phonetische Ereignis: Sieht man den Sprecher z.B. die Silbe <ga>[17] sprechen und bekommt gleichzeitig akustisch die Silbe [ba] dargeboten, so hört man häufig ein "[da]". Sieht man hingegen ein <ba>, das akustisch mit [la] unterlegt ist, so hört man "[bla]". Das Gesehene wirkt also auf die auditive Sprachwahrnehmung ein, was den Schluss zulässt, dass wir Sprache auditiv tatsächlich in der Form von Sprechbewegungen wahrnehmen (vgl. Fowler 1993).

Wenngleich diese beiden Effekte in ihrer Stimuluskombination und ihrem Perzept sehr ähnlich den Effekten dichotischer Fusionen (vgl.o. die 'psychoakustische Fusion' und die 'phonologische Fusion') sind, so sind sie doch gänzlich anderen Ebenen der Sprachverarbeitung zuzuordnen: Verwendet man dichotisch [ba] und [ga] als Adapter, so adaptiert ein Artikulationsstellenkontinuum an das auditiv fusionierte [da] (Pompino 1980), während bei heteromodaler Fusion von [ba] und <ga> zu "[da]" nur das nicht wahrgenommene, akustisch dargebotene [ba] einen Adaptationseffekt nach sich zieht (Roberts & Summerfield 1981). Dies bedeutet, dass die heteromodale Fusion auf einer weitaus höheren, nichtauditiven Verarbeitungsebene zustandekommt. Bei der heteromodalen Fusion von [la] und <ba> zu "[bla]" hingegen haben wir es mit einem gegenüber der dichotischen phonologischen Fusion auf viel niedrigerer Verarbeitungsebene anzuset-

---

[17] Das Gesehene wird hier in spitzen Klammern <...> wiedergegeben, das akustisch Dargebotene in eckigen Klammern [...] und das Wahrgenommene in eckigen Klammern in Anführungszeichen "[...]".

zenden Prozess zu tun, was man daran erkennen kann, dass dieser Effekt mit schon geringer Desynchronisation der Signale (im Gegensatz zu der [ba]-<ga>-Fusion) zusammenbricht (Tillmann et al. 1984).

3.3 Literaturhinweise

Weiterführende Literatur

Fowler, C.A. (1993), Speech perception: Direct realist theory. In: Asher, R.E. & Simpson, J.M.Y. (ed.), The Encyclopedia of Language and Linguistics. Oxford u.a., 4199-4203.

Massaro, D.W. (1993), Speech perception. In: Asher, R.E. & Simpson, J.M.Y. (ed.), The Encyclopedia of Language and Linguistics. Oxford u.a., 4186-4199.

Perkins, W.H. & Kent, R.D. (1986), Textbook of Functional Anatomy of Speech, Language, and Hearing. London u. Philadelphia: Taylor & Francis.

Repp, B. H. (1984), Categorical perception: Issues, methods, findings. In: Lass, N.J. (ed.), Speech and Language. Orlando u.a.

Restle, F.; Shiffrin, R.M.; Castellan, N.J.; Liberman, H. & Pisoni, D.B. (ed.) (1975), Cognitive Theory. Vol. I. Potomac.

Zwicker, E. (1982), Psychoakustik. Berlin.

Zwicker, E. & Feldtkeller, R. (1967), Das Ohr als Nachrichtenempfänger. Stuttgart: Hirzel.

Spezialliteratur

Békésy, G.v. (1960), Experiments in Hearing. New York.

Helmholtz, H.v. (1862), Die Lehre von den Tonempfindungen, als physiologische Grundlage für die Theorie der Musik. Braunschweig: Vieweg.

Kimura, D. (1961), Cerebral dominance and the perception of verbal stimuli. Canadian Journal of Psychology 15, 156-165.

Kimura, D. (1967), Functional asymmetry of the brain in dichotic listening. Cortex 3, 163-178.

Liberman, A.; Cooper, F.S.; Shankweiler, D.P. & Studdert-Kennedy, M. (1967), Perception of the speech code. Psychological Review 74, 431-461.

McGurk, H.& MacDonald, J. (1976), Hearing lips and seeing voices. Nature 264, 746-748.

Pompino, B. (1980), Selective adaptation to dichotic psychacoustic fusions. Journal of Phonetics 8, 379-384.

Roberts, M. & Summerfield Q. (1981), Audiovisual presentation demonstrates that selective adaptation in speech perception is purely auditory. Perception & Psychophysics 30, 309-314.

Tillmann, H.G.; Pompino-Marschall, B. & Porzig, U. (1984), The effects of visually presented speech movements on the perception of acoustically encoded speech articulation as a function of acoustic desynchronization. In: Van den Broecke, M.P.R. & Cohen, A. (ed.), Proceedings of the Tenth International Congress of Phonetic Sciences. Dordrecht u.a., 469-473

Whitfield, I.C. (1967), The Auditory Pathway. New York.

Wolf, O. (1871), Sprache und Ohr. Braunschweig.

Teil III:
Systematische Phonetik - Die einzelsprachlich geregelte Sprechbewegung

4 Die minimalen Beschreibungseinheiten - Phone

Nachdem wir im vorangegangenen Teil auf die bei konkreten Sprechakten physikalisch ablaufenden Vorgänge - im Sprecher, im ihn umgebenden Luftraum und im Hörer - sowie auf deren messtechnische Erfassung und Darstellung als phonetische Signale eingegangen sind, wollen wir uns nun der systematischen Beschreibung der lautlichen Erscheinungen, wie sie uns in konkreten Sprechakten innerhalb der unterschiedlichsten Sprachgemeinschaften der Welt begegnen, zuwenden.

Wenn wir Sprechakte vollziehen, dann wollen wir unserem Partner gegenüber immer etwas Bestimmtes zum Ausdruck bringen: Eben gerade dieses Eine, nicht etwa etwas Anderes. Es kommt damit entscheidend darauf an, mit den uns gegebenen lautsprachlichen Mitteln Unterschiede ausdrücken zu können. Die uns im Folgenden interessierende Frage lautet also nach den lautsprachlichen Erscheinungen, die für Sprecher unterschiedlicher Sprachen unterschiedliche kommunikative Inhalte zu unterscheiden vermögen.

Phonetische Minimalereignisse

Eine detaillierte wissenschaftstheoretische Behandlung der Analyse dieser wahrnehmbaren phonetischen Ereignisse findet sich in Hans G. Tillmanns "Phonetik" (Tillmann 1980) im Zusammenhang mit seinem *Modell des wahrnehmenden Subjekts*:

Grundlage für die Identifikation eines phonetischen Ereignisses (unspezifizierter Komplexität) ist dessen äquivalente Reproduktion[1] (nicht identische Reproduktion, denn keine zwei phonetischen Ereignisse sind tatsächlich identisch). Äquivalente Reproduktionen sind aber auch von Teilen von phonetischen Ereignissen möglich, und zudem können wir diesen phonetischen Ereignissen auch - durch ostensive Definition - irgendwelche Zeichen zuordnen.[2] Wir können schließlich - z.B. durch zeitliches Überdehnen der Aussprache - bis dahin gelangen, dass wir in unserer Analyse minimale, nicht weiter zerlegbare Einheiten erhalten,[3] sog. *Minimalereignisse*.

Diese durch die auditive Analyse gewonnenen Elementareinheiten sind die *Phone*, die den phonetischen Lautbestand einer Sprache ausmachen. Sie können, wie als erste die altindischen Grammatiker entdeckten, anhand der Art ihrer artikulatorischen Hervorbringung systematisch klassifiziert und beschrieben werden. Diese artikulatorische Klassifikation ist auch die Grundlage der Systematik des Internationalen Phonetischen Alphabets (IPA; vgl. Klapptafel am Ende des Buches), der wir im weiteren Verlauf dieses Kapitel folgen wollen.

Auf Grund der Ausführungen in den vorangegangenen Abschnitten sollte allerdings klar sein, dass diese Minimalereignisse nicht als kleinste Bausteine der menschlichen Rede - im Sinne von Lautsegmenten - missverstanden werden dürfen: Es sind aus der ohrenphonetischen Analyse gewonnene *Beschreibungskategorien*, die der geübte Phonetiker in der Transkription wahrgenommener lautsprachlicher Äußerungen anwendet.

Die Äußerungen selbst sind auf der Ebene der phonetischen Vorgänge durch kontinuierliche artikulatorische Abläufe und ebenso durch einen quasikontinuierlich modulierten Lautstrom charakterisiert. Wie wir in den vorangegangenen Kapiteln gesehen haben, wirken die drei Funktionskreise Atmung, Phonation und Artikulation in unterschiedlicher Weise bei der jeweils unterschiedliche Zeitbereiche erfassenden Modulation des Lautstroms zusammen:
   Pulmonale und laryngale Mechanismen sind verantwortlich für die intonatorische, prosodische Modulierung im engeren Sinn, die vom wahrnehmenden System als verfolgbare Änderung einer bestimmten Lauteigenschaft, hier der Sprechmelodie, erfasst

---

[1] Dies sind z.B. verschiedene Äußerungen des Zahlworts "neunundneunzig".
[2] So sind einerseits die äquivalenten Reproduktionen von "neun" und "und" Teile von "neunundneunzig", und wir können andererseits dem komplexen Ereignis "neunundneunzig" das Symbol <99> zuordnen oder auch den beiden Teilereignissen die Symbole <9> und <+>.
[3] So erhalten wir in unserem Beispiel u.a. die Minimalereignisse "n" (als Dauerlaut dehnbar), "eu" (als - auch gedehnt gesprochen - durch einen Übergang gekennzeichnetes Ereignis; n.B. nicht in zwei Teilen analysierbares Ereignis).

wird. In der Terminologie von Tillmann (1980) sind dieser A-Prosodie die jeweils kürzere Zeitbereiche betreffenden Modulationen der B- und C-Prosodie überlagert:

So wirken alle drei Funktionskreise gleichermaßen bei der Sprachproduktion zusammen, dass die typische silbisch-rhythmische Strukturierung lautsprachlicher Äußerungen wahrnehmungsmäßig imponiert. Aus artikulatorischer Sicht lässt sich diese B- oder silben-prosodische Modulation im Sinne der im Folgenden zu leistenden artikulatorischen Kennzeichnung der phonetischen Minimalereignisse als kontinuierlicher alternierender Wechsel zwischen einem offenen Ansatzrohr und einer - teils mit dem Effekt einer (sekundären) Schallquelle verbunden - Verengung an einer bestimmten Stelle oder einem (teilweisen - räumlich bzw. zeitlich) Verschluss des Ansatzrohres. Im Sinne der artikulatorischen Beschreibung der Minimalereignisse ist damit die Unterscheidung zwischen Vokalen - offenes Ansatzrohr - und Konsonanten - verengtes/verschlossenes Ansatzrohr grundgelegt. (Aus dem Blickwinkel der Sprachproduktion - und ebenso der Sprachwahrnehmung - sind es aber eher die auf der silbenprosodischen Ebene zu fassenden Öffnungs- und Schließbewegungen, die die elementaren Einheiten darstellen.)

Die nach Tillmann (1980) der C-Prosodie zuzurechnenden Erscheinungen sind all die Modulationen, die auf Grund ihrer Zeitcharakteristik eigene - neue - auditive Wahrnehmungsqualitäten hervorrufen: Angefangen bei einem gerollten [r] (mit ca. 20-30 Hz) über die durch die Formantlage bedingte Klangqualität der Vokale bis hin zur spezifischen Frequenzlage des Geräusches bei Frikativlauten (z.B. [s] mit Frequenzen ab ca. 4 kHz).

Im Folgenden wollen wir die Minimalereigniskategorien in 'klassischer' Weise - nach den ihnen zugrundeliegenden artikulatorischen Merkmalen systematisiert - besprechen und uns dabei an der Organisation der Darstellung der IPA-Tabellen anlehnen.

Das Alphabet der 'International Phonetic Association' (IPA) wurde für in erster Linie praktische Zwecke wie den Fremdsprachenunterricht und die Neuverschriftung von Sprachen nach den folgenden Prinzipien entworfen:

Das IPA ist als Symbolsystem angelegt, mit dem alle möglichen Laute der Sprachen der Welt dargestellt werden können. Die Organisation der Darstellung verwendet artikulatorische Kategorien, die es ermöglichen, natürliche Klassen von Lauten zu bilden, wie sie linguistischen Regeln oder historischen Lautveränderungen zugrundeliegen. Die dargestellten Laute sind hauptsächlich solche, die einzelne Worte einer Sprache voneinander unterscheiden: So sollen alle Laute, die in einer Sprache bedeutungsdifferenzierend sind, durch unterschiedliche - möglichst nicht zusammengesetzte - Symbole gekennzeichnet werden. Wenn zwei Laute sehr ähnlich sind und in keiner Sprache bedeutungsdifferenzierend eingesetzt werden, so sollten sie durch nur ein einziges Symbol gekennzeichnet, ihre Nuancierung evtl. durch diakritische Zeichen notiert werden. Diakritische Zeichen sollten sparsam verwendet werden, vor allem zur Kennzeichnung der Länge [:], ['], der Betonung ['], [ˌ] und der Tonhöhe [ˉ], [ˊ], [ˇ], [ˋ], aber auch um geringfügige Lautdifferenzen kenntlich zu machen und auch dann, wenn ansonsten eine große Anzahl neuer Symbole vonnöten wäre (z.B. zur Notation nasalierter Vokale [˜]).

Phone und Phoneme

Aus dem oben zum Transkriptionssystem der IPA gesagten wird bereits deutlich, dass es sich dabei vom Ansatz her nicht um ein rein phonetisches System handelt. Es nimmt vielmehr immer schon Bezug auf die bedeutungsunterscheidende Funktion der Laute und auf deren systematischen Bezug untereinander. Dies nun liegt aber quasi in der Natur der Sache: Wir äußern uns lautsprachlich um etwas bestimmtes auszudrücken, die artikulierten Laute dienen mithin dazu, Bedeutungen zu unterscheiden. Als Hörer innerhalb der kommunikativen Situation interessiert uns das rein Lautliche sowieso normalerweise nur insoweit, als es Unterschiedliches signalisiert.[4] Aber auch den Ohrenphonetiker interessieren – neben den genaueren Einzelheiten der Lautproduktion – letztendlich eben die lautsprachlichen Mittel, mit denen ein Sprecher einer bestimmten Sprachgemeinschaft Bedeutungsunterschiede realisiert.

Wir wollen im Folgenden nicht auf die Phonologie als der 'Sprachgebildelautlehre' im Gegensatz zur Phonetik als der 'Sprechaktlautlehre' (Trubetzkoy 1939) im Detail eingehen. Dies würde den Rahmen der vorliegenden Einführung bei weitem sprengen. Es soll hier nur festgehalten werden, dass eine – für den auch naturwissenschaftlich arbeitenden Phonetiker wie auch den sprachwissenschaftlich orientierten Phonologen gleichermaßen adäquate – Systematisierung der möglichen Sprachlaute nicht allein nach rein phonetik-immanenten Kriterien (der artikulatorischen Hervorbringung, der akustischen Erscheinung bzw. des Gehörseindrucks) möglich ist. Die Beschreibungskategorien bleiben zwar rein phonetische, aber ihr innerer systematischer Zusammenhang erschließt sich nur anhand der in den Sprachen der Welt tatsäch-

---

[4] Allerdings nicht nur in Bezug auf den semantischen Inhalt sondern auch in Bezug auf außerlinguistische Tatsachen wie die Identität des Sprechers und dessen Verfassung.

lich zur Bedeutungsunterscheidung genutzten Differenzierungen. Da es bei der phonologischen Beschreibung einzelner Sprachen natürlich auch sehr auf den jeweiligen Blickwinkel ankommt und sehr unterschiedliche Modellvorstellungen existieren, andererseits auch immer wieder neue Sprachen auch mit vordem nicht beobachteten phonetischen Erscheinungen ins Blickfeld geraten, muss der Prozess der phonetisch-phonologischen Systematisierung der Sprachlaute als ein andauernder betrachtet werden. Wir sind insgesamt noch weit entfernt von einer allgemein akzeptierten und universell (d.h. für alle Sprachen) gültigen Beschreibung der segmentalen Einheiten lautsprachlicher Äußerungen, und so unterscheiden sich auch die phonetischen Systematisierungen je nach Blickwinkel. Für die vorliegende Einführung soll die eher konservative, linguistiknahe Systematisierung der IPA zugrundegelegt werden. Auch die Beispiele sind - soweit möglich - zum Großteil so gewählt, dass sie phonologische Minimalpaare[5] aus einzelnen Sprachen zeigen.

Die folgenden systematischen Darstellungen betreffen die einzelnen Laute im Sinne von minimalen phonetischen Ereignissen, wie sie quasi als aufeinander folgende Segmente einer Sequenz das komplexe Äußerungsereignis kennzeichnen. Wenngleich wir also über ohrenphonetische Kategorien sprechen, so sollen doch immer auch die dabei ablaufenden phonetischen Vorgänge (artikulatorische und akustische) mit angesprochen werden: Ist so schon das 'naive' Sprachhören[6] orientiert am artikulatorischen Verhalten der Quelle - bzw. im Sinne der 'motor theory of speech perception' an dessem internen Nachvollzug -, so gilt dies insbesondere auch für das 'analytische Hören' (Vieregge 1989) des als Transkribent trainierten Ohrenphonetikers. Darüber hinaus mag die Diskussion z.B. der unterschiedlichen akustischen Auswirkungen von als kategorial gleich wahrgenommenen Artikulationen davor bewahren, in die Aporie der frühen Instrumentalphonetik zu verfallen und nur den gemessenen Signalen Glauben zu schenken.

---

[5] Wortpaare, die sich bezüglich eines einzelnen Segments unterscheiden (z.B. dt. *Fisch - Tisch*).
[6] Unbeschadet der Möglichkeiten des 'Miss-Hörens' (Ohala 1981).

4.1 Konsonanten

Wir wollen im Folgenden zuerst - der Systematik des IPA folgend - die pulmonalen Konsonanten nach ihrem Artikulationsmodus systematisiert beschreiben, daran anschließend die Modi, die durch (zusätzliche) andere Luftstrommechanismen gekennzeichnet sind.

Als Konsonanten - im Sinne von deutsch *Mitlauten* - wird die Klasse minimaler segmentaler Einheiten lautsprachlicher Äußerungen bezeichnet, deren Elemente sich weitgehend frei mit den Elementen der komplementären Klasse der Vokale (im Sinne von *Selbstlauten*) zu Wörtern verbinden können, während sie bezüglich ihrer möglichen sequentiellen Abfolge untereinander starken einzelsprachabhängigen Einschränkungen unterliegen. Diese, dem Alltagsverständnis entsprechende Klassifizierung ist somit eine eher phonologische, phonotaktische Kategorisierung.

Phonetisch sind die Konsonanten - im Sinne von Kontoiden[7] - dadurch gekennzeichnet, dass zu ihrer Produktion im Ansatzrohr ein Verschluss (z.T. nur teilweise) bzw. eine geräuschverursachende Enge gebildet wird, während die Vokoide mit einem zentral offenen Ansatzrohr gebildet werden.[8]

Das Systematisierungsraster für die Konsonanten ist gegeben durch die artikulatorischen Parameter des

- *Artikulationsmodus* (auch: Artikulationsart):

pulmonale Konsonanten:
Plosiv (auch:Verschlusslaut): totaler oraler Verschluss bei gehobenem Velum
Nasal: gesenktes Velum bei totalem oralen Verschluss
Vibrant (auch: Gerollt; engl. *trill*): intermittierender oraler Verschluss)
Getippt/Geschlagen (engl. *tap/flap*): kurzzeitiger oraler Verschluss

---

[7] Ein auf K.L. Pike (1943) zurückgehender Begriff.
[8] Das IPA folgt hier eher der phonologischen Kategorisierung, indem die vokoiden Approximanten in der Konsonantentabelle geführt werden.

Frikativ: zentrale geräuschverursachende Enge
Lateral-Frikativ: seitliche geräuschverursachende Enge
Approximant: zentrale nicht geräuschverursachende Enge
Lateral(-Approximant): zentraler Verschluss mit seitlicher nicht geräuschverursachender Enge

nicht-pulmonale Konsonanten:
Click: totaler oraler Verschluss mit velar ingressivem Luftstrom
Implosiv: totaler oraler Verschluss mit glottal ingressivem Luftstrom
Ejektiv: totaler oraler Verschluss mit glottal egressivem Luftstrom

- *artikulierenden Organs*:
  labial: Unterlippe
  apikal: Zungenspitze
  laminal: Zungenblatt
      koronal: apikal, laminal, sublaminal
          sublaminal: Unterseite des Zungenblatts
  prädorsal: vorderer Zungenrücken
  postdorsal: hinterer Zungenrücken
  uvular: Zäpfchen
  radikal/pharyngal: Zungenwurzel/Rachen
  epiglottal: Kehldeckel
  glottal: Stimmlippen

und der

- *Artikulationsstelle* (vgl. Abb. 93):
  labial: Oberlippe
  dental: Zähne
  alveolar: Zahndamm
  postalveolar: zwischen Alveolen und Palatum
  palatal: harter Gaumen
  velar: weicher Gaumen
  uvular: Zäpfchen
  pharyngal: hintere Rachenwand
  epiglottal: Kehldeckel

Die große Konsonantentabelle des IPA führt die 'normalen', mit pulmonalem Luftstrommechanismus, d.h. mit der Ausatemluft, produzierten Konsonanten zeilenweise nach ihrem Artikulationsmodus geordnet auf. Innerhalb der die Artikulationsstelle systematisierenden Spalten sind jeweils links die stimmlosen - mit geöffneter[9] Glottis -, rechts die stimmhaften - mit schwingenden Stimmlippen produzierten - Varianten aufgelistet.

4.1.1 Plosive

Der Artikulationsmodus des Plosivs (auch: Verschlusslaut, Okklusiv, Explosiv) ist artikulatorisch durch einen zeitweiligen totalen oralen Verschluss (im Bereich zwischen den Stimmlippen [?] und den Lippen [p/b]) gekennzeichnet. Das Velum ist gleichzeitig in seiner für das Sprechen neutralen (unmarkierten) gehobenen Position, d.h. der Nasenraum ist ebenso verschlossen. Das den Plosivlaut kennzeichnende Merkmal des Verschlusses bedingt dabei eine Artikulationsbewegung aus der Stellung des z.B. mit einem vorausgehenden Vokal gegebenen offenen Ansatzrohres hin zur Verschlussbildung, was sich akustisch als Formantbewegung (sog. 'implosive' Transitionen) sowie in einer Reduktion der Amplitude des abgestrahlten Signals ausprägt.Während des Verschlusses - bzw. bei längerer Verschlussdauer möglicherweise auch nur zu einem gewissen Teil[10] - hält bei stimmhaften Plosiven der Stimmton an bzw. ergibt sich bei stimmlosen Plosiven auf Grund der sich in einer ballistischen Bewegung öffnenden Glottis eine Pause im akustischen Signal.[11] Die für den Hörer wichtigsten Hinweise auf die Identität des vorliegenden Plosivs liegen jedoch in dem bei der Verschlusslösung auftretenden Geräusch ('burst') und - wohl noch wesentlicher - den z.B. durch artikulatorische Bewegung hin zur offenen Ansatzrohrstellung für einen Folgevokal bewirkten erneuten Formantbewegungen (sog. 'explosive' Transitionen).

---

[9] Mit der Ausnahme des - wie schon der Name sagt - Glottisverschlusses [?].
[10] Bei Aussetzen der Stimmlippenschwingung auf Grund des Druckausgleichs zwischen subglottalem und verschlossenem supraglottalen Raum; häufig z.B. bei Velaren.
[11] Die in ihrer gemessenen Dauer - z.B. bei Geminaten, das sind lange Konsonanten - durchaus länger sein kann als die Dauer von wahrgenommenen Sprech-'Pausen'.

Konsonanten

Die Artikulationsstellen

Die verschiedenen Artikulationsstellen (und artikulierenden Organe) - nicht nur für die Plosive sonderen auch die anderen konsonantischen Modi - sind der Abbildung 93 zu entnehmen, die Plosive der unterschiedlichen Artikulationsstellen sind mit ihren Transkriptionszeichen in der Tabelle V aufgelistet; eine Übersicht zu den Artikulatorpositionen für die wichtigsten Plosivkategorien ist zudem in der Abbildung 94 anhand schematischer Sagittalschnitte gegeben:

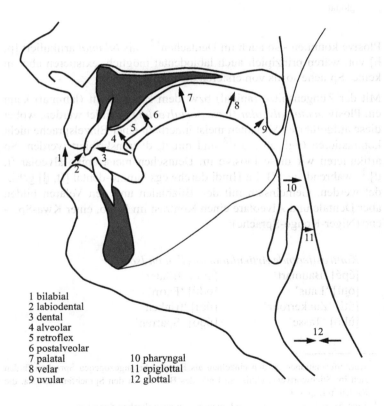

1 bilabial
2 labiodental
3 dental
4 alveolar
5 retroflex
6 postalveolar
7 palatal
8 velar
9 uvular
10 pharyngal
11 epiglottal
12 glottal

Abb. 93: Sagittales Schema der artikulatorischen Konstellationen zur Konsonantenproduktion.

Tab. V:
Die Plosive und ihre Transkriptionszeichen

Artikulationsstelle	stimmlos	stimmhaft
labial	[p]	[b]
dental	[t̪]	[d̪]
alveolar	[t]	[d]
retroflex	[ʈ]	[ɖ]
palatal	[c]	[ɟ]
velar	[k]	[g]
uvular	[q]	[ɢ]
epiglottal	[ʔ]	-
glottal	[ʔ]	-

Plosive kommen - so auch im Deutschen[12] - als *bilabial* artikuliert [p, b] vor, wären prinzipiell auch labiodental möglich, existieren aber in keiner Sprache so als von ersteren distinktive Laute.
Mit der Zungenspitze (apikal) bzw. dem Zungenblatt (laminal) kann ein Plosiv *dental, alveolar* (bzw. *postalveolar*) gebildet werden, wobei diese aufgeführten Varianten meist innerhalb einer Einzelsprache nicht kontrastieren (vgl. aber u.)[13] und mit /t, d/ transkribiert werden: So artikulieren wir diese Plosive im Deutschen meist apiko-alveolar [t, d],[14] während sie z.B. im Hindi durchwegs lamino-dental [[t̪, d̪] gebildet werden. Gemeinsam mit den Bilabialen und den Velaren bilden aber Dentale und Alveolare einen Kontrast im Isoko, einer Kwa-Sprache (Niger-Kongo-Sprache):

Kontrastierende Artikulationsstellen im Isoko:
[épé] 'Baumart'   [ébé] 'Blätter'
[ót̪ú] 'Laus'   [ódú] 'Farm'
[útí] 'Zuckerrohr'   [údí] 'trinken'
[ùkó] 'Tasse'   [úgó] 'Sparren'

---

[12] Kurzinformationen zu den einzelnen als Beispiel herangezogenen Sprachen finden sich im Stichwortverzeichnis am Ende des Buches (zu den Sprachfamilien s.a. die Karten in Kap. 6.1).
[13] Eine Ausnahme bilden hier auch manche der australischen Sprachen.
[14] Wir schreiben hier in traditioneller Weise die breite - phonemische - Transkription zwischen Schrägstrichen, die engere phonetische Transkription zwischen eckigen Klammern.

Konsonanten 187

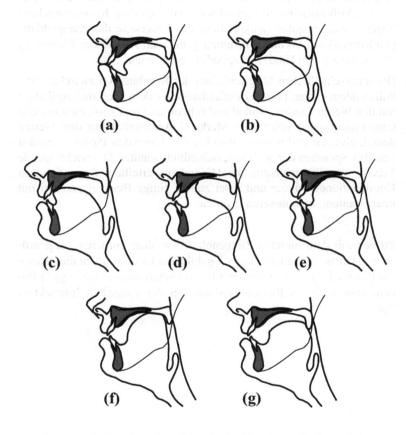

Abb. 94: Sagittale Schemadarstellung der Position der Artikulatoren bei der Plosivproduktion an den unterschiedlichen Artikulationsstellen: (a) bilabial, (b) dental, (c) alveolar, (d) retroflex, (e) palatal, (f) velar, (g) uvular.

Auf das artikulierende Organ bezogen werden die mit der Zungenspitze (apikal) und dem Zungenblatt (laminal) produzierten Laute in der phonologischen Literatur zusammenfassend[15] als *Koronallaute* (engl. *coronals*, mit dem Zungenkranz gebildete) bezeichnet. Zur

---

[15] Auf Grund der für alle diese Laute als natürliche Klasse zutreffenden phonologischen Regularitäten.

Klasse der Koronallaute gehören auch die an der in unserer Tabelle folgenden Artikulationsstelle gebildeten Laute, nämlich die mit zurückgebogener Zungenspitze (apikal) bzw. der Unterseite des Zungenblatts (sublaminal) am vorderen Gaumen gebildeten *retroflexen* Plosive [ʈ, ɖ], wie sie z.B. im Hindi (als apikale) vorkommen.

Die unterschiedlichen Möglichkeiten der Kombination zwischen artikulierendem Organ (zusammenfassbar unter dem Merkmal Apikalität mit den Werten laminal, apikal und sublaminal) und Artikulationsstelle (zusammenfassbar unter dem Merkmal Anteriorität mit den Werten dental, alveolar und postalveolar) bei den koronalen Plosiven werden von den Sprachen der Welt unterschiedlich genutzt. Die nachfolgende Tabelle VI gibt einerseits die Häufigkeitsverteilung der möglichen Kombinationen wieder und listet zudem einige Beispielsprachen mit interessantem, komplexeren Inventar.

Zu den mit dem hinteren Zungenblatt bzw. dem vorderen Zungenrücken als artikulierendem Organ[16] gebildeten Lauten zählen die *palatalen* Plosive [c, ɟ],[17] wie wir sie z.B. im Ungarischen (<ty>, <gy>) finden, aber auch als Realisationsform bei der deutschen Interjektion "tja".

---

[16] Daher - auch auf Grund systematisierender Überlegungen - in unterschiedlichen Sprachen unterschiedlich als koronal bzw. dorsal - evtl. mit dem Zusatz prä- - klassifiziert.

[17] Da - wie im Fall der Zunge zwischen Apex, Lamina und Dorsum - auch am Gaumen zwischen Alveolen, und hartem Gaumen keine klaren anatomischen Grenzen zu ziehen sind, schwankt die Terminologie der diesen Bereich betreffenden präziseren Artikulationsstellenbezeichnungen - auch sprachabhängig - in beträchtlichem Maße: palatoalveolar, alveolopalatal, präpalatal, ...

Konsonanten 189

Tab. VI: Verteilungswahrscheinlichkeiten bei Koronalinventaren (durch die Anzahl der Punkte gekennzeichnet (••• größte Häufigkeit, • geringste Häufigkeit, ? fraglich, - nicht bekannt) sowie Beispielsprachen

	Anteriorität		
	dental	alveolar	postalveolar
Apikalität			
laminal	•••	•	••
	Hindi		
	Malayalam	Temne	Malayalam
	Toda		Toda
	Nunggubuyu		Nunggubuyu
apikal	•	•••	••
	Temne	Malayalam	Hindi
		Toda	Toda
		Nunggubuyu	Nunggubuyu
sublaminal	-	?	•
			Malayalam
			Toda

Die sich im Mundraum nach hinten anschließende Artikulationsstelle bildet der weiche Gaumen, an dem mit dem Zungenrücken die auch aus dem Deutschen bekannten (dorso-)*velaren* Plosive [k, g] gebildet werden.

Die folgende Artikulationsstelle ist die *uvulare*, die mit dem muskulären Zäpfchenfortsatz des weichen Gaumens gegeben ist. Die uvularen Plosive [q, G] finden wir z.B. im Kirgisischen, einer Turksprache, in der diese mit den bilabialen und dentalen (sowie als anomalen, d.h. seltenen Segmenten den velaren) Plosiven kontrastieren. Das Quechua, eine südamerikanische Indianersprache, zeigt einen recht ungewöhnlichen dreifachen Kontrast zwischen Palatalen, Velaren und Uvularen:

Artikulationsstellenkontrast im Quechua:
[caka] 'gesund'   [kara] 'teuer'   [qara] 'Haut'

Noch tiefer im Ansatzrohr wird der meist in stimmhafter Ausprägung z.B. in kaukasischen Sprachen wie dem Avarischen gefundene *epiglottale* Plosiv [?] gebildet.

Den Endpunkt bildet schließlich mit der *glottalen* Artikulationsstelle der Kehlkopfverschlusslaut [?], der in vielen Sprachen einen eigenen distinktiven Laut darstellt, im Deutschen aber nur in nicht-distinktiver Funktion durchgängig vor wort- und morphemanlautenden Vokalen geäußert wird. In der IPA-Tabelle ist der glottale Plosiv als nur stimmlos produzierbar gekennzeichnet.[18]

Der Stimmbeteiligungsparameter

Neben der generellen Stimmlos-stimmhaft-Opposition, die durch das Vorhandensein bzw. Nichtvorhandensein einer ballistischen glottalen Öffnungsgeste gekennzeichnet ist, sind in manchen Sprachen weitere distinktive Plosivkategorien möglich, die durch unterschiedlich zeitlich mit der Verschlussbildung koordinierte Glottisöffnungsbewegungen charakterisiert sind:

So haben wir zum einen die einfachen stimmlosen Plosive [p, t, t̪, c, k, q],[19] bei denen das Maximum der Glottisöffnung zeitlich in der oralen Verschlussphase zu lokalisieren ist, zum anderen die stimmlos aspirierten Plosive [p^h, t^h, ..., k^h, ...], bei denen der Zeitpunkt der maximalen Glottisöffnung ca. mit dem Zeitpunkt der oralen Verschlusslösung zusammenfällt, so dass die Stimmlippen während der silbischen Öffnungsbewegung zum Folgevokal noch nicht schwingen und die 'explosiven' Formantbewegungen lediglich geräuschhaft - und nur für die höheren Resonanzfrequenzen - ausgeprägt sind.[20] Für das Deutsche gilt hierbei, dass phonologisch stimmlose Plosive im Sil-

---

[18] Die UPSID-Datenbank (Maddieson 1992) verzeichnet für die samojedische Sprache Nenets neben dem stimmlosen als anomales Segment allerdings auch einen stimmhaften Glottisverschluss.

[19] Und den auf Grund der von den anderen stimmlosen Plosiven abweichenden Art der Produktion nur stimmlos realisierbaren glottalen Verschlusslaut [?].

[20] Zur Wahrnehmung von Aspiration bedarf es dabei einer Verzögerung des Stimmtoneinsatzes gegenüber der Verschlusslösung - der sog. 'voice onset time' (VOT) - von mindestens ca. 20 ms.

benanlaut - außer den auf den silbeninitialen Frikativ [ŋ] folgenden[21] - sowie im In- und Auslaut immer aspiriert sind und phonologisch stimmhafte Plosive im absoluten Anlaut normalerweise stimmlos unaspiriert realisiert werden (<Baum>, /baʊm/ = [paʊm] oder [b̥aʊm]), während in den romanischen Sprachen anlautend die Aspiration nichtdistinktiv ist: Vielmehr sind hier anlautende phonologisch stimmhafte Plosive mit deutlichem Stimmtonvorlauf versehen.[22]

Auslautend kennt das Deutsche auf Grund der sog. Auslautverhärtung keine stimmhaften Konsonanten, d.h. auslautende Plosive werden in der Regel stimmlos aspiriert produziert.

Wegen der oben angesprochenen phonetischen Realisierung der Stimmhaft-stimmlos-Opposition z.B. im Deutschen Anlaut ist auch eine Unterscheidung der beiden Plosivkategorien nach den Merkmalen *fortis* (lat. stark, gespannt) und *lenis* (lat. schwach, ungespannt) vorgeschlagen worden, der artikulatorisch ein höherer bzw. niedriger intraoraler Druck sowie eine stärkere bzw. schwächere Verschlussbildung zugrundeliegen könnte. Experimentalphonetisch ist diese Frage jedoch noch ungelöst, es handelt sich bei diesen Benennungen mehr um rein deskriptiver Kategorien.

Neben der obigen Unterscheidung zwischen einfach stimmlosen und stimmlos aspirierten Plosiven sind zwei weitere distinktive Kategorien auf das 'Timing' der glottalen Öffnungs-(Entstimmungs-)geste zurückzuführen: Dies sind zum einen die in den unterschiedlichen phonologischen Beschreibungen als Folgen von [h] und einem Plosiv bzw. als Abfolge distinkter Einzelsegmente beschriebenen präaspirierten Plosive wie z.B. im Isländischen [ʰp, ʰt, ʰk], bei denen der die Stimmlippenschwingung verhindernde glottale Öffnungsgrad schon vor der oralen Verschlussbildung erreicht wird.

Eine weitere Kategorie dieser Provenienz ist die als 'stimmhaft aspiriert' bzw. 'behaucht' (engl. *murmured*) bezeichnete Plosivkategorie z.B. des Hindi [bʱ, dʱ, gʱ] (auch diakritisch als [b̤] etc. zu notieren): Hier setzt die - amplitudenmäßig in ihrer Ausprägung auch schwächere - glottale Entstimmungsgeste erst nach bzw. während oder kurz vor der Verschlusslösung ein, was zu einem Stimmton während der Verschlussphase und einer Behauchung des folgenden Vokals führt.

---

[21] Dies gilt für alle germanischen Sprachen: vgl. die ebenfalls einfach stimmlos produzierten Plosive nach silbeninitialem [s] im Englischen.

[22] D.h. einer negativen VOT, dem Einsatz des Stimmtons vor der oralen Verschlusslösung (vgl.o. Kap. 2.2.3).

4.1.2 Nasale

Nasale sind wie die Plosive durch einen totalen oralen Verschluss gekennzeichnet. Im Gegensatz zu diesen aber ist bei den Nasalen der Nasenraum durch die Absenkung des Gaumensegel als Resonanzraum zugeschaltet. Wie bei den Plosiven kommt es so durch die orale Verschlussbildung akustisch im Spektralbereich zu Formantbewegungen. Die Absenkung des Velums - teilweise schon vor der oralen Verschlussbildung einsetzend (eine Nasalierung des vorangehenden Vokals nach sich ziehend) - bewirkt akustisch eine im Spektrum klar abgrenzbare Phase mit vor allem niederen Frequenzkomponenten (den stark gedämpften Resonanzen des Nasenraums - beginnend bei ca. 250 Hz - abzüglich der als Antiresonanzen wirksamen Eigenfrequenzen des oralen Ansatzrohres; vgl. o. 2.2.2). Da der pulmonale Luftstrom während des oralen Verschlusses weiterhin durch die Nase entweichen kann, kommt es zu keinem intraoralen Überdruck und damit auch zu keinem Geräusch bei der oralen Verschlusslösung, während die zur Beendigung des Nasals erfolgende erneute Velumanhebung zum Zeitpunkt des Verschlusses des Nasenraums eine relativ abrupte spektrale Änderung des akustischen Signals nach sich zieht.

Die typische Velumstellung bei der Nasalproduktion ist in Abbildung 95 - in Kontrast zur Stellung bei einem homorganen[23] Plosiv - wiederum im Sagittalschnitt dargestellt.

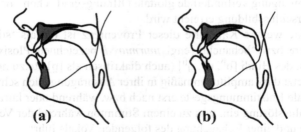

Abb. 95: Vergleich der Velumstellung bei homorganem - alveolaren - Plosiv (a) und Nasal (b)

---

[23] D.h. (mit demselben artikulierenden Organ) an derselben Artikulationsstelle gebildet.

Konsonanten 193

Die Artikulationsstellen

Die Nasale sind - wegen der Bedingung einer offenen Nasalpassage - nur im vorderen Teil des Ansatzrohres (bis zur Uvula) artikulierbar. Tabelle V listet wiederum die Nasale mit ihren jeweiligen Transkriptionszeichen nach ihren Artikulationsstellen auf.

Tab. VII:
Die Nasale und ihre Transkriptionszeichen

Artikulationsstelle	
labial	[m]
labiodental	[ɱ]
alveolar	[n]
retroflex	[ɳ]
palatal	[ɲ]
velar	[ŋ]
uvular	[N]

Aus dem Deutschen sind uns die Nasale mit bilabialer [m], alveolarer [n] und velarer Artikulationsstelle [ŋ] geläufig (vgl. [laːm] *lahm*, [laːn] *Lahn*, [laŋ] *lang*). In fließender Rede finden wir aber auf Grund assimilatorischer Prozesse oft auch den labiodentalen Nasal [ɱ] (vgl. [fʏnf] *fünf* → [fʏmf] → [fʏɱf]). Der palatale Nasal [ɲ] begegnet uns hingegen als sog. mouilliertes 'n' im Französischen oder im Italienischen.

Nasale Artikulationsstellen im Französischen:
 [pɔm] 'Apfel'
 [pɑn] 'Zusammenbruch'
 [pɑɲ] 'Lendenschurz'

Nasalkontraste im Italienischen:
 [noːmi] 'Namen' (pl.) [ɲoːmi] 'Gnome' (pl.)
 [soːno] 'ich bin' [soːɲo] 'Traum'

Nasale lassen sich - ebenso wie Plosive - auch retroflex artikulieren, wie die folgende Opposition aus dem Margani, einer australischen Sprache, zeigt:

Nasalkontraste im Margani:
[guɳma] 'Baumente' [gunma] 'brechen'
[wakaɳ] 'Krähe' [wakan] 'Vaters Schwester'

Die am weitesten rückwärts gelegene Artikulationsstelle für Nasale ist die uvulare [N]. Uvularen Nasalen begegnen wir z.B. in den morischen wortfinalen, präpausalen Nasalen des Japanischen ([páN] 'Brot', [ɖáN] 'Orchidee').

Nasale treten in den meisten Sprachen nur als stimmhafte Segmente in Erscheinung, es gibt aber auch Sprachen wie das Burmesische, in denen eine Stimmhaft-stimmlos-Opposition bei Nasalen vorliegt. Diese stimmlosen Nasale werden dann mit dem subskribierten (bzw. superskribierten) Diakritikum [̥] (bzw. [̊]) gekennzeichnet:

Die nasale Stimmhaft-stimmlos-Opposition im Burmesischen:
[mà] 'gesund' [nà] 'Schmerz' [ŋâ] 'Fisch'
[m̥à] 'Ordnung' [n̥à] 'Nüster' [ŋ̥â] 'Riss'

4.1.3 Vibranten ('Trills')

Vibranten, oder auch gerollte Laute oder 'Trills', sind durch kurze aufeinanderfolgende - intermittierende orale Verschlüsse (bei geschlossenem Nasenraum) gekennzeichnet. Diese intermittierenden Verschlüsse kommen dadurch zustande, dass ein sehr elastischer Artikulator einen nicht zu festen Verschluss an der Artikulationsstelle bildet, der in einer zweiten Phase durch den pulmonalen Luftstrom gesprengt wird, wobei dieser Luftstrom an der durch die Spannung des Artikulators aufrechterhaltenen Verengung einen Bernoulli-Effekt auslöst, welcher seinerseits zu einem abermaligen Verschluss führt. In fließender Rede tritt dieser, dem Stimmlippenverhalten bei der Phonation (vgl. o. Kap. 1.3.2) ähnelnde Schwingungszyklus normalerweise zwei bis dreimal hintereinander (mit einer Frequenz zwischen 16 und 32 Hz) auf.

Auf Grund seiner speziellen Bildungsweise sind die Artikulatorkonstellationen für die gerollten Laute sehr eingeschränkt: Die nötige Elastizität weisen eben nur die Lippen, die nicht zurückgebogene Zungen-

Konsonanten

spitze und das Zäpfchen auf. In Tabelle V sind die Vibranten mit ihren jeweiligen Transkriptionssymbolen aufgelistet:

Tab. VIII:
Die Vibranten und ihre Transkriptionszeichen

Artikulationsstelle
bilabial   [ʙ]
alveolar   [r]
uvular   [ʀ]

Der bilabiale Trill [ʙ] kommt außer in einigen Papua-Sprachen Neuguineas in den Sprachen der Welt wohl nur als Realisationsvariante oder in paralinguistischer Verwendung vor. Für letztere kann als Beispiel die Lautproduktion von Kutschern dienen, die diese von sich geben um die Pferde zum Stehen zu bringen ("brrr!").

Kontrastierende pränasalierte Trills im Kele:
[ᵐʙuin] 'Vagina'   [ⁿruwin] 'Knochen'

Der alveolare Trill [r] begegnet uns als das gerollte Zungenspitzen-r der deutschen Bühnensprache und der süddeutschen Ausprägung des Standarddeutschen, wohingegen das gerollte Zäpfchen-r [ʀ] der norddeutschen Ausprägung der Standardsprache zuzurechnen ist.[24]

Insgesamt sind die Gerollten in den Sprachen der Welt nicht sehr häufig vertreten und werden meist stimmhaft realisiert. Die sehr seltenen stimmlosen Varianten werden wiederum durch subskribiertes (bzw. superskribiertes) [̥] (bzw. [̊]) gekennzeichnet.

4.1.4   Getippte und Geschlagene ('Taps'/'Flaps')

Der Artikulationsmodus der getippten und geschlagenen Laute ist wiederum durch einen totalen oralen Verschluss bei gleichzeitigem Verschluss des Nasenraums gekennzeichnet, nur dass dieser orale Verschluss von extrem kurzer Dauer ist und durch Antippen der Zungenspitze (bzw. des Zungenblatts) an die Artikulationsstelle bzw. eine schlagförmige Bewegung derselben gegen letztere gebildet wird.

---

[24] Wobei das R dort häufiger als homorganer stimmhafter Frikativ [ʁ] realisiert wird.

Getippte bzw. Geschlagene treten hauptsächlich an alveolarer [ɾ] und an den benachbarten, diakritisch vermerkten Artikulationsstellen bzw. als Retroflexe [ɽ] auf. Sie sind dabei häufig Realisationsvarianten der entsprechenden homorganen Plosive (z.b. das intervokalisch getippt realisierte 't' in Aussprachevarianten des Englischen) oder Trills (so z.B. span. <r> [ɾ] vs. <rr> [r]).

4.1.5 Frikative

Frikative werden produziert, indem im Ansatzrohr artikulatorisch eine Enge gebildet wird, die bei zusätzlich vorhandenem entsprechend hohem Luftstrom zur Ausbildung einer Turbulenz und damit zu einer Geräuschbildung führt.[25] Die Enge wird dabei - im Kontrast zum Modus der lateralen Frikativen (vgl. u. Kap. 4.1.6) in der Mitte des Ansatzrohres (zentral) gebildet. Das hierbei am Mund abgestrahlte akustische Geräuschsignal ist in seiner spektralen Ausprägung abhängig sowohl von der Geometrie der Engebildung selbst (vgl.u.) als auch von der Lage der Enge im Ansatzrohr - respektive der Länge und Form des bis zu den Lippen verbleibenden Rests des Ansatzrohres: Betrachten wir die akustischen Eigenschaften der innerhalb des oralen Raums gebildeten Frikative des Deutschen, [s] - alveolar, [ʃ] - alveopalatal, [ç] - palatal und [x] - velar (bzw. [χ] - uvular), so sehen wir einen Zusammenhang, wie er uns aus der akustischen Vokalartikulation (vgl.o. Kap. 2.2.2) bekannt ist: Je länger das der Schallquelle vorgelagerte Ansatzrohr, desto tiefer liegt die unterste Frequenz im Spektrum des entsprechenden Schallsignals - so eben am höchsten bei [s] und am tiefsten bei [x]/[χ] (vgl. die Sonagramme der Abbildung 96).

Im Folgenden wollen wir wiederum - wie schon bei den Plosiven - die verschiedenen Frikative nach ihrer Artikulationsstelle systematisiert anhand von Beispielen aus unterschiedlichen Sprachen beschreiben. Wie wir der IPA-Tabelle entnehmen können, bilden die Frikative die Lautklasse mit der artikulatorisch größten Ausdifferenzierung. In den meisten Sprachen der Welt wird die Klasse der Frikative daher auch stark für bedeutungsunterscheidende Oppositionen genutzt. Ausnahmen bilden hierbei das Hawaiianische und viele Aborigines-Sprachen

---

[25] Wird die bei dem jeweilig herrschenden Luftstrom für die Geräuschbildung kritische Enge nicht erreicht, so haben wir es mit dem Artikulationsmodus der sog. Approximanten (s. nächten Abschnitt) zu tun.

Australiens, deren Lautsysteme keinerlei Frikative aufweisen.

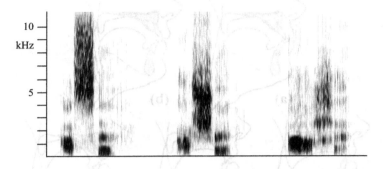

Abb. 96: Sonagramme frikativischer Minimalkontraste: Die deutschen Wörter
Asse [asə], *Asche* [aʃə], *Ache* [aːχə].

Die Artikulationsstellen

In Abb. 97 sind die wichtigsten Artikulatorkonstellationen für die Frikativproduktion wiederum in schematischen Sagittalschnitten dargestellt und in Tabelle V die Frikative der unterschiedlichen Artikulationsstellen mit ihren jeweiligen Transkriptionszeichen aufgelistet.

Tab. IX:
Die Frikative und ihre Transkriptionszeichen

Artikulationsstelle	stimmlos	stimmhaft
labial	[ɸ]	[β]
labiodental	[f]	[v]
dental	[θ]	[ð]
alveolar	[s]	[z]
postalveolar	[ʃ]	[ʒ]
retroflex	[ʂ]	[ʐ]
alveolopalatal	[ɕ]	[ʑ]
palatal	[ç]	[ʝ]
velar	[x]	[ɣ]
uvular	[χ]	[ʁ]
pharyngal	[ħ]	[ʕ]
epiglottal	[H]	[ʢ]
glottal	[h]	[ɦ]
Doppelartikulation		
labial-velar	-	[ʍ]

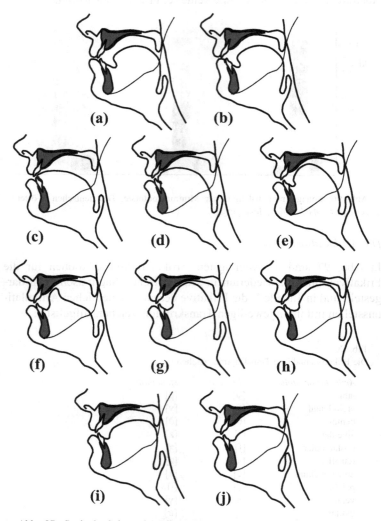

Abb. 97: Sagittale Schemadarstellung der Position der Artikulatoren bei der Frikativproduktion an den unterschiedlichen Artikulationsstellen: (a) bilabial, (b) labiodental, (c) dental, (d) alveolar, (e) palato-alveolar, (f) retroflex, (g) palatal, (h) velar, (i) uvular, (j) pharyngal

Wie bei den Plosiven besteht die Möglichkeit bilabial Frikative zu bilden: Als stimmloser Laut [ɸ] kommt dieser - wie schon sein volkstümlicher Name "Suppenblaselaut" vermuten lässt - im Deutschen nicht vor,[26] während er als stimmhafter Frikativ [β] - zwar nicht distinktiv - aber insbesondere in süddeutscher Ausprägung von fließender Rede oftmals intervokalisch als allophonische Variante des stimmhaften Plosivs [b] - z.B. in *aber* [ɒβa] - auftritt.

Die Frikative der nächstmöglichen Artikulationskonstellation - labio–dental, mit dem aktiven Artikulator Unterlippe - gehören zum Inventar des Standarddeutschen: [f] wie in *Fisch* - stimmlos und [v] wie in *Wisch* - stimmhaft.

Die an der in der Systematik folgenden Artikulationsstelle (nichtlabial) gebildeten Frikative - dental - können im phonetischen Detail - auch sprachabhängig - unterschiedlich produziert werden: interdental-laminar (mit dem Zungenblatt zwischen den Zähnen) bzw. addental-apikal (mit der Zungenspitze am hinteren Zahnrand). Sowohl in der stimmlosen Ausprägung [θ] als auch als stimmhafter Frikativ [ð] ist wohl den meisten von uns dieser Laut aus dem Englischen (als <th>) bekannt.

In Anknüpfung an unsere einleitenden Bemerkungen zu den akustischen Charakteristika der Frikative bleibt hier nachzutragen, dass bei den bisher besprochenen Artikulationskonstellationen hauptsächlich die Art der Engebildung - breit, zwischen sehr weichem Material (den Lippen) bzw. in Kombination mit sehr hartem Material (den Zähnen) für die spektrale Charakteristik des abgestrahlten akustischen Signals verantwortlich ist.

Auf das artikulierende Organ bezogen werden auch im Fall der Frikative die apikal und laminal produzierten Laute in der natürlichen Klasse der Koronallaute zusammengefasst (vgl.o. Kap. 4.1.1).

Die verschiedenen Sprachen machen von den Lauten dieser Frikativgruppe für kontrastive Zwecke wiederum sehr unterschiedlichen Gebrauch, wobei die Gesamtzahl der distinkten koronalen Frikative in einer Einzelsprache - auch bezüglich ihrer Untergruppierungen - offensichtlichen Beschränkungen unterliegt. Neben der bei den Plosiven diskutierten Unterscheidung nach artikulierendem Organ (Merkmal

---

[26] Wohl aber im Ewe, einer Niger-Kongo-Sprache mit ca. 2 Millionen Sprechern in Ghana und Togo, wo er - zusammen mit seinem stimmhaften Gegenstück [β] - in der Frikativreihe mit [f/(v)] und [s/(z)] sowie bei derselben Artikulationsstelle bezüglich des Modus mit [pʰ] (und [m]) in Kontrast steht.

Apikalität) und Artikulationsstelle (Merkmal Anteriorität) unterscheiden sich die koronalen Frikative zusätzlich bezüglich des akustisch-auditiven Merkmals 'sibilant': Hierdurch ist die natürliche Klasse [s, z, ʃ, ʒ] der "Zischlaute", als Laute mit intensiven hochfrequenten Geräuschanteilen gekennzeichnet.[27] In Tabelle X sind koronale Frikativsysteme unterschiedlicher Sprachen (nach T.A. Hall (persönliche Mitteilung)) gelistet.

Tab. X: Beispiele von koronalen Frikativinventaren

s					Koreanisch
ʃ					Kefa
θ					Lakkisch
ç					Haida
ṣ					Kota
s	ʃ				Französisch
θ	s				Griechisch
s	ṣ				O'odham
θ	ç				Nuer
θ	ʃ				Shawnee
ʃ	ṣ				Cham
θ	s	ʃ			Albanisch
s	ṣ	ʃ			Tolowa
ṣ	s	ʃ			Baskisch
s	ṣ	ç			Moru
s	ʃ	ç			Margi
θ	ṣ	s			Shark Bay
ṣ	s	ṣ	ç		Anatolisch Abasa
θ	s	ʃ	ç		Tamaschek
θ	ṣ	s	ʃ	ṣ	Toda

Am häufigsten sind dabei Sprachen mit einem (dann meist [s/z]) bzw. zwei (dann meist [s/z] und [ʃ/ʒ]) koronalen Frikativen, wobei bisher nur eine Sprache, Toda, bekannt ist, die ein Koronalinventar von fünf

---

[27] Artikulatorisch sind die Sibilanten dadurch gekennzeichnet, dass sie mit einer längsgerillten Zunge (engl. *grooved fricatives*) gebildet werden.

Frikativen aufweist (aus Gründen der Übersichtlichkeit sind jeweils nur die stimmlosen Frikative gelistet).

Koronale Frikative im Toda:
[toːθ] 'weich'
[koːs̪] 'Geld'
[poːs] 'Milch'
[poːʃ] 'Sprache'
[poːṣ] 'Sippe'

In der Systematik der IPA-Tabelle stehen als Frikative der nächsten Artikulationsstelle (alveolar) das stimmlose [s] bzw. das stimmhafte [z], die wiederum in den verschiedenen Sprachen der Welt bezüglich des artikulierenden Organs und der genaueren Artikulationsstelle sehr unterschiedliche Produktionsvarianten aufweisen. Im Deutschen wird dieser Laut (z.B. in *Muße* [s] vs. *Muse* [z]) normalerweise mit zu den unteren Schneidezähnen abgebogenen Zungenspitze[28] und einer kurzen zentralen Rille im Zungenblatt an den Alveolen gebildet.

Die in der IPA-Tabelle als postalveolar folgenden Frikative sind [ʃ] (wie in Deutsch <sch>) und [ʒ] (das im Deutschen nur in Fremdwörtern wie "Garage" vorkommt). Artikulatorisch sind sie im Deutschen gegenüber [s, z] wohl weniger durch eine andere Artikulationsstelle gekennzeichnet, als vielmehr durch eine längere geräuschbildende Rille im Zungenblatt.

Zu den koronalen Frikativen zählen auch die mit zurückgebogener Zungenspitze bzw. dem unteren Zungenblatt retroflex artikulierten Laute [ʂ/ʐ], wie sie z.B. im Polnischen vorkommen.

Wie die Frikative der vorangehenden Artikulationsstellen (alveolar, postalveolar, retroflex) gehören auch die alveolopalatalen Frikative [ɕ/ʑ] zur Gruppe der mit längs gerillter Zunge (engl. *grooved*) produzierten sogenannten *Sibilanten* (auch Zischlaute).

Sibilantenkontraste im Polnischen:
[sali] 'Raum' (Gen.)   [ʂali] 'Skala' (Gen.)   [ɕali] 'gesät'

---

[28] Eine weiter vorverlagerte oder mit gehobener Zungenspitze produzierte Lautvariante gelte im Deutschen als Lispeln, ist aber die normale z.B. im Spanischen.

Den Frikativ der nächstfolgenden Artikulationsstelle, der palatalen, kennen wir als stimmlosen Frikativ [ç], dorsal artikuliert[29] aus dem Deutschen als sog. "Ich-Laut" (<ch>). Diesen Namen hat er auf Grund der Tatsache, dass er nach Vorderzungenvokalen (und Konsonanten sowie morpheminitial) auftritt.[30] Als stimmhafter Frikativ [j] begegnet uns dieser z.b. im Schwedischen.

Auch die stimmlosen Frikative der nächsten beiden Artikulationsstellen, velar [x] und uvular [χ], sind uns aus dem Deutschen geläufig, nämlich als die Ausprägungen des dorsalen Frikativs <ch> als "Ach-Laut", wobei der erstere lediglich nach nichttiefen gespannten Hinterzungenvokalen vorkommt, letzterer nach allen anderen Hinterzungenvokalen, was Kohler in seiner ersten IPA-Bschreibung des Deutschen auch dazu veranlasste, als Phonem des Deutschen /χ/ - nicht wie in Kohler (1999) /x/ - anzusetzen. Den stimmhaften velaren Frikativ [ɣ] finden wir z. B. im Margi, einer afro-asiatischen Sprache.

Dem stimmhaften uvularen Frikativ [ʁ] begegnen wir in der norddeutschen Standardaussprache des nicht vokalisierten 'r' (z.b. in *Ruhe*).

Beispiele für die pharyngalen Frikative [ħ]/[ʕ] können wir dem orientalischen Dialekt des Hebräischen entnehmen:

Kontrastierende pharyngale Frikative im Hebräischen:
[ħor] 'Loch'   [ʕor] 'Haut'

Die epiglottalen Frikative [ʜ]/[ʢ] finden wir in kontrastiver Funktion z.B. im Avarischen, einer daghestanischen Kaukasussprache:

Kontrastierende epiglottale Frikative im Avarischen:
[maʜ] 'Geruch'   [maʢ] 'Nagel'

---

[29] In manchen Sprachen, z.B. im Tamaschek, oder in Margi, zählt der palatale Frikativ hingegen zu den koronalen, mit dem Zungenblatt artikulierten Lauten.
[30] Nach Hinterzungenvokalen - in komplementärer Verteilung zu [ç] - finden wir demgegenüber den sog. "Ach-Laut" [x/χ]; vgl. u.

Das Ende möglicher Stellen im Ansatzrohr für die Produktion eines Turbulenzgeräusches bildet die Glottis, wobei aber der stimmlose [h] und der stimmhafte Hauchlaut [ɦ] gewissermaßen eine Sonderstellung unter den Frikativen einnehmen.[31]

4.1.6 Laterale Frikative

Bei den lateralen Frikativen liegt die geräuschverursachende Engebildung nicht im Längszentrum des Ansatzrohres sondern - bei zentralem Verschluss - seitlich.

Obwohl prinzipiell eine Lautproduktion dieser Art physiologisch an mehreren Stellen des Ansatzrohres möglich wäre, listet die an den in den Sprachen der Welt vorkommenden Lauten orientierte IPA-Tabelle hier nur die alveolare Artikulationsstelle mit dem stimmlosen lateralen Frikativ [ɬ] und dem stimmhaften lateralen Frikativ [ɮ].[32] Diese Laute begegnen uns - untereinander distinktiv - vor allem in afrikanischen Sprachen (wie im Beispiel des Margi) und - im Kontrast zu einem alveolaren lateralen Approximanten - in nordamerikanischen Indianersprachen. Das Walisische ist ein europäisches Sprachbeispiel für den Kontrast zwischen stimmlosem lateralen Frikativ und stimmhaften Lateral.

Kontraste zwischen lateralen Frikativen und Lateral im Margi:
[ɬa] 'Kuh'   [ɮa] 'Fall'   [la] 'graben'

Kontrast zwischen lateralem Frikativ und Lateral im Walisischen:
[iɬoŋ] 'ihr Schiff'   [iloŋ] 'sein Schiff'

4.1.7 Approximanten

Approximanten werden produziert, indem die Zunge eine gegenüber der entsprechenden Lage für einen hohen Vokal stärkere, aber noch kein Turbulenzgeräusch verursachende Verengung bildet bzw. durch

---
[31] So werden diese bei Laver (1994) als geflüsterte bzw. behauchte Approximanten unterschiedlicher bzw. nicht spezifizierter Artikulationsstelle betrachtet.
[32] Wobei dies sicherlich damit zu tun hat, dass die zwar möglichen artikulatorischen Alternativen auditiv untereinander zuwenig differenzierbar wären.

die Erweiterung einer artikulatorischen Enge über den kritischen, turbulenzbedingenden Wert hinaus. Diese artikulatorischen Stellungen können so naturgemäß auch akustisch nur als einem primären Schall aufmoduliert in Erscheinung treten, was die durchgängige Stimmhaftigkeit der Approximanten in den Sprachen der Welt erklärt. Wegen dieser vokalähnlichen Eigenschaften werden die Approximanten gelegentlich auch als Halbvokale (engl. *semivowels*) bezeichnet bzw. mit den Vokalen gemeinsam der Klasse der *Vokoide* (als bei offenem Ansatzrohr tönende Laute) zugerechnet - im Gegensatz zu den sog. *Kontoiden* mit (lokal oder temporal auch partieller) Verschluss- bzw. geräuschverursachender Engebildung.[33]

Die Tabelle V gibt die Transkriptionszeichen für die Approximanten nach ihrer Artikulationsstelle geordnet wieder:

Tab. XI:
Die Approximanten und ihre Transkriptionszeichen

Artikulationsstelle	
labiodental	[ʋ]
alveolar	[ɹ]
retroflex	[ɻ]
palatal	[j]
velar	[ɰ]
Doppelartikulationen	
labial-palatal	[ɥ]
labial-velar	[w]

Der labiodentale Approximant [ʋ], wie wir ihn in verschiedenen Sprachen des indischen Subkontinents wie z.B. dem Tamilischen finden, entsteht, wenn wir die für den stimmhaften Frikativ [v] gebildete labiodentale Enge erweitern bzw. den Luftdurchfluss bei gleicher Enge vermindern, so dass keine Geräuschbildung mehr erfolgt. Im Isoko, einer Niger-Kongo-Sprache kontrastiert dieser Approximant mit dem hom-

---
[33] Bezeichnet der Gegensatz Konsonant vs. Vokal als "Mit-" und "Selbstlauter" in erster Linie das Verhalten der Einzellaute im syntagmatischen Zusammenhang der Silbe, so bezeichnet der Gegensatz Vokoid vs. Kontoid demgegenüber den rein paradigmatischen Kontrast zwischen Lauten mit stimmhaft angeregtem offenen Ansatzrohr und Lauten, bei denen die Ansatzrohrpassage - evtl. mit der Folge einer zusätzlichen, sekundären Schallproduktion - behindert ist.

organen Frikativ und dem doppelartikulierten (vgl.a. u. Kap. 4.1.11) labial-velaren Approximanten:

Frikativ-Approximant-Kontraste im Isoko:
[ɛ́vɛ́] 'wie'   [ɛ́ʋɛ́] 'Atem'   [ɛ́wɛ́] 'Hacke
[ɔ̀fɛ́] 'Rasiermesser'   [ɔ̀ʍɛ́] 'lachen'

Bei dem in der IPA-Tabelle in derselben Spalte wie [z] eingeordneten (dentalen bis postalveolaren) Approximanten [ɹ] kann man nicht so einfach vom entsprechenden Frikativ - eben [z] - ausgehen, da dieser laminal mit einer längsgerillten Zunge (engl. *grooved*) produziert wird. Der Approximant [ɹ], den wir als postalveolaren in vielen britischen Dialekten des Englischen als Realisation des 'r' vorfinden ist demgegenüber durch eine apikale Engebildung gekennzeichnet. Als distinktiven Laut gibt es ihn z.b. im Edo, einer weiteren Niger-Kongo-Sprache.

Dem retroflexen Approximanten [ɻ] begegenen wir wiederum als Realisation des englischen 'r' in verschiedenen amerikanischen Dialekten.

Den auch aus dem Deutschen geläufigen palatalen Approximanten [j] (z.B. in *ja*) können wir als eine artikulatorische Verengung des hohen Vorderzungenvokals betrachten. Wir begegnen ihm auch im Französischen, wo er mit den doppelartikulierten labial-alveolaren und labial-velaren Approximanten in Kontrast steht:

Approximantkontraste im Französischen:
[mjɛt]   [mɥɛt]   [mwɛt]
'Krümel'   'stumm'   'Möwe'

Dem doppelartikulierten labial-velaren Approximanten [w] entspricht dabei eine von der des hohen gerundeten Hinterzungenvokals [u] abgeleitete (d.h. weiter verengende) Stellung der Artikulationsorgane, dem velaren Approximanten [ɰ] die des ungerundeten hohen Hinterzungenvokals [ɯ] (vgl.u. Kap. 4.2).

4.1.8 Laterale (laterale Approximanten)

Laterale Approximanten (oder kürzer: Laterale) sind durch einen zentralen Verschluss des Ansatzrohres bei nicht geräuschbildender seitlicher Enge gekennzeichnet. In der Tabelle V sind sie wiederum nach Artikulationsstellen geordnet mit ihren jeweiligen Transkriptionszeichen aufgeführt.

Tab. XII:
Die Laterale und ihre Transkriptionszeichen

Artikulationsstelle	
alveolar	[l]
retroflex	[ɭ]
palatal	[ʎ]
velar	[ʟ]

Der alveolare Lateral [l] ist uns aus dem Deutschen (z.B. in *Lust*) bekannt. In der australischen Sprache Watjarri kontrastiert dieser mit einem weiter vorn artikulierten dentalen sowie einem retroflex artikulierten Lateral:

Lateralkontraste im Watjarri:
[kul̪u] 'Süßkartoffel' [kulu] 'Floh'
[puli] 'Kakadu' [puɭi] 'Schlange'
[kal̪a] 'Achselhöhle' [kaɭa] 'Feuer'

Der palatale Lateral [ʎ] begegnet uns als sog. mouilliertes 'l' z.B. im Italienischen und im brasilianischen Portugiesisch:

Lateralkontraste im Italienischen:
[li] 'dort' [ʎi] 'ihm'
[folːa] 'Menge' [foʎa] 'Blatt'

Lateralkontraste im brasilianischen Portugiesisch:
['mala] 'Koffer' ['maʎa] 'Pullover'

Ein früher als artikulatorisch für nicht möglich gehaltener Laut findet sich mit dem velaren (d.h. eben auch mit dem hinteren Zungenrücken artikulierten) Lateral [ʟ] in einigen Papua-Sprachen Neu Guineas:

Lateralkontraste im Mittel-Waghi:
[aǀa aǀa]   [alala]   [aʟaʟe]
'immer wieder'   'ungehörig reden'   'schwindlig'

Mit den Lateralen haben wir die Besprechung der pulmonalen Konsonanten der IPA-Tabelle abgeschlossen. Die folgenden beiden Unterkapitel sind den konsonantischen Artikulationsmodi gewidmet, die neben dem (bzw. anstelle des) pulmonalen Luftstrommechanismus andere Luftstrommechanismen einsetzen. Dies sind zum einem die sog. Clicks oder Schnalzlaute mit dem sie kennzeichnenden velaren (oder oralen) Luftstrommechanismus und zum anderen die Ejektive und Implosive mit glottal bedingtem Luftstrom.

4.1.9 Clicks

Clicks, orale Verschlusslaute, die auch als Schnalzlaute bezeichnet werden, sind uns Europäern als Sprachlaute nicht geläufig, werden aber in paralinguistischer Funktion durchaus auch von uns artikuliert: Der Fiakerfahrer produziert einen (uni-)lateralen alveolaren Click um sein Pferd anzutreiben und der Gourmet mag mit wiederholtem bilabialen Schnalzen sein Gefallen an einer besonderen Delikatesse zum Ausdruck bringen.

Den Clicks eigen ist der velare Luftstrommechanismus (vgl. Abb. 98). Dieser kommt zustande, indem zusätzlich zum Verschluss an der primären Artikulationsstelle mit dem Zungenrücken ein velarer Verschluss gebildet wird, wobei in einer zweiten Phase die Zunge zwischen diesen beiden Verschlüssen abgesenkt wird, so dass dies in dem zwischen beiden Verschlüssen befindlichen Hohlraum zu einem Unterdruck führt. Das auditive Kennzeichen der Clicks, das "Schnalzen", entsteht nun dadurch, dass der Verschluss an der primären Artikulationsstelle vor dem Verschluss am Velum gelöst wird und es zu einem Implosionsimpuls kommt: Luft strömt plötzlich von außen in den vor dem velaren Verschluss befindlichen Hohlraum.

Dieser velare Luftstrom ist in seiner Produktion unabhängig vom pulmonalen Luftstrom, so dass Clicks sowohl stimmlos als auch stimmhaft produzierbar sind.

Durch die Notwendigkeit des zusätzlichen velaren Verschlusses sind die Clicks bezüglich der Artikulationsstelle einer Beschränkung unterworfen: Die am weitesten hinten gelegene Artikulationsstelle ist die palatoalveolare/palatale. Insgesamt sind bilabiale, dentale, (post)alveolare, palatoalveolare und alveolar-laterale Clicks geläufig.

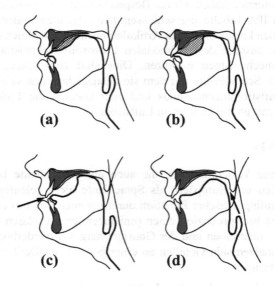

Abb. 98: Die artikulatorischen Komponenten der Clickproduktion: (a) doppelte Verschlussbildung mit zwischen vorderen und velarem Verschluss eingeschlossener Luft (schraffiert), (b) Erweiterung der Luft-'Tasche' mit der Wirkung einer intraoralen Luftdrucksenkung, (c) Lösung des vorderen Verschlusses und 'schnalzend' einströmende Luft (Pfeil), (d) velare Verschlusslösung und pulmonaler Luftstrom des Begleitlautes (bei Nasalen während aller Phasen des Clicks

Konsonanten

Tab. XIII: Die Clicks und ihre Transkriptionszeichen

Artikulationsstelle
bilabial [☉]
dental [|]
(post)alveolar [!]
palatoalveolar [ǂ]
alveolar lateral [‖]

Clicks finden sich vor allem in den südafrikanischen Khoisan-Sprachen wie z.B. im !Xóõ.[34]

Artikulationsstellenkontrast bei Clicks im !Xóõ:
[k☉ʔáa]   [k|ʔâa]   [k!ʔáã]   [kǂʔâa]   [k‖ʔàa]
'brennen' 'sterben' 'sich setzen' 'schießen auf' 'nicht sein'

Wegen der quasi doppelten Artikulationsstelle werden die Clicks in manchen linguistisch-phonologischen Beschreibungen gleich wie doppelt artikulierte - rein pulmonale - Verschlusslaute (s.u. Kap. 4.1.11) dargestellt. Dies ist zwar beschreibungstechnisch so möglich, doch ist es vom perzeptiv-phonetischen Standpunkt aus gesehen eben gerade dieser zusätzliche velare Luftstrommechanismus (nicht die zusätzliche velare Verschlussbildung per se), der das wichtige Merkmal dieser Lautkategorie ausmacht.

4.1.10 Ejektive und Implosive

Auch die beiden hier zu besprechenden Konsonantenmodi sind wie die Clicks durch einen (zusätzlichen) nichtpulmonalen Luftstrommechanismus - nämlich den glottalen - gekennzeichnet. Wiederum handelt es sich um orale Verschlusslaute, doch ist für ihre Artikulation das Verhalten des Kehlkopfs während des Verschlusses und vor allem bei der Verschlusslösung - bezüglich seiner vertikalen Bewegung - von entscheidender Bedeutung (vgl. Abb. 99).

Ejektive werden gebildet indem gleichzeitig mit dem oralen Verschluss auch der sich absenkende Kehlkopf durch die Glottis verschlossen

---

[34] Vgl.a. u. S. 258 das riesige Click-Inventar der benachbarten Sprache !Xũ, der Sprache mit dem größten bekannten Lautinventar überhaupt.

wird und zum Zeitpunkt der Verschlusslösung der glottal noch verschlossene Kehlkopf abrupt gehoben wird, so dass die aus dem Ansatzrohr hierdurch herausgepresste Luft zu einem deutlich intensiveren Verschlusslösungsgeräusch als bei normalen Fortis-Plosiven führt. Auf Grund des für die Artikulation der Ejektive nötigen Glottisverschlusses sind diese grundsätzlich stimmlos. In der Transkription werden sie durch das Diakritikum ['] dargestellt: z.B. [p'], [t'], [k']. Ejektive - wie auch die Implosive - sind insbesondere in afro-asiatischen Sprachen und in Indianersprachen verbreitet. Als Beispiel sei hier Lakhota, eine Sioux-Sprache angeführt, in der Ejektive mit stimmlosen, velar frikativisch gelösten und stimmhaften Plosiven in Opposition stehen

Ejektiv-Plosiv-Kontraste im Lakhota:
[p'o] 'nebelig'   [t'uʃɛ] 'um jeden Preis'   [k'u] 'geben'
[payõṭa] 'Stockente'   [ṭuwa] 'wer'   [kah] 'das'
[pˣa] 'bitter'   [tˣawa] 'eigen'   [kˣanṭa] 'Pflaume'
[bakpā] 'hacken'   [gᵊnãjeɪ] 'narren'

Ejektiv-Plosiv-Kontraste im K'ekchi:
[t'oqok] 'werfen'   [toqok] 'brechen'
[fa:t'ok] 'du warfst es' [fa:tok] 'du zerbrachst es'

Auch stimmlose Frikative lassen sich ejektiv produzieren, wie z.B. im Fall des glottalisierten alveolaren Frikativs in der westafrikanischen Sprache Hausa. Die im Hausa neben den stimmhaften und stimmlosen Konsonantenreihen stehende glottalisierte Reihe ist zusätzlich interessant, indem dabei für die unterschiedlichen Artikulationsstellen und Modi sehr unterschiedliche Mechanismen wirksam werden: Den stimmhaften bilabialen und alveolaren Plosiven entsprechen dabei mit Knarrstimme produzierte Implosive, dem velaren Plosiv und dem alveolaren Frikativ Ejektive und dem Approximanten die sekundäre Artikulation eines Glottisverschlusses.

Konsonanten 211

Glottalisierte Konsonanten im Hausa:
[baːtà:] 'Strich'   [ɓaːtà:] 'verderben'
[daːmè:] 'gut vermischen' [ɗaːmè:] 'befestigen'
[kaːrà:] 'heranholen'   [k'aːrà:] 'vermehren'
[kʷaːrà:] 'schütten'   [kʷ'aːrà:] 'Schibutternuss'
[saːrà:] 'schneiden'   [s'aːrà:] 'ordnen'
[jaː] 'er'   [ʔjaː] 'Tochter'

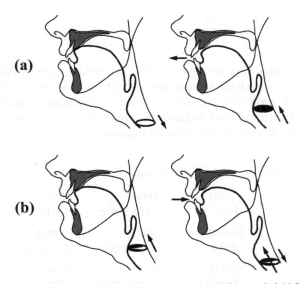

Abb. 99: Die Entstehungsmechanismen des glottalen Luftstroms bei (a) Ejektiven und (b) Implosiven: Das Glottisverhalten zum Zeitpunkt der Verschlussbildung (links) und der Verschlusslösung (rechts) ist durch offene Pfeile, der jeweils resultierende Luftstrom durch geschlossene Pfeile gekennzeichnet

Die Implosive werden mit einem glottalen Luftstrommechanismus der umgekehrten Richtung artikuliert. Hier hebt sich während der Verschlussphase der glottal (fast) geschlossene Kehlkopf um im Moment der Verschlusslösung abrupt gesenkt zu werden, so dass es zu einem oral ingressiven glottal verursachten Luftstrom kommt. Auf Grund der teilweise geöffneten Glottis und der Abwärtsbewegung des Kehlkopfs bei der Verschlusslösung d.h. gegen den Widerstand des subglottalen

Drucks treten die Implosive im Gegensatz zu den Ejektiven häufiger als stimmhafte Varianten auf.

Tab. XIV:
Die Implosive und ihre Transkriptionszeichen

Artikulationsstelle
bilabial	[ɓ]
alveolar	[ɗ]
retroflex	[ᶑ]
palatal	[ʄ]
velar	[ɠ]
uvular	[ʛ]

Als interessantes Sprachbeispiel sei hier das Sindhi, eine in Pakistan und Indien gesprochene indo-arische Sprache herangezogen. Anders als im Hindi - mit dem Kontrast zwischen stimmhaften, stimmlosen, stimmlos aspirierten und behauchten Plosiven - kontrastieren dort zusätzlich auch noch die stimmhaften Implosive:

Implosiv-Plosiv-Kontraste im Sindhi:

[ɓəni]	[ᶑinʊ]	[ʄətʊ]	[ɠənʊ]
'Feld'	'Fest'	'ungebildet'	'Griff'

[bənʊ]	[ɖorʊ]	[ɟətʊ]	[gʊɳʊ]
'Wald'	'du rennst'	'ungebildet'	'Qualität'

[pənʊ]	[ʈənʊ]	[cətʊ]	[kənʊ]
'Blatt'	'Tonne'	'vernichten'	'Ohr'

[pʰənʊ]	[ʈʰəɟʊ]	[cʰətʊ]	[kʰənʊ]
'Kobra'	'Gangster'	'Krone'	'du hebst'

[bɦənʊ]	[ɖɦətʊ]	[ɟɦətʊ]	[gɦəɳɪ]
'Dung'	'Bulle'	'Greifer'	'Überfluss'

Mit den in den beiden letzten Unterkapiteln behandelten nichtpulmonalen Konsonanten haben wir zwar schon die für uns Europäer wohl komplexesten segmentalen Artikulationen gekennzeichnet, doch bleiben uns im segmentalphonetischen Bereich des Konsonantismus noch

Konsonanten

die im eigentlichen Sinne komplexen, d.h. zusammengesetzten, Artikulationen, die sog. Doppelartikulationen und Sekundärartikulationen zu besprechen.

4.1.11 Doppelartikulationen

Unter Doppelartikulation verstehen wir die Realisation eines identischen Artikulationsmodus an zwei Stellen des Ansatzrohres zur gleichen Zeit, die aber ein distinktes Lautsegment darstellen. Auf Grund der Physiologie unserer Artikulationsorgane sind die Doppelartikulationen im wesentlichen beschränkt auf eine Kombination der labialen mit einer lingualen (vorzugsweise der velaren) Artikulation.

Doppelte Plosivartikulationen

Doppelte Plosivartikulationen - bevorzugt labial-velare Plosive - begegnen uns recht häufig in den westafrikanischen Niger-Kongo-Sprachen. In der Transkription werden sie mit den überklammerten Transkriptionszeichen für die beiden Plosivkomponenten gekennzeichnet: [k͡p]/[g͡b].

Labiale, velare und labial-velare Plosive im Idoma:
[apa] 'Eidechse' [aka] 'Rad' [ak͡pa] 'Brücke'
[aba] 'Kokosnuss' [aga] 'Axt' [ag͡ba] 'Unterkiefer'

Velare und labial-velare Plosive im Yoruba:
[ke] 'weinen' [k͡pe] 'rufen'
[ge] 'schneiden' [g͡be] 'tragen'

Weniger häufig sind Doppelartikulationen mit labialen und koronalen Artikulationsstellen anzutreffen. Als sehr seltenes Beispiel eines Dreifachkontrasts von doppelt artikulierten Plosiven sei hier Yeletnye, eine Papua-Sprache angeführt:

Doppelt artikulierte Plosive im Yeletnye:
[at͡pənə] [at̪͡pənə] [ak͡pɛnɛ]
'meine Lunge' 'mein Aal' 'mein Sack'

Doppelte Nasalartikulationen

Ebenso wie bei den Plosiven ist eine labial-linguale Doppelartikulation bei den Nasalen möglich, doch scheint diese - wohl auf Grund der geringeren auditiven Unterscheidbarkeit bei den Nasalen - auf die labial-velare Kombination eingeschränkt. Als Beispiel sei eine weitere Niger-Kongo-Sprache, das Bassa, verwendet:

Labial-velare Plosive und Nasale im Bassa:
[k͡pá:] 'Knochen'   [g͡bà] 'nein'   [ŋ͡ma:] 'Gesetz'

Doppelte Frikativartikulationen

Auch doppelt artikulierte Frikative parallel zu den doppelt artikulierten Plosiven finden sich vor allem in den Niger-Kongo-Sprachen Westafrikas: Im Urhobo stehen die mit Lippenrundung produzierten stimmlosen (auch mit dem eigenen Zeichen [ʍ] transkribierbar) und stimmhaften (ohne eigenes Transkriptionszeichen bzw. [w̜], vgl.u.) Frikative neben den "homorganen" Plosiven.

Labial-velare Frikative und Plosive im Urhobo:
[oxɸʷo] 'Person'   [oɣβʷo] 'Suppe'
[ak͡po] 'Erde'   [og͡ba] 'Zaun'

Zu den doppelt artikulierten Frikativen gehören auch die sog. gepfiffenen Frikative der Bantusprache Shona, labial-alveolare Frikative, die in dieser Sprache neben einfachen alveolaren und einfachen alveolopalatalen Frikativen stehen.

Labial-alveolare, alveolare und alveolopalatale Frikative im Shona:
[ɸ͡soɸ͡sé]   [masoro]   [muçoma]
'Zuckerente'   'große Köpfe'   'heiser sein'

[β̞zose]   [mazoro]   [ʑoʑomʲ]
'alles'   'Wenden'   'Haarbüschel'

Als doppelt artikulierter Frikativ gilt auch das [ɧ] (gleichzeitiges [ʃ] und [x]) in Dialekten des Schwedischen[35] ([ɧɔk] *sjok* 'Klotz').

Bei Frikativen kann man zudem die Verlängerung der Konstriktion durch die Realisation zweier benachbarter Verengungen als Doppelartikulation auffassen. Als Beispiel hierfür seien die uvular-pharyngalen Frikative in Dialekten des Abchasischen genannt:

Uvular-pharyngale und einfach uvular und pharyngale Frikative im Abchasischen:
[aˈχ͡ħə] 'Kopf'   [aˈχə] 'Blei'   [aˈħawə] 'Luft'

Doppelte Approximantartikulation

Doppelt artikulierte Approximanten treten uns wiederum hauptsächlich als labial-velare Koproduktionen [w] entgegen, wobei wir für diesen Laut kein exotisches Sprachbeispiel wählen müssen, da er uns bereits im Englischen (<w>, <wh> z.b. in *we, where*) begegnet.

Als zusätzliches Beispiel sei nochmals die Niger-Kongo-Sprache Bassa angeführt, die neben doppelt artikulierten Plosiven und Nasalen (vgl.o. S. 214) auch doppelt artikulierte labial-velare Frikative und den labial-velaren Approximant aufweist.

Labial-velare Approximanten und Frikative im Bassa:
[wɛ̀] 'bersten'   [w̰ɛ̀] 'Pavian'   [ʍɛ̃́] 'Fingernagel'
[wá] 'sie' (Pl.)   [wɔ̀] 'Kanu'   [ʍa] 'Hand'

4.1.12 Sekundärartikulation

Während konsonantische Doppelartikulationen in den Sprachen der Welt relativ selten auftreten, findet man wesentlich häufiger Konsonanten, die mit einer sekundären Artikulation gebildet werden. Unter Sekundärartikulation versteht man dabei eine zusätzlich zur primären konsonantischen Ansatzrohrverengung auftretende Verengung geringeren Grades an einer anderen Artikulationsstelle. Bezeichnet werden diese Sekundärartikulationen als sog. '*-isierungen*'[36] je nach der

---

[35] Wobei hier manchmal aber auch von Sekundärartikulation (vgl.u.) ausgegangen wird.
[36] Diese Termini werden abweichend vom hier verwendeten Gebrauch auch in der diachronen Linguistik auf Lautwandelprozesse angewandt, die zur Ersetzung eines Lautes durch einen der angegebenen Artikulationsstelle führt (z.B. Palatalisierung: [t (> tʲ) > c]).

zutreffenden Artikulationsstelle, also: Labialisierung, Palatalisierung, Velarisierung etc. In der phonetischen Transkription werden diese jeweils durch entsprechende Diakritika kenntlich gemacht.

Labialisierung

Sekundäre labiale Artikulation findet sich sehr häufig, da die Lippenartikulation ja von der lingualen konsonantischen Artikulation praktisch unabhängig ist. Eine koartikulatorische (vgl. u. Kap. 5.1) Vorwegnahme der Lippenrundung für folgende gerundete Vokale ist daher als rein phonetischer Prozess sehr häufig zu beobachten. So sind z.B. in der englischsprachigen Äußerung *Who'd choose prune juice?* alle Konsonanten labialisiert (gekennzeichnet durch das Diakritikum [ʷ]):

[hʷudʷ tʃʷuzʷ pʷɹʷunʷ dʒʷusʷ].

Labialisierung von Konsonanten kann aber auch - wie z.B. in vielen Kaukasussprachen - eine distinktive Funktion erfüllen. Das hier zitierte Beispiel stammt aus einer in Ghana gesprochenen Niger-Kongo-Sprache:

Kontrastive Labialisierung im Akan:
[èc͡çʷí] 'es stößt'   [èc͡çí] 'es vermeidet ängstlich'
[àkʷá] 'Rundumweg'   [ákà] '(jmd.) hat gebissen'

Palatalisierung

Bei der Palatalisierung wird zusätzlich zur konsonantischen Artikulation der Zungenrücken in die hohe Lage eines palatalen Approximanten gebracht. In der Transkription wird die Palatalisierung daher durch ein hochgestelltes [ʲ] gekennzeichnet.

Palatalisierung als kontrastives Mittel ist z.B. insbesondere für das Russische kennzeichnend, das neben den Konsonanten [p, b, m, f, v, t, d, n, l, r, s, z] kontrastiv auch jeweils die palatalisierten Entsprechungen aufweist:

Konsonanten 217

Kontrastive Palatalisierung im Russischen:
[sɔˑk] 'Saft'   [sʲɔˑk] 'er peitschte'
[zɔˑf] 'Ruf'   [zʲɔˑf] 'Gähnen'
[bɨɫ] 'er war'   [bʲɨɫ] 'er schlug'
[maɫ] 'klein'   [mʲaɫ] 'er knitterte'
[nɔˑs] 'Nase'   [nʲɔˑs] 'er trug'

Velarisierung

Die Velarisierung wird durch eine zusätzliche approximative Verengung durch Hebung der Hinterzunge bewirkt. Der auditive Eindruck der Velarisierung besteht in einer 'Verdunkelung' des entsprechenden Konsonanten. In der Transkription wird die Velarisierung entweder durch hochgestelltes [ˠ] oder eine Tilde durch das Transkriptionszeichen [~] (z.B. [ɫ]) gekennzeichnet.

Phonetisch velarisierte Konsonanten finden sich z.B. im Russischen, nämlich mehr oder weniger stark - und betonungsabhängig - in der Reihe der nichtpalatalisierten Konsonanten. Die aufgeführten Beispiele für kontrastive Velarisierung sind aus zwei austronesischen Sprachen:

Kontrastive Velarisierung im Ikiribati:
[mˠiː] 'träumen'   [miː] 'Resultat'

Kontrastive Velarisierung im Marshallesischen:
[lˠe] 'Herr'   [le] 'Frau'

Im Malayalam finden wir einen Dreifachkontrast von 'r'-Lauten, mit sowohl einem palatalisierten wie einem velarisierten Oppositionsglied:

Sekundärartikulation im Malayalam:
[karˠa] 'Pflanzensaft' [karʲa] 'Küste'   [kaɻa] 'Stakstange'

Pharyngalisierung

Pharyngalisierung entsteht durch Zurückziehen der Zungenwurzel bzw. eine phayrngale Engebildung durch die Pharynxmuskeln selbst. Auditiv bewirkt die Pharyngalisierung einen ähnlichen 'Verdunkelungs'-Effekt wie die Velarisierung. Pharyngalisierung (in der Transkription durch hochgestelltes [ˁ] gekennzeichnet) begegnet uns vor allem in den sog. 'emphatischen' Konsonanten arabischer Dialekte.

Emphase-Kontrast im Katar-Arabischen:
[ṭðir] 'sie besprenkelt'   [tˁðir] 'sie verletzt'
[χal] 'verlassen' (Vb.)   [χalˁ] 'Essig'

Emphase-Kontrast im jordanischen Arabisch:
[siːb] 'gehn wir!'   [sˁiːb] 'hau drauf!'
[siːh] 'reise!'   [sˁiːh] 'schrei!'
[tuːb] 'bereuen'   [tˁuːb] 'Ziegel'

Laryngalisierung

Bei der Laryngalisierung wird schließlich die primäre artikulatorische Enge-/Verschlussbildung von einer sekundären Verengung der Glottis begleitet. Diese sekundäre glottale Verengung prägt sich normalerweise als Stimmqualitätsveränderung - verbunden mit einem Abfall der Grundfrequenz (f_0) - hin zur Knarrstimme aus, kann aber - im Extremfall - auch bis zum Glottisverschluss führen. Laryngalisierungen werden in der Transkription durch eine untergestellte Tilde [̰] repräsentiert.

Phonetisch können wir Laryngalisierungen recht häufig bei fließender Rede im Deutschen beobachten, nämlich als Realisationsvariante des Glottisverschlusses vor wort- und morphemanlautenden Vokalen: Statt der Produktion eines echten Glottisverschlusses ist dann der Vokal (zum Teil) laryngalisiert.

Als Beispiel für den kontrastiven Gebrauch der Laryngalisierung kann der sog. dänische 'stød' genannt werden. Auch hier reichen die Realisierungsvarianten von einer Stimmqualitäts- (verbunden mit einer Grundfrequenz-) Änderung bis hin zum Glottisplosiv.

Der 'stød' im Dänischen:
[vɛn] 'Freund' [vɛn̰] 'dreh dich um!'
[vɛl] 'gut' [vɛl̰] 'spring!'
[du] 'du' [dṵ] 'Tischdecke'
[bœn] 'Bohnen' [bœn̰] 'Bauern'
[daɪ] 'Du' [daɪ̰] 'Teig'

4.1.13 Zeitlich komplexe Konsonantenartikulation

Zum Abschluss der Behandlung der phonetischen Systematisierung der Möglichkeiten konsonantischer Artikulation muss hier noch in aller Kürze auf zeitlich komplex koordinierte, unterschiedliche Artikulationsmodi betreffende konsonantische Artikulationen eingegangen werden, die in den unterschiedlichsten Sprachen der Welt aber zum Teil deskriptiv als jeweils einzeln isolierbare distinkte Lautsegmente gelten.

Ein Beispiel dieser Art haben wir oben bereits bei den Plosivlauten unter dem Aspekt der Stimmbeteiligung abgehandelt. Wir waren dort auf das Phänomen der Aspiration (bei stimmlos aspirierten, behauchten und präaspirierten Plosiven) eingegangen. Wir können dies hier nun aber auch betrachten unter dem Aspekt der zeitlichen Koordination der artikulatorischen Realisierung eines Plosivs und eines Frikativs:[37] Ein stimmlos aspirierter Plosiv ist demzufolge ein in einen stimmlosen glottalen Frikativ gelöster Verschlusslaut, ein präaspirierter Plosiv - wie z.B. im Isländischen - ein zeitlich eng mit einem vorausgehenden stimmlosen Hauchlaut verbunden artikulierter Plosiv.

Einer gleichermaßen engen zeitlichen Koordination zwischen plosivischem und frikativischem Artikulationsmodus begegnen wir in den verschiedensten Sprachen der Welt in Form der sog. *Affrikaten*. Dies sind Plosive, die in homorgane Frikative gelöst werden und - je nach Blickwinkel - auch in der phonologischen Sprachbeschreibung als minimale Einheiten, d.h. Phoneme, gelten. Affrikaten begegnen wir im Deutschen z.B. als $\widehat{ts}$ (*Zahl* vs. *Saal* vs. *Tal*) (oder auch $\widehat{pf}$: *Pfahl* vs. *fahl*).

---

[37] Bzw. - eingedenk der oben konstatierten Sonderstellung der glottalen 'Frikative' - einer Behauchung.

Insbesondere die Verschlusslösung von Plosiven in ihrem Bezug zu benachbarten Artikulationen bietet die unterschiedlichsten Möglichkeiten der komplexen Artikulation: Sie kann in einen folgenden Nasal hinein erfolgen (d.h. das Velum wird während des oralen Verschlusses gesenkt [ⁿ]), ebenso kann der Plosiv von einem Lateral abgelöst werden (d.h. der Verschluss mit der Zunge bleibt in der Mitte des Ansatzrohres bestehen [ˡ]), der Verschluss kann eng von einer Behauchung, einem homorganen oder auch nur irgendeinem Frikativ gefolgt werden, der Verschluss kann aber auch gänzlich ohne hörbare Lösung bleiben [˺].

Ebenso wie am Lautoffset können auch am Lautonset komplexere Artikulationen auftreten: Der Laut kann präaspiriert sein (wie z.B. bei den Plosiven im Isländischen), aber auch z.B. pränasaliert (vgl.o. S. 195 das Beispiel der Vibranten im Kele), um hier nur einige wenige Beispiele zu nennen.

Die Unterschiede zwischen den Sekundärartikulationen und den zeitlich komplexen Artikulationen sowie rein koartikulatorisch bedingten (vgl.u. Kap. 5.1) Lautverschmelzungen bilden insgesamt ein Kontinuum von nicht immer klar abgrenzbaren Fällen. Die Zuordnung einer Erscheinung zu der einen oder der anderen Kategorie sowie deren Bewertung als ein Laut bzw. zwei aufeinanderfolgende Laute ist meist auch eine Frage der zugrundegelegten phonologischen Beschreibung.

Hier wollen wir die Behandlung der Konsonantenartikulation - im Sinne der Artikulation deskriptiv isolierbarer Lautsegmente - vorerst beschließen und uns der zweiten übergeordneten Lautkategorie, den Vokalen zuwenden, bevor wir in Kapitel 5 auf die beide Lautkategorien betreffenden phonetischen Aspekte zusammenhängender Äußerungen zurückkommen.

4.2 Vokale

Als Vokale bezeichnet man phonologisch die Klasse minimaler segmentaler Einheiten lautsprachlicher Äußerungen, deren Elemente sich weitgehend frei mit den Elementen der komplementären Klasse der Konsonanten zu Wörtern verbinden können, während sie bezüglich ihrer sequentiellen Abfolge untereinander starken einzelsprachabhängigen Einschränkungen unterliegen.

Phonetisch sind die Vokale (Vokoide) dadurch gekennzeichnet, dass das Ansatzrohr eine offene Passage aufweist und die normalerweise konvex (aufwärts) gewölbte Zunge im Großen und Ganzen lediglich global ihre Lage im Ansatzrohr verändert (vgl. Abb. 100).

Als Referenzsystem des IPA für die Definition der Vokalzeichen dienen die sogenannten Kardinalvokale, denen (quasi-)artikulatorisch diskrete Werte[38] der Parameter der *Zungenhöhe* (von 'hoch'/'geschlossen' bis 'tief'/'offen') und der *Zungenlage* (von 'vorne' nach 'hinten') sowie der *Lippenrundung* zugeordnet werden.

Die Vokale sind durch die folgenden artikulatorischen Hauptparameter zu kennzeichnen:

- *Zungenhöhe* (vertikale Lage des höchsten Zungenpunktes):
  hoch [i], [u]
  obermittelhoch [e], [o]
  untermittelhoch [ɛ], [ɔ]
  tief [a], [ɑ]
  für die Kardinalvokale und den Zwischenwerten **halbhoch** (zwischen hoch und obermittelhoch; [ɪ], [ʊ]), **mittel** (zwischen ober- und untermittelhoch; [ə]) und **halbtief** (zwischen untermittelhoch und tief; [æ], [ɐ])
- *Zungenlage* (horizontale Lage des höchsten Zungenpunktes):
  vorne [i] bis [a]
  zentral [ɨ] bis [ɐ]
  hinten [u] bis [ɑ]
- *Lippenrundung*
  ungerundet (Kardinalvokale [i] bis [ɑ])
  gerundet (Kardinalvokale [ɔ] bis [u] mit zunehmendem Rundungs

---

[38] Orientiert an der vertikalen und horizontalen Lage des höchsten Zungenpunktes in Röntgenbildern.

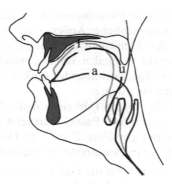

Abb. 100: Sagittale Schemazeichnung der Zungenlage für die Extremvokale [i], [u] und [a].

Die auf Daniel Jones (1917) zurückgehenden Kardinalvokale basieren auf der auditiv in gleichmäßige Schritte aufgeteilten "Strecke" zwischen den artikulatorischen Eckvokalen: Kardinal [i] ist der mit der höchsten Stellung der Vorderzunge produzierbare Vokal (bei weiterer Verengung des Ansatzrohres entstünde frikativisches <j>: [j̝]); kardinal [ɑ] ist der offenste Vokal mit weitestmöglich zurückgezogener Zunge (bei weiterer Zurückverlagerung entstünde ein <r>-ähnlicher Frikativ: [ʕ]); kardinal [u] schließlich ist der geschlossenste mit zurückgezogener Zunge produzierbare Vokal. Die *primären Kardinalvokale* [e], [ɛ] und [a] sind bestimmt durch die auditiv-gleichmäßige Unterteilung der Strecke zwischen den ohne Lippenrundung produzierten Eckvokalen [i] und [ɑ], die anhand der Röntgendaten artikulatorisch als vorne obermittelhoch (*'close-mid'*), untermittelhoch (*'open-mid'*) und tief (*'open'*) definiert werden. Die mit unterschiedlichem Grad an Lippenrundung produzierten primären Kardinalvokale [ɔ] und [o] setzen die Reihe der auditiv gleich weit voneinander entfernten Vokale vom Eckvokal [ɑ] zum ebenfalls gerundeten Eckvokal [u] fort (vgl. Abb. 101 links). Neben diese primären Kardinalvokale werden die *sekundären Kardinalvokale*, d.h. die mit der jeweils markierten Ausprägung der Lippenrundung gestellt. Dies sind die unterschiedlich gerundeten, mit gleicher Zungenkonfiguration wie [i], [e], [ɛ] und [a] produzierten Vokale [y], [ø], [œ] und [ɶ] sowie die nichtgerundeten Hinterzungenvokale [ʌ], [ɣ] und [ɯ] (vgl. Abb. 101 rechts). Als weiterer "Ankerpunkt" für die Vokaltranskription tritt der zentrale hohe ungerundete Vokal [ɨ] und sein gerundetes Gegenstück [ʉ] hinzu.

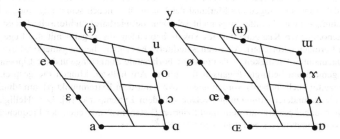

Abb. 101: Die primären (links) und sekundären (rechts) Kardinalvokale.

Ausgehend von den Kardinalvokalen empfiehlt das IPA, die innerhalb der durch diese bestimmten Flächen gelegenen Vokale gemäß der in Abbildung 102 gegebenen Konventionen zu transkribieren. Für die engere Transkription kommen zusätzlich die an den Grenzen dieser Flächen gelegenen halbhohen Vokale [ɪ] und [ʏ] (vorne, ungerundet bzw. gerundet), [ʊ] (hinten, gerundet), der halbtiefe Vorderzungenvokal [æ] sowie die Zentralvokale [ə] (mittel, ungerundet), [ɘ/ɵ] (obermittelhoch ungerundet/gerundet), [ɜ/ɞ] (untermittelhoch, ungerundet/gerundet) und [ɐ] (halbtief, ungerundet) hinzu.

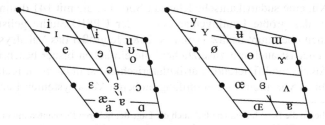

Abb. 102: Die Lage der Vokale im Vokalviereck (links die bezüglich des Parameters der Lippenform unmarkierten Vokale, rechts die markierten; die Punkte an den Außenkanten des Vokalvierecks geben die Lage der (primären bzw. sekundären) Kardinalvokale wieder.

Es muss hier erwähnt werden, dass der Status der Beschreibungsmerkmale 'hoch' - 'tief' ('geschlossen' - 'offen') wie 'vorne' - 'hinten' als artikulatorische Merkmale diskutierbar und ergänzungsbedürftig sind: Erstens ergeben sich aus Röntgenbildern nicht immer diese nach den Transkriptionskonventionen zu erwartenden Zungenlagen und zweitens ist ja das System der Kardinalvokale selbst von Anfang an auditorisch definiert. Man kann daher mit Ladefoged das Merkmal der Vokalhöhe - neben seiner physiologischen Bedeutung - auch als (allerdings nicht sehr klar definierbare) auditorische Größe der wahrgenommenen Klangqualität des Vokals betrachten, die negativ mit der Lage des ersten Formanten korreliert. Als zweites auditorisches Unterscheidungsmerkmal tritt das der sogenannten 'Helligkeit' - als durch die horizontale Zungenlage und die Lippenrundung gemeinsam bedingte Eigenschaft - hinzu: Am hellsten klingen die gespreizten (gleichzeitig auch 'hohen') Vorderzungenvokale mit dem Extrempunkt [i], am 'dunkelsten' die gerundeten Hinterzungenvokale mit dem Extrempunkt [u]. Die 'Helligkeit' korreliert dabei positiv mit dem modifizierten Distanzmaß zwischen der Frequenzlage des zweiten und des ersten Formanten F2' - F1.[39]

4.2.1 Monophthonge

Die Möglichkeiten der Vokalartikulation werden in den verschiedenen Sprachen der Welt recht unterschiedlich genutzt.

In der Abbildung 104 sind einige Beispiele von Vokalsystemen in den Sprachen der Welt aufgeführt. Anhand der UPSID-Studie[40] (Maddieson 1984) lassen sich einige allgemeine Beobachtungen machen. Das minimale Vokalsystem besteht aus drei distinkten Vokalen.[41] Die meisten Sprachen der Welt haben ein System von fünf bis sieben distinktiven Vokalen. Das Deutsche mit seinen 15 Vokalen (vgl.u. Kap. 6.2) weist also ein überdurchschnittlich großes Vokalsystem auf. Das maximale bis jetzt gefundene Vokalsystem besitzt mit 24 Monophthongen das !Xũ, eine südafrikanische Khoisan-Sprache, die mit 141 distinkten Lauten das größte Lautinventar der in der UPSID-Studie gelisteten Sprachen überhaupt besitzt (vgl.u. S. 258). Je größer das Vokalsystem, desto eher ist auch mit zusätzlichen, die einfachen bisher beschriebenen Vokale modifizierenden artikulatorischen Parametern zu rechnen. So gibt es vor allem in den umfangreicheren Vokalsystemen Längen-

---

[39] Wobei in die Berechnung von F2' auch die Lage der höheren Formanten mit eingeht.
[40] Akronym für UCLA Phonological Segment Inventory Database mit Phoneminventaren von nach anerkannten Sprachfamilien repräsentativ ausgewählten (317 bei Maddieson 1984, 541 in der Version von 1992) Sprachen.
[41] Lediglich unter sehr speziellen phonologischen Beschreibungsmodellen (mit Ableitung phonetisch beobachtbarer Kontraste aus dem konsonantischen Kontext) lassen sich ggf. zweigliedrige Systeme (z.B. im Karabdinischen) finden.

Vokale

unterscheidungen, treten nasalierte Vokale auf, oder zeigen auch die Vokale sekundäre Artikulationen (vgl.o. 4.1.12) wie z.B. im !Xũ mit seinen - zusätzlich zu den oralen und nasalen - pharyngalisierten oralen und pharyngalisierten nasalen Vokalen.

Die Vokalsysteme tendieren dazu, die Vokale relativ gleichmäßig über den gesamten artikulatorischen Vokalraum zu verteilen, wobei sich meist symmetrische Strukturen zeigen.

Auch die Verteilung der gerundeten und ungerundeten Vokale zeigt eine klare, von der Zungenlage (und Zungenhöhe) abhängige Tendenz (vgl. Abbildung 103):[42]

Die Vorderzungenvokale treten in der überwiegenden Mehrzahl als ungerundete auf, während die Hinterzungenvokale mit der Zungenhöhe korrelierend überwiegend als gerundete in Erscheinung treten. Das Deutsche mit seinen gerundeten Vorderzungenvokalen besitzt so ein eher ungewöhnliches Vokalsystem. Im Gegensatz hierzu kontrastiert das Vietnamesische - noch ungewöhnlicher - die gerundeten und ungerundeten Hinterzungenvokale.

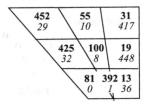

Abb. 103: Verteilung gerundeter und ungerundeter Vokale in den Sprachen der Welt (nach Maddieson 1984; fett: ungerundet, kursiv: gerundet; Verteilung der insgesamt 2549 Vokale aus 317 Sprachen).

Abb. 104: (folgende Seite) Unterschiedliche Vokalsysteme (Monophthonge) in den Sprachen der Welt.

---

[42] Die hohe Zahl der zentral tiefen Vokale ist auf den häufigen, meist als zentral gewerteten Vokal [a] zurückzuführen.

226   Die minimalen Beschreibungseinheiten

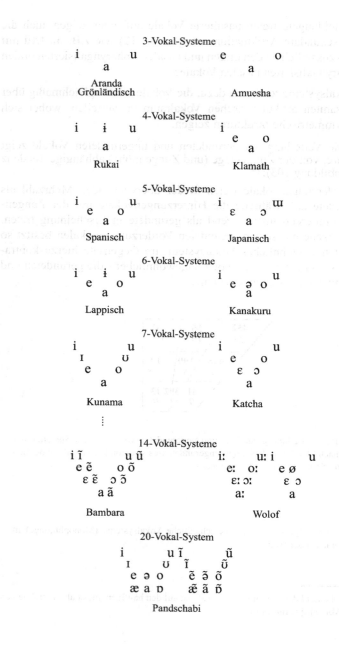

Vokale

Vokalkontraste im Vietnamesischen:
vorne	hinten	
	ungerundet	gerundet
[ti] 'Büro'	[tɯ] 'viertens'	[tu] 'trinken'
[te] 'starr'	[tɤ] 'Seide'	[to] 'Suppenschale'
[tɛ́] 'hinfallen'	[ʌŋ] 'Gefallen'	[tɔ] 'groß'
[æŋ] 'essen'	[ta] 'wir/unser'	

In manchen Sprachen besteht neben den bisher beschriebenen artikulatorischen und auditiven Vokalparametern eine weitere Kategorisierungsmöglichkeit bezüglich der Vokalqualität, nämlich die Unterscheidung zwischen gespannten und ungespannten Vokalen. Dieser qualitative Kontrast ist uns von den deutschen "Kurz-" und "Langvokalen"[43] her (in z.B. *Miete - Mitte* [i:] - [ɪ], *beten - Betten* [e:] - [ɛ], *Hüte - Hütte* [y:] - [ʏ], *Ofen - offen* [o:] - [ɔ] etc.) bekannt: Treten in einer Sprache dergleichen Paare von als zusammengehörig empfundenen Vokalen auf, so werden in der obigen Terminologie die offeneren (und kürzeren) Varianten als *ungespannt* (engl. *lax*), die geschlosseneren (und längeren) als *gespannt* (engl. *tense*) bezeichnet. Hinter diesen - im Grunde wiederum rein deskriptiven - Kategorien steht die Vorstellung, dass die beiden Vokalvarianten mit einer unterschiedlichen Muskelspannung artikuliert würden: Gespannte Vokale mit erhöhter Spannung und höherem subglottalen Druck, was zu einer stärkeren Abweichung von der Neutrallage [ə] und längerer Dauer führt, ungespannte Vokale mit schwächerer Muskelspannung, die zu einer neutraleren Lage und verkürzter Dauer führt. Für diesen postulierten komplexen artikulatorischen Zusammenhang fehlen allerdings bis heute schlüssige signalphonetische Beweise.

Normalerweise werden Vokale stimmhaft gebildet, sie können aber durchaus auch als stimmlose Varianten auftreten, z.B. der in stimmloser Umgebung stehende neutralisierte Vokal in der englischsprachigen Äußerung *come to tea* oder auch in deutscher Umgangssprache bei

---

[43] Wir werden weiter unten darauf eingehen, dass für das Deutsche weniger von einer echten Längenopposition auszugehen ist, sondern hier die Dauer des Vokals wie die qualitative Gespanntheitsopposition auf das prosodische Phänomen des Silbenschnitts zurückzuführen sind.

z.B. *Willste̥ tanzen?*
So kann man auch den Laut [h], auf dessen Sonderstellung wir im Kapitel zu den Frikativen bereits hingewiesen haben, als stimmlosen Vokal betrachten.
Vokale können schließlich auch geflüstert werden.

4.2.2 Diphthonge

Als Diphthonge werden die vokoiden Silbenkerne bezeichnet, die auditiv nicht durch eine gleichbleibende sondern eben gerade durch eine sich ändernde Vokalqualität gekennzeichnet sind. In der Transkription werden sie durch die aufeinander folgenden Transkriptionssymbole für die Vokalqualitäten des Start- und Endpunktes des Verlaufs (mit einer fakultativ untergestellten Klammerung [a‿ʊ]) gekennzeichnet.

Die Mehrzahl der Sprachen der Welt besitzt überhaupt keine Diphthonge in distinktiver Funktion. In Sprachen mit Diphthongen sind die schließenden (d.h. mit einer Bewegung zu einem geringeren Öffnungsgrad bzw. zu einer höheren Zungenposition hin) Diphthonge des Typs /ai/ (mit 75%)[44] und /au/ (mit 65%) die am häufigsten zu beobachtenden, wobei allerdings von Sprache zu Sprache sowohl das Ausmaß der diphthongalen Bewegung (d.h. die genaue Lage des Start- und Endpunktes der Bewegung: [ɑi], [ai], [aɪ] etc. bzw. [au], [ɑu], [aʊ] etc.) wie auch der Anteil des veränderlichen Teils gegenüber statischen Anfangs- und Endzuständen sehr variabel sind.

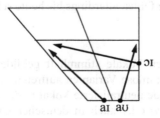

Abb. 105: Die schließenden (phonologischen) Diphthonge des Deutschen.

---

[44] Bezogen auf die UPSID-Studie (vgl. Maddieson 1984).

Vokale 229

Terminologisch unterscheidet man zwischen den schon genannten *schließenden Diphthongen*, die mit einer Artikulationsbewegung zu geschlosseneren, d.h. mit höherer Zungenlage verbundenen Vokalen gebildet werden, *öffnenden Diphthongen*, denen die entgegengesetzte Artikulationsbewegung entspricht (z.B. im Bairischen [lɪ̯ap] *lieb*, [gʊ̯at] *gut*) sowie den *zentralisierenden Diphthongen* mit einer Artikulationsbewegung hin zu zentralen Vokalen, wie sie z.B. im Standarddeutschen auf Grund der postvokalischen r-Vokalisierung zu [ɐ] entstehen (vgl. z.B. [uːɐ] *Uhr*, [oːɐ] *Ohr*, [iːɐ] *ihr*, [eːɐ] *er*).

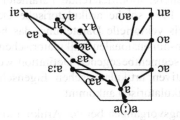

Abb. 106: Die sekundären, durch r-Vokalisation hervorgerufenen zentrierenden (phonetischen) Diphthonge des Deutschen.

Auf Grund solcher phonetischer Prozesse begegnen wir auch sogenannten Triphthongen, die im Gegensatz zu den Diphthongen nicht nur eine lineare Veränderung der Vokalqualität aufweisen sondern einer artikulatorischen Bewegung mit einem Umkehrpunkt innerhalb ihres Verlaufes entsprechen, wobei allerdings die Urteile bezüglich der Silbenzahl unsicher werden (vgl. dt. *Eier* [aɪɐ], *Bauer* [baʊɐ]).

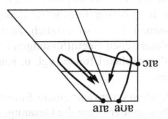

Abb. 107: Die sekundären Triphthonge des Deutschen.

4.3 Analphabetische Transkription

Bei der vorangegangenen Beschreibung der linguistisch relevanten, distinktiven segmentalen Lauteigenschaften sowie deren (positionsbedingten) Varianten haben wir uns eng an das Transkriptionssystem des IPA angelehnt, das seine alphabetischen Zeichen zum überwiegenden Teil anhand artikulatorischer Merkmale definiert. Diese Merkmale wiederum beziehen sich auf nur wenige artikulatorische *Parameter*, nämlich den *der Artikulationsstelle, des artikulierenden Organs* (bzw. *der Zungenhöhe, Zungenlage und Lippenrundung*) und *des Artikulationsmodus* und weitere, modifizierende Parameter (Stimmhaftigkeit, Nasalierung etc.). Eine solche artikulatorische Definition kann mit Tillmann (1980) als vektorielle Darstellung, das heißt als Definition eines Punktes im n-dimensionalen artikulatorischen Raum bezeichnet werden. In dieser segmentbezogenen Definition werden eben nur die möglichen distinktiven artikulatorischen Eigenschaften erfasst, d.h. das, auf was es artikulatorisch ankommt.

Eine den Bewegungsvorgängen bei der Artikulation im Gegensatz zu einer solchen vektoriellen Darstellung näherkommende Art der phonetischen Transkription ist im Rahmen analphabetischer Notationssysteme möglich. Ein solches Transkriptionssystem sei im Folgenden anhand des von Otto Jespersen 1904 vorgeschlagenen analphabetischen Systems vorgestellt:

Der Unterschied zu den vektoriellen alphabetischen Systemen besteht darin, dass hier versucht wird, die geometrische Gesamtkonfiguration des Ansatzrohres anhand eines Formelausdrucks in allen erfassbaren Details zu beschreiben. Diese detaillierte Beschreibung wird dabei zudem für die unterschiedlichen, auch innerhalb der zeitlichen Grenzen eines linguistisch relevanten Lautsegments liegenden Zeitpunkte vorgenommen. Es ist so möglich, auch die Feinheiten der gegenseitigen artikulatorischen Beeinflussungen innerhalb der Lautsequenz - die koartikulatorischen Effekte (vgl. u. Kap. 5.1) - transkriptionsmäßig zu erfassen.

Im Jespersenschen System entspricht einem Einzellaut somit nicht ein alphabetisches Zeichen sondern eine die Gesamtgeometrie des Ansatzrohres beschreibende Formel aus griechischen Buchstaben, Zahlen, hochgestellten lateinischen Buchstaben und Sonderzeichen. Die griechischen Buchstaben von α bis ζ bezeichnen dabei die beweglichen

Teile des Ansatzrohres, die Zahlen den Grad (0 Verschluss bis 8 größte Öffnung) und die Form (ungeradzahlig: rillenförmig, rund bzw. dünn; geradzahlig: spaltenförmig bzw. breit) der Öffnung (bzw. etwas anders definiert das glottale und pulmonale Verhalten) an der durch den hochgestellten lateinischen Buchstaben bezeichneten Stelle (von a, der vorgestülpten Oberlippe bis l, der hinteren Rachenwand).

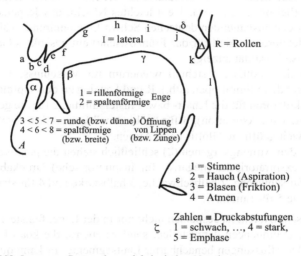

Abb. 108: Jespersens System der analphabetischen Notation

Neben den der Abbildung 108 zu entnehmenden Bedeutungen der einzelnen Zeichen seien zum besseren Verständnis des Jespersenschen Systems ein paar weitere Punkte näher ausgeführt:

Die Artikulationsstellen a, b und c entsprechen denen des 'm' in *umu* (mit vorgestülpten Lippen), *ama* (mit neutraler Lippenstellung) bzw. *imi* (mit gespreizten Lippen).

Die Zahlen bezeichnen supralaryngal (α–γ) von 0 (Verschluss) über 1 (rillenförmige Öffnung wie in engl. 'wet') bis 2 (spaltförmige Öffnung wie in dt. 'Schwester') zusätzlich zu R (für gerollte Laute) und I (für laterale Laute) die konsonantischen Artikulationen, von 3 bis 8 die vokalischen Öffnungsgrade sowie bei Vokalen die Lippenstellung:

3 wie bei [y] in dt. über (eng, gerundet)
4   [i]   dt. sie (eng, gespreizt)
5   [ø]   dt. Öfen (mittel, gerundet)
6   [e]   dt. See (mittel, gespreizt)
7   [œ]   dt. öffnen (offen, gerundet)
8   [ɛ]   frz. faire (offen, gespreizt)

Für das Gaumensegel als Artikulator (δ) bedeutet 0 vollständigen Verschluss (bei oralen Lauten), 1 ein leichtes Näseln, das Jespersen z.B. auch für den auslautenden deutschen Schwa-Laut annimmt, während 2 und 3 (letzteres speziell für das Französische) ein gesenktes Gaumensegel, also Nasalität anzeigt.

Bei der Glottis (ε) steht 0 wiederum für Verschluss, 1 für die schwingenden Stimmlippen (sth.), R und I analog zu den supralaryngalen Artikulatoren für die Knarr- bzw. Flüsterstimme, 2 für die gehauchten Laute ('h', Aspiration), 3 für "geblasene" Laute (Frikative) und 4 für die weit geöffnete Glottis beim Atmen.

Bei den Atmungsorganen (ζ) schließlich stehen die positiven Zahlen für exspiratorische (negative für inspiratorische) Druckabstufungen: 1 für schwache, 2 halbschwache, 3 halbstarke und 4 für starke Silben sowie 5 für Emphase.

Mit diesem System ist Jespersen nicht nur in der Lage, feinste artikulatorische Lautnuancen darzustellen, sondern ebenso die koartikulatorischen Beeinflussungen benachbarter Lautsegmente: Er kann quasi den Gesamtverlauf der Artikulation, wie er z.B. im sagittalen Röntgenfilm sichtbar wird, in seiner Dynamik abbildend beschreiben.

Bezüglich feinerer Lautunterscheidungen erfasst er z.B. den Unterschied zwischen dem englischen und dem deutschen [ʃ], die er in seinem analphabetischen System folgendermaßen notiert:

Englisch: $\beta*1^f \gamma V \ldots \epsilon 3 \ldots$, d.h. die Zungenspitze (β) an einer nicht ihrer Normalstellung entsprechenden (*), d.h. hier weiter zurückliegenden Stelle (^{f}), bildet eine rillenförmige Verengung (1), wobei der Zungenrücken (γ) eine "löffelförmige" Aushöhlung (V) aufweist und die Glottis (ε) für einen "geblasenen" Laut geöffnet ist;

Deutsch: $\alpha 5^a \beta V \gamma*1^f \ldots \epsilon 3 \ldots$, d.h., dass hier die Zungenspitze (β) gehöhlt ist (V) und der Zungenrücken (γ) an derselben, für ihn untypischen Stelle (^{f}), hier vorgeschoben, eine rillenförmige Enge (1) bildet, wobei zusätzlich die mittel rund (5) geöffneten Lippen (α) eine Vorstülpung ([a]) aufweisen.

Als Beispiel für durch unterschiedliche zeitliche Koordination der Einzelartikulationen verursachte Aussprachevariation sei hier abschließend als Beispiel noch der Übergang von [haːbm] zu [haːm] (dt. *haben*) zitiert:

"Analphabetisch erhalten wir statt

	a	b	m
α	7	0	..
δ	0	..	2

die Aussprache

	a	b	m
α	7	0	..
δ	0	_	2

die leicht zu

α	7	0
δ	0	2

wird."
(Jespersen [2]1913, 63)

In dieser prinzipiell möglichen Genauigkeit der Darstellung liegt allerdings auch die Schwäche des Jespersenschen Systems, denn im Normalfall einer bloß auditiv gestützten Transkription sind sicherlich gewisse Einzelheiten der Artikulation so nicht der Introspektion zugänglich, beruht doch der Vorgang der Transkription durch den kompetenten Ohrenphonetiker notwendigerweise immer auf einer kategorialen artikulatorischen Reproduktion des Gehörten (vgl. Tillmann 1980). Wie genau eine zuverlässige, intersubjektiv übereinstimmende Transkription durchgeführt werden kann, ist dabei eine wissenschaftlich noch längst nicht geklärte Frage (vgl. Vieregge 1989).

4.4 Literaturhinweise

Weiterführende Literatur

Abercrombie, D. (1967), Elements of General Phonetics. Edinburgh.

Clark, J.E. & Yallop, C. (1990), An Introduction to Phonetics and Phonology. Oxford.

Fischer-Jørgensen, E. (1975), Trends in Phonological Theory: A Historical Introduction. Kopenhagen.

IPA (1999), The Handbook of the International Phonetic Association. A Guide to the Use of the International Phonetic Alphabet. Cambridge.

Kohler, K. J. (1977/^{2}1995), Einführung in die Phonetik des Deutschen. Berlin.

Ladefoged, P. (1971), Preliminaries to Linguistic Phonetics. Chicago.

Ladefoged, P. (1975/^{4}2001), A Course in Phonetics. New York.

Ladefoged, P. (2001), Vowels and Consonants. Oxford.

Ladefoged, P. & Maddieson, I. (1996), The Sounds of the World's Languages. Oxford.

Laver, J. (1994), Principles of Phonetics. Cambridge.

Tillmann, H.G. (mit Mansell, P.) (1980), Phonetik. Lautsprachliche Zeichen, Sprachsignale und lautsprachlicher Kommunikationsprozeß. Stuttgart.

Spezialliteratur

Brücke, Ernst (1856), Grundzüge der Physiologie und Systematik der Sprachlaute für Linguisten und Taubstummenlehrer. Wien

Chomsky, N. & Halle, M. (1968), The Sound Pattern of English. New York.

IPA (1949), The Principles of the International Phonetic Association. London 1949 (letztes Reprint 1984).

IPA (1999), The Handbook of the International Phonetic Association. A Guide to the Use of the International Phonetic Alphabet. Cambridge.

Greenberg, J.H. (ed.) (1978) Universals of Human Language, Vol. II, Phonology. Stanford.

Jakobson, R.; Fant, C.G.M. & Halle, M. (1952/1963) Preliminaries to Speech Analysis. Cambridge, MA.

Jespersen, O. (1904), Lehrbuch der Phonetik. Leipzig. [zit. nach ^{2}1913].

Jones, D. (1917), An English Pronouncing Dictionary. London.

Ladefoged, P. (1992), The Sounds of the World's Languages (SOWL). Los Angeles. [Hypercard tool for Apple MacIntrosh].

Lisker, L. & Abramson, A.S. (1964) A cross-language study of voicing in intial stops: acoustical measurements. Word 20, 384-422.

Trubetzkoy, N.S. (1939), Grundzüge der Phonologie. Prag.

Vieregge, W.H. (1989), Phonetische Transkription. Theorie und Praxis der Symbolphonetik. Stuttgart [= Zeitschrift für Dialektologie und Linguistik. Beiheft 60].

5 Die suprasegmentale Struktur lautsprachlicher Äußerungen

Nachdem im vorausgegangenen Abschnitt die segmentalen phonetischen Beschreibungskategorien abgehandelt wurden, sollen hier nun die über die Domäne des Einzellautes hinausreichenden phonetischen Eigenschaften lautsprachlicher Äußerungen näher betrachtet werden.

In einem ersten Unterkapitel ist auf die schon auf der Ebene benachbarter Lautsegmente stattfindenden Prozesse der *'Koartikulation'* und *'Steuerung'* einzugehen. Daran anschließend soll der segmentale Aufbau der Sprechsilbe sowie die Lautdauer unter dem Blickwinkel der *Silbenprosodie* erläutert werden. Auf der Ebene der Silbe ist zudem die tonale Funktion der Tonhöhe in den sogenannten *Tonsprachen* zu behandeln.

Bezüglich der Domäne des Wortes bzw. größerer phrasaler Einheiten ist schließlich auf die Gebiete *Akzentuierung* und *Intonation* einzugehen. Zum Abschluss des Kapitels sollen sodann noch die alle vorgenannten Ebenen betreffenden Effekte im Zusammenhang mit *Sprechrhythmus* und *Sprechtempo* diskutiert werden.

5.1 Die intersegmentalen Effekte der Koartikulation

Im vorangegangenen Abschnitt zu den deskriptiven Kategorien der segmentalen Lautbeschreibung wurde zwar immer wieder versucht auch auf die dynamische Natur der den Einzellauten zugrundeliegenden Sprechbewegungen hinzuweisen, doch war unser Fokus in ganz traditioneller Weise auf das für den alphabetisch zu notierenden Einzellaut artikulatorisch Entscheidende ausgerichtet. Relativiert wurde dieser Blickwinkel oben schon im Exkurs zu der alternativen Transkription in einem analphabetischen System im Sinne Jespersens. Dies soll nun hier - und in den folgenden Unterkapiteln weitergeführt werden.

Obwohl die Lautphysiologen durchaus die dynamische Natur der Artikulation erkannten, war ihr Beschreibungssystem auf die alphabetisch darstellbaren Einzellaute bezogen.[1] Die um die Jahrhundertwende entstehende Experimentalphonetik suchte so - im Misstrauen auf die Fähigkeiten des Gehörs - in ihren kymographischen Aufzeichnungen[2] artikulatorischer und aerodynamischer Signale nach den Abgrenzungen zwischen den einzelnen Lauten, die - so die damalige Modellvorstellung - durch quasi-stationäre Signalabschnitte gekennzeichnet wären. Die gängige Vorstellung war dabei, dass diese sog. 'Haltephasen' (oder auch 'Singphasen') eines Lautes jeweils von den schnellen Artikulationsphasen des 'Anglitts' - vom vorhergehenden Laut her - und des 'Abglitts' - zum nächsten Laut hin - flankiert wären. Dass dieses Bild nur auf eine verschwindende Minderzahl von Aufzeichnungen zutraf, wurde in den frühen Jahren meist den technischen Unzulänglichkeiten der Apparaturen zugeschrieben. Nachdem man in der Folgezeit erkannte, dass diese Aufzeichnungen durchaus getreu waren, sprach man entweder nur mehr von Sprachkurven (Scripture) oder aber erklärte die wahrgenommenen Sprachlaute zu Fiktionen (Panconcelli-Calzia). Diese Grundtendenz innerhalb der frühen experimentellen Phonetik bildete sozusagen den Nährboden für die in den 30er Jahren von Trubetzkoy in Abgrenzung zur zeitgenössischen Phonetik etablierten Phonologie: Gegenstand der letzteren als 'Sprachgebildelautlehre' seien die geisteswissenschaftlich zu untersuchenden bedeutungsunterscheidenden Lauteigenschaften, Gegenstand der Phonetik als 'Sprechaktlautlehre' die hierfür eher epiphänomenalen, naturwissenschaftlich zu untersuchenden Details der artikulatorischen Hervorbringung und des akustischen Erscheinungsbildes.

Auf der Seite der Phonetik wies damals das Konzept der 'Koartikulation und Steuerung' (Menzerath & de Lacerda 1933) den Weg aus dem oben geschilderten Dilemma der frühen Experimentalphonetik: Sprachlaute seien - eben um als solche wahrnehmbar zu sein - nicht einzeln im Sinne von 'Anglitt' - 'Haltephase' - 'Abglitt' artikulatorisch produziert, sondern bezüglich der einzellautbezogenen jeweils nicht betroffenen Artikulatoren koproduziert[3] und zudem durch eine kontinuierliche Bewegung der bei Nachbarlauten jeweils gleichermaßen beteiligten Artikulatoren gekennzeichnet:[4] Artikulatorisch sind also die einzelnen Laute entweder überlappend produziert ('Koartikulation'), oder aber gehen artikulatorisch kontinuierlich ineinander über ('Steuerung').

---

[1] Den eigentlichen Anstoß zu Brückes lautphysiologischen Studien gab so ja auch die Diskussion um die Reform der deutschen Orthographie.
[2] Der Kymograph (griech. Kunstwort, wörtlich 'Wellenschreiber') war das meistgenutzte Registriergerät der frühen Experimentalphonetik zur Aufzeichnung von meist mechanisch bzw. pneumatisch (seltener elektromagnetisch) erfassten bzw. übertragenen Bewegungs- bzw. Schwingungsvorgängen auf eine (meist berußte) rotierende Trommel bzw. auf über diese laufendes Endlospapier.
[3] So dass die Lippenrundung für [y] in *Glück* - irrelevant für [g] und [l] - schon während des [g]-Verschlusses stattfinden und die velare Verschlusslösung für [g] in den schon vorher gebildeten Lateral [l] erfolgen kann.
[4] So bewegt sich beim Wort 'Glück' der Zungenrücken aus der für [y] typischen hohen Vorderlage kontinuierlich in Richtung zum velaren Verschluss für [k] hin, das [k] 'steuert' den Vokal [y], löst ihn - bei Erreichung der kritischen Zungenstellung - ab.

Obwohl von Menzerath und de Lacerda ursprünglich eine klare akustische Segmentierbarkeit des Lautstroms angenommen wurde, zeigen sich die koartikulatorischen Effekte eben gerade auch im akustischen Sprachsignal: Anhand sonagraphischer Studien intervokalischer Plosivlaute konnte Öhmann so einen Einfluss des Folgevokals wie des vorausgehenden Vokals auf die für den Konsonanten typischen Formantbewegungen (Transitionen; vgl. o. Kapitel 2.2.2) feststellen (Öhmann 1966, 1967). Dies führte ihn zu der heute wieder vielzitierten Modellvorstellung (Öhmann 1967), dass die Konsonantenartikulation sozusagen einer langsameren, quasi-diphthongalen Vokalartikulation überlagert ist.

Diese koartikulatorischen Effekte - obwohl durch die Funktionsweise unserer Sprechwerkzeuge bedingt und prinzipiell universell - bilden auch die Grundlage für die einzelsprachlich geregelten phonologischen Prozesse der Assimilation.

Unter Assimilation verstehen wir den phonologischen Prozess der Angleichung der Merkmale eines Lautes an die eines benachbarten Segments. Je nach der Richtung der Einflussnahme unterscheidet man hier zwischen progressiver Assimilation (bei Angleichung eines nachfolgenden Lautes)[5] und regressiver Assimilation (bei Angleichung an den Folgelaut).[6]

5.2 Die Silbe als prosodische Einheit

Obwohl wir am Beginn des dritten Teiles des Buches bei der symbolphonetischen Betrachtung lautsprachlicher Äußerungen ganz dem traditionellen Vorgehen, das dem Alltagverständnis einer alphabetisch literalen Gesellschaft entspricht, gefolgt sind, nämlich von den 'Einzellauten' ausgehend zu den Verhältnissen bei zusammenhängender Rede fortschreitend, so soll hier zum wiederholten Male betont werden, dass dies nur der Ökonomie der Beschreibung geschuldet ist: Tatsächlich vollführen wir mit unseren Sprechwerkzeugen - wie im ersten Teil detailliert ausgeführt wurde - immer kontinuierliche Sprechbewe-

---

[5] Z.B. im Lautwandelprozess von mhd. *zimber* > nhd. *Zimmer.*
[6] Z.B. bei umgangssprachlich [fʏmf] für [fʏnf] *fünf.*

gungen, die ihrerseits wiederum zu sich kontinuierlich ändernden akustischen Signalen führen. An dieser Stelle sollen - wiederum dem traditionellen Weg folgend - die segmentalen Eigenschaften der Silbe näher betrachtet werden, wobei aber sogleich angemerkt sei, dass auch die Silbe nicht per se eine - wenngleich gegenüber dem Einzellaut natürlichere - segmentale Einheit darstellt, sondern sich letztendlich nur im Rahmen der rhythmischen Gliederung zusammenhängender lautsprachlicher Äußerungen fassen lässt (vgl.a.u. 5.3.3): Unsere Sprechwerkzeuge erlauben uns, eine wahrnehmbare Gliederung unserer lautsprachlichen Äußerungen vorzunehmen, die jenseits von Einzellauten aber noch diesseits von den globaleren Modulationen im Sinne der intonatorischen Sprechmelodie bzw. der dynamischen Akzentuierung liegen. In der Terminologie Tillmanns (1980) ist diese prosodische Eigenschaft lautsprachlicher Äußerungen als B-Prosodie zu fassen. Dies bedeutet einerseits, dass hier nicht - wie im Fall der C-Prosodie - die die Klangqualität betreffende Änderung des akustischen Signals perzeptiv dominiert, andererseits aber auch die kontinuierliche Änderung einer akustischen Eigenschaft (z.B. der Stimmmelodie) wahrnehmungsmäßig noch nicht gewährleistet ist. Sie prägt sich vielmehr als rhythmische Strukturierung aus

Diese B-prosodischen - bzw. silbenprosodischen - Eigenschaften verdanken die lautsprachlichen Äußerungen wiederum den physiologischen Voraussetzungen unseres Sprechapparats, der 'natürlicherweise' für eine alternierende Abfolge artikulatorischer Öffnungs- und Schließbewegungen prädestiniert ist. Auf der anderen Seite ist auch unser Gehör insbesondere für die relativ schnellen Änderungen einzelner akustischer Parameter besser ausgestattet als für gleichbleibende Reize. In diesem Sinn stellt die Silbe als Artikulationsbewegung vom konsonantischen oralen Verschluss bzw. von der artikulatorischen Engebildung zur vokalischen Öffnung - mit ggf. anschließender ambibzw. heterosyllabischer[7] erneuter konsonantischer Enge-/Verschlussbildung - eine elementare phonetische Produktionseinheit dar. Dem entspricht die akustisch-auditive, durch eben diese vokalische Öffnungsgeste mit ggf. anschließender konsonantischer Verschlussgeste bewirkte, durch einen raschen Pegelanstieg/-abfall bzw. Laut-

---

[7] Hier: zur betrachteten sowie zur nachfolgenden bzw. zur folgenden Silbe gehörig.

heitsanstieg/-abfall gekennzeichnete rhythmische Einheit der phonetischen Silbe.

5.2.1 Silbenpräferenzen

Diese biologisch fundierten Gegebenheiten führen zu in bestimmten Grenzen universell gültigen Beschränkungen der phonologischen Silbenstruktur unter dem Aspekt der syntagmatischen, sequentiellen Abfolge einzelner Laute: Grundsätzlich ist davon auszugehen, dass alle Sprachen der Welt eine silbische Strukturierung aufweisen.[8] Die sich aus den biologischen Gegebenheiten heraus ergebende natürlichste Silbenstruktur ist die auch in den Sprachen der Welt am weitesten verbreitete segmentale Abfolge eines initialen Konsonanten und eines Vokals, d.h. die CV-Silbe.

Sowohl diese unmarkierte Silbenstruktur wie auch weitere Charakteristika der segmentalen Silbenstruktur ergeben sich aus der erstmals von Sievers (1881) postulierten Sonoritätshierarchie und den daraus abgeleiteten Silbenpräferenzgesetzen, wie sie in jüngerer Zeit von Vennemann (1988) formuliert worden sind.

Hiernach ist die Silbe aus den einzelnen Lauten in ihrer syntagmatischen Abfolge nach Maßgabe der intrinsischen Sonorität der Einzellaute strukturiert: Um den vokalischen, die höchste Sonorität aufweisenden Silbenkern sind im Silbenkopf (= Anfangsrand) und in der Silbencoda (= Endrand) die Konsonanten spiegelbildlich, d.h. mit ihrem Abstand vom Silbenkern nach abnehmender Sonorität gruppiert. Die Sonorität - wie die reziproke Skala der konsonantischen Stärke bei Vennemann (1988) - ist dabei als deskriptive, segmentbezogene, ordinalskalierte Kategorie zu verstehen: Stimmlose Plosive weisen, gefolgt von den stimmhaften Plosiven die geringste Sonorität (bzw. größte konsonantische Stärke) auf; in der Sonoritätshierarchie folgen diesen die stimmlosen und stimmhaften Frikative, die Nasale sowie die Liquide 'l' und 'r' (in sprachabhängig unterschiedlicher Reihenfolge) und die Approximanten oder Halbvokale; die größte Sonorität schließlich weisen die Vokale - die geschlossenen, gefolgt von den mittleren und offenen - auf. Als psychoakustische Entsprechung ist der Sonorität

---

[8] Die Gegenbeispiele aus der phonologischen Literatur sind hier m.E. wohl nur dem zugrundeliegenden Beschreibungsmodell geschuldet.

wohl - wie aus Untersuchungen zum Sprechrhythmus hervorgeht (vgl.u.) - der Lautheitsverlauf einer lautsprachlichen Äußerung zuzuordnen.

Die aus der syntagmatischen phonologischen Analyse ableitbaren Präferenzen der Sprachen der Welt für bestimmte Silbenstrukturen, die sich daran nahtlos anschließend auch in einem lautheitsbezogenen phonetisch-psychoakustischen Modell der Silbenprosodie (Pompino-Marschall 1993) darstellen lassen, sind nach Vennemann (1988) durch die folgenden - universell gültigen - Präferenzgesetze zu fassen:[9]

Silbenkopfgesetz

Der präferierte Silbenkopf besteht aus (a) möglichst nur einem Lautsegment, das (b) eine möglichst geringe Sonorität aufweist, wobei (c) die Sonorität zum folgenden Silbenkern hin möglichst rasch zunimmt.

Silbenkerngesetz

Der präferierte Silbenkern besteht aus einem (a) möglichst konstanten Sprachlaut, der (b) eine möglichst hohe Sonorität aufweist.

Silbencodagesetz

Die präferierte Silbencoda besteht (a) aus möglichst wenigen Lautsegmenten, die (b) eine möglichst große Sonorität aufweisen wobei (c) die Sonorität vom Silbenkern her möglichst stark abfällt.

Kontaktgesetz

Ein Silbenkontakt A $ B ist um so präferierter, je größer die Sonorität des Silbenendes A und je geringer die des folgenden Anfangsrandes B.

Unter dem Aspekt der lautheitsmäßigen C-prosodischen Modulation lautsprachlicher Äußerungen bedeutet dies, dass gerade diese segmentalen Silbenstrukturen präferiert werden, die einen sehr prägnanten Lautheitsverlauf mit schnellen Änderungen an den Silbenrändern nach sich ziehen und so zur B-prosodischen Rhythmisierung beitragen. Solchermaßen strukturierte Ereignisse entsprechen nun wiederum den Eigenschaften unseres Gehörs, das insbesondere auf Änderungen akustischer Eigenschaften besonders sensibel reagiert.

---

[9] Die Vennemannschen Präferenzgesetze sind hier in Bezug auf die gängigere Sonoritätsskala umformuliert; Vennemann selbst verwendet in seinen Definitionen die reziproke Skala der konsonantischen Stärke.

5.2.2 Silbenschnitt

Ebenfalls unter dem silbenprosodischen Aspekt lassen sich gewisse segmentale Dauerphänomene betrachten, wie z.B. die Vokaldauer im Deutschen. So sind nach Vennemann, der hier wiederum Sievers folgt, (vgl. Vennemann 1991) die deutschen Wortpaare wie *Miete/Mitte*, *Beet/ Bett*, *Saat/satt*, *Ofen/offen* nicht durch einen phonologischen Dauerkontrast bezüglich des Vokals gekennzeichnet sondern durch einen kontrastiven Silbenschnitt: Bei *Miete*, *Beet*, *Saat* und *Ofen* haben wir es mit *sanftem*, bei *Mitte*, *Bett*, *satt* und *offen* hingegen mit *scharfem Silbenschnitt* zu tun. Sanfter Schnitt bedeutet dabei, dass der Energieverlauf des vokalischen Silbenkerns durch ein Ansteigen (Crescendo) und wieder Abfallen (Decrescendo) gekennzeichnet ist, während bei scharfem Schnitt der Silbenkern durch das Decrescendo des Folgekonsonanten abgeschnitten wird.[10] Die Vokaldauer im Deutschen - im Gegensatz zu den Dauerkontrasten in älteren germanischen Sprachstufen - ist nach dieser Auffassung eben keine segmentale phonologische Eigenschaft, sondern eine suprasegmentale, prosodische: Die Vokale sanft geschnittener Vollsilben werden dabei unter Betonung gelängt, während die Vokale scharf geschnittener Silben immer kurz sind. Im Rahmen dieser phonologischen Theorie ist zudem der Schwa-Laut kein eigenes Phonem des Deutschen, sondern stellt lediglich den - ebenfalls immer kurzen - Kern einer Reduktionssilbe dar.

5.2.3 Ton

Auf die phonetisch-phonologische Einheit der Silbe bezogen ist auch die - vor allem in afrikanischen, asiatischen und zentralamerikanischen Sprachen zu findende - bedeutungsdifferenzierende B-prosodische Funktion der Tonhöhe bzw. des Tonhöhenverlaufs, die von der in allen Sprachen der Welt suprasegmental auf der Ebene der A-Prosodie zu beobachtenden - und ggf. die tonal bedingte Modulation überlagernde - Intonation zu unterscheiden ist. Diese kontrastiven, auf signalphonetischer Seite durch die Grundfrequenz (f_0) gekennzeichneten Unterscheidungen bezüglich der Tonhöhe bzw. deren Verlaufs (engl. *pitch*)

---

[10] Wobei Crescendo und Decrescendo hier als rein deskriptive Größen zu verstehen sind. Gerade das Phänomen des Silbenschnitts hat sich bisher - ähnlich wie die Fortis-Lenis-Unterscheidung - einer genaueren signalphonetischen Definition entzogen.

werden als Töne bezeichnet, die diese Töne wortbedeutungsdifferenzierend verwendenden Sprachen als Tonsprachen. Als klassisches Beispiel sei hier die bedeutungsunterscheidende Funktion der Töne bei gleicher segmentaler Silbenstruktur im Mandarin-Chinesischen angeführt:

Tonkontraste im Mandarin-Chinesischen:
hoch gleichmäßig   Ton 1   [˥ma] 'Mutter'
hoch steigend   Ton 2   [˦ma] 'Hanf'
tief-fallend-steigend   Ton 3   [˩ma] 'Pferd'
hoch-fallend   Ton 4   [˥˩ma] 'schimpfen'

Bei den Tonsprachen unterscheidet man zwischen sogenannten *Registertonsprachen*, deren Töne sich - als reine Tonhöhen oder auch als Tonhöhenverläufe - in Bezug auf je nach der individuellen Tonhöhenlage des Sprechers unterschiedlich gelegenen Tonhöhenstufen bezeichnen lassen und sogenannten *Konturtonsprachen*, bei denen es in erster Linie auf den Tonhöhenverlauf - ohne Bezug auf klar differenzierbare Tonstufen - ankommt, sowie *Sprachen mit einem gemischten Register- und Konturtoninventar* (vgl. Abb. 109).

Die Beschreibung der Töne in den Kategorien von Höhen und Tiefen ist als relational zu betrachten: Einerseits ist es nicht die absolute Frequenzlage, die einen Ton als 'hoch' oder 'tief' kennzeichnet, sondern seine relative Lage in Bezug zur Grundfrequenzmodulation des jeweiligen Sprechers, zum anderen ist er relativ in Bezug zur durch die Intonation (vgl.u. 5.3.2) bedingten Tonhöhe.

Bei der Transkription der Töne wird von den letztgenannten Einflüssen auf die tatsächliche Lage der Tonhöhe abstrahiert, so dass es teilweise ein nicht geringes Problem darstellt, die deskriptiven Kategorien signalseitig bestimmten gemessenen Grundfrequenzverläufen zuzuordnen. Oft sind einzelne 'Töne' auch nicht so sehr in erster Linie durch eine - als f_0 messbare - bestimmte Tonhöhe bzw. einen bestimmten Tonhöhenverlauf gekennzeichnet, sondern zusätzlich durch eine gleichzeitige Veränderung der Stimmqualität (z.B. zu 'behaucht' oder 'creaky' im Kontrast zur modalen Tongebung).

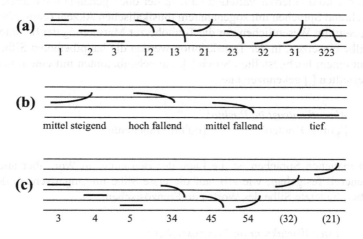

Abb. 109: Beispiele unterschiedlicher Tonsysteme: (a) Registertonsprache (Tlapanec), (b) Konturtonsprache (Texmelukanisch Zapotec), (c) gemischte Register-/Konturtonsprache (Copala Trique).

5.3 Phonetik der Äußerung

5.3.1 Akzent

Unter Akzent oder Betonung wollen wir unter phonetischem Gesichtspunkt hier die Hervorhebung einer bestimmten Silbe gegenüber den anderen Silben eines Wortes - im Sinne von Wortakzent bzw. lexikalischem Akzent - verstehen. Daneben tritt die Hervorhebung einer betonten Silbe im Sinne von Satzakzent. Die betonte Silbe ist meist bezüglich verschiedener phonetischer Parameter ausgezeichnet. So erfolgt mit Betonung normalerweise eine Änderung der Grundfrequenz,[11] der Lautstärke, der Dauer und teilweise auch der Artikulationsgenauigkeit. Der Einsatz der verschiedenen phonetischen Mittel zur Akzentuierung ist wiederum vom System der jeweiligen Einzelsprache abhängig: Bei Sprachen mit dynamischem Akzent (auch: Druckakzent;

---

[11] Im Deutschen im Normalfall unter Betonung ansteigend.

engl. *stress accent*) kommt es durch den erhöhten subglottalen Druck zu der kombinierten Variation entlang der oben genannten Parameter, während Sprachen mit sogenanntem musikalischen Akzent (engl. *pitch accent*) im Wesentlichen nur die Tonhöhe zur Markierung der betonten Silbe einsetzen. In der Transkription werden die hauptbetonten Silben mit einem hochgestellten Strich [ˈ], die nebenbetonten mit einem tiefgestellten [ˌ] gekennzeichnet.

Akzentkontrast im Pashto:
[ˈguṭa] 'Knoten'   [guˈṭa] 'Tauchente'

In manchen Sprachen ist die Lage der Betonung im Wort aber auch generell festgelegt, wie z.b. auf die erste Silbe im Ungarischen oder aber die letzte Silbe des Wortes im Französischen.

Fester Wortakzent im Französischen:
[kyl̩ˈtyʁ]   [kyl̩tyˈʁɛl̩]   [kyl̩tyʁɛl̩ˈmã]
'Kultur'   'kulturell' (adj.)   'kulturell' (adv.)

5.3.2 Intonation

Mit Intonation bezeichnen wir den Verlauf der Sprechmelodie über die Äußerung hinweg. Das physikalische Korrelat der Tonhöhe (engl. *pitch*) ist die Grundfrequenz (f_0) der stimmhaften Abschnitte des akustischen Sprachsignals, die den Zeitverlauf des periodischen Schließens der schwingenden Stimmlippen widerspiegelt. Für die lautsprachliche Kommunikation ist nicht so sehr die absolute Tonhöhe von Bedeutung, als vielmehr die Form der Tonhöhenbewegung in Relation zur Frequenzlage des jeweiligen Sprechers.

Im Verlauf einer Äußerung - bzw. einer intonatorischen Phrase - bewegt sich die Grundfrequenz des akustischen Sprachsignals in Abhängigkeit von den jeweiligen Betonungsverhältnissen (vgl.o. 5.3.1) in einem Wechsel zwischen auf und ab zwischen einer oberen und unteren Grenzfrequenz, die beide über die Zeit hinweg absinken (vgl. Abb. 110). Dieses höchstwahrscheinlich universelle und wohl auf einen allmählichen Abfall des subglottalen Drucks sowie einen grundsätzlich sinkenden Tonus zurückführbare Phänomen wird als *Deklination* bezeichnet.

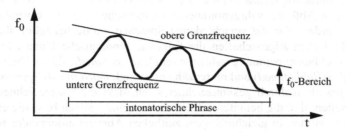

Abb. 110: Deklination: Schematischer Grundfrequenzverlauf innerhalb einer intonatorischen Phrase.

In ihrer linguistischen Funktion ist die Intonation nicht für sich isoliert zu betrachten. Sie geht normalerweise Hand in Hand mit syntaktischen Unterscheidungen wie z.B. der Wortstellung im Deutschen, wenn es um den Gegensatz von Aussage (*Phonetik ist interessant.*) - verbunden mit einer final fallenden Intonation - und Frage (*Ist Phonetik interessant?*) - verbunden mit final steigender Intonation - geht. Der jeweilige Intonationsverlauf kann aber je nach dem in der Kommunikationssituation gegebenen Zusammenhang sehr Unterschiedliches signalisieren. Wichtig ist er so auch für die Gesprächssteuerung: Eine progrediente,[12] d.h. auf gleicher Tonhöhe verweilende bzw. leicht ansteigende Intonation z.B. zeigt dem Gesprächspartner an, dass der Sprecher beabsichtigt weiter fortzufahren.

Gerade im Bereich der Intonationsforschung ist in den letzten Jahren von phonetischer wie linguistischer Seite eine Vielzahl neuer Erkenntnisse gesammelt worden, auf die aber im Rahmen dieses Überblickkapitels nicht näher eingegangen werden kann. Der Leser sei hier ausdrücklich auf die in der weiterführenden Literatur genannten Publikationen der neueren Zeit sowie auf den Abschnitt 'Intonation' unter 6.2.3 zur phonetischen Beschreibung des Deutschen verwiesen.

---

[12] Weiterweisende.

5.3.3 Sprachrhythmus und Sprechtempo

Rhythmisches 'Timing'

Unter Sprachrhythmus soll hier die bestimmten Regularitäten folgende zeitliche Abfolge wahrgenommener phonetischer Ereignisse verstanden werden. Für die verschiedenen Sprachen wurde bezüglich ihrer rhythmischen Eigenschaften die folgende typologische Unterteilung vorgeschlagen: betonungszählende (engl. *stress timed*), silbenzählende (engl. *syllable timed*) und morenzählende (engl. *mora timed*) Sprachen, die jeweils dadurch gekennzeichnet seien, dass die ausgezeichneten Einheiten, d.h. die betonten Silben, die einzelnen Silben bzw. die einzelnen Moren, in gleichmäßigem zeitlichen Abstand aufeinander folgen (= Isochroniehypothese).

In ihrer strengen Form ist diese sog. Isochroniehypothese messphonetisch am akustischen Signal allerdings nicht nachzuvollziehen. Dabei ist aber zu beachten, dass die Zuordnung eines bestimmten 'Ereigniszeitpunktes' - z.B. des den wahrgenommenen Silbenbeginn markierenden - zu einem Zeitpunkt im akustischen Sprachsignal eine keineswegs triviale Frage darstellt (vgl. Pompino-Marschall 1990). Dennoch zeigen die Sprachen der unterschiedlichen Rhythmustypen aber sehr unterschiedliche, die Dauer von Einzellauten bzw. von einzelnen Silben betreffende Effekte auf, die als Auswirkungen einer solchen Tendenz zur Isochronie bestimmter Einheiten verstanden werden können: So zeigen betonungszählende Sprachen wie das Deutsche oder das Englische z.B. eine starke Tendenz zur zeitlichen Verkürzung unbetonter Silben in um so stärkerem Maße, je mehr von diesen unbetonten Silben zwischen zwei betonten in der Äußerung vorkommen. Diese Verkürzung - oder Kompression - betrifft vor allem die vokalischen Silbenkerne, insbesondere den Schwa-Laut [ə] als Reduktionsvokal, der z.B. in fließender Rede im Deutschen so auch sehr häufig total ausfallen kann (vgl detaillierterer u. Kap. 6.2). Das Japanische als sogenannte morenzählende Sprache hingegen zeigt anhand akustischer Dauermessungen keine derartigen betonungsbedingten Variationen, dafür aber einen klaren und recht stabilen Dauerunterschied zwischen 'schweren' (d.h. zweimorigen) und leichten (einmorigen) Silben. Die sogenannten silbenzählenden Sprachen - zu denen z.B. die romanischen Sprachen zu zählen sind - stehen ihrerseits sozusagen zwischen diesen beiden Extremen: Sie zeigen keine Kompressionseffekte wie die betonungszählenden Sprachen und die Variabilität der Silbendauer hält sich - sicherlich auch auf Grund der ihnen eigenen einfacheren Silbenstruktur - in gewissen Grenzen.

Rhythmus, Takt und 'Pausen'

Von den im vorangegangenen Abschnitt beschriebenen Erscheinungen sind die allgemein rhythmische Gliederung von lautsprachlichen Äußerungen in sogenannte 'Takte' sowie die mit der phrasalen Gliederung von Äußerungen verbundenen lautbezogenen Dauerphänomene zu trennen.

Die gegenüber der Silbe zeitlich größere und B-prosodisch komplexer strukturierte phonetische Einheit bildet der Takt oder 'Fuß'. Aus einem oder mehreren Takten zusammengesetzt ergibt sich sodann die A-prosodisch kohärente intonatorische Phrase (vgl.o. 5.3.2).

Bezüglich des Taktrhythmus zeigen die einzelnen Sprachen ähnliche Präferenzen: Den unmarkierten Fall des sprachlichen Rhythmus stellt die Alternation von betonter und unbetonter Silbe im Metrum des Trochäus dar. Neben diese tritt in betonungszählenden Sprachen der Daktylus mit seinen zwei unbetonten Folgesilben. Die oben schon angesprochene und für das Deutsche unten (vgl. Kap. 6.2) noch näher zu behandelnden Reduktionserscheinungen bei zusammenhängender Rede spiegeln eben jene Tendenz wider.

Während das Einzelwort mit der Ausnahme von Einwortäußerungen in der normalen, fließend gesprochenen Sprache keine prosodisch abgrenzbare Einheit darstellt, sind einzelne Phrasierungseinheiten durch wahrnehmbare Grenzsignale, sogenannte Junktoren, dem Gehör als Einheiten zugänglich. Aus dem Blickwinkel des Signalphonetikers muss hier allerdings hervorgehoben werden, dass diese Abgrenzung nur in den wenigsten Fällen durch echte signalseitig gegebene Pausen - d.h. durch das Fehlen eines akustischen Signals über einen Zeitabschnitt - gekennzeichnet ist. Letzteres ist sogar oft dort der Fall, wo wir eine 'echte' Pause wahrnehmen. Dies hat mit einem A-prosodischen Phänomen zu tun, das als *präpausale Längung* (engl. *prepausal lengthening*) bezeichnet wird und eigentlich eine lokale Verlangsamung der Sprechgeschwindigkeit (vgl.u.) darstellt: Vor einer Sprechpause - bzw. als 'Ersatz' für diese Pause - erhöht sich die Dauer der

Lautsegmente, insbesondere die Dauer des der Pause vorausgehenden vokalischen Silbenkerns. Allein diese Längung führt zur auditiven Wahrnehmung einer Pause, selbst wenn gar keine echte Signalpause vorliegt oder aber die Dauer des akustischen 0-Signals gegenüber der z.B. durch die Verschlussphase eines stimmlosen Plosivs verursachten "Signallücke" verschwindend gering ist. In dem einen Fall wird das A-prosodisch gesteuerte "Auslaufen" der Sprechbewegung wahrgenommen, im anderen Fall hingegen die C-prodische Auswirkung einer artikulatorischen Verschlussbildung.

Sprechgeschwindigkeit

Zum Abschluss des Kapitels zur suprasegmentalen Phonetik sei hier kurz auch noch auf mit der Veränderung der Sprechgeschwindigkeit einhergehende Phänomene eingegangen.

Als Maß für die Sprechgeschwindigkeit kommt auf Grund der Natur des Sprechbewegungsablaufs nur ein relationales Maß der Form Silben pro Zeiteinheit in Frage. Die normale Sprechgeschwindigkeit entspricht dabei ungefähr einer Rate von fünf bis acht Silben pro Sekunde, was - rein rechnerisch extrapoliert - etwa zehn bis fünfzehn Laute pro Sekunde ergibt. Bei sehr schnellem Sprechen kommen wir so bis auf eine Anzahl von 400 Wörtern pro Minute.

Signalphonetisch betrachtet kommt es bei einer Veränderung der Sprechgeschwindigkeit zu recht komplexen Umstrukturierungen: Insbesondere die vokalischen Silbenkerne werden bei Erhöhung der Sprechgeschwindigkeit zeitlich verkürzt und ggf. die Artikulationsbewegung nicht so ausgeprägt vorgenommen, so dass die Zunge ihre Zielkonfiguration (engl. *target*) gar nicht ganz erreicht (engl. *undershoot*), während die konsonantischen Artikulationsbewegungen zwar schneller ausgeführt werden, aber einen - in unterschiedlichem Grad - wesentlich geringeren zeitlichen Kompressionseffekt aufweisen.

Wie Intonation und Betonung variiert die Sprechgeschwindigkeit im Verlauf zusammenhängender Äußerungen, jedoch handelt es sich dabei um lokale Änderungen, die sich, wie wir oben z.B. für die präpausale Längung gesehen haben, in der Wahrnehmung der rhythmischen Strukturiertheit der Äußerung niederschlägt.

Abschließend sei hier noch darauf hingewiesen, dass gerade die Kontrolle der Sprechgeschwindigkeit für viele experimentalphonetische Messungen ein keineswegs triviales Problem darstellt.

5.4 Literatur

Weiterführende Literatur

Bolinger, D.L. (ed.) (1972), Intonation: Selected Readings. Harmondsworth.

Fromkin, V.A. (ed.) (1978), Tone: A Linguistic Survey. New York.

Gandour, J.T. (1993), Phonetics of tone. In: Asher, R.E. & Simpson, J.M.Y. (eds.), The Encyclopedia of Language and Linguistics. Oxford u.a., 3116-3123.

Lehiste, I. (1970), Suprasegmentals. Cambridge, MA.

Spezialliteratur

Bell, A. & Hooper, J.B. (eds.) (1978), Syllables and Segments. Amsterdam.

Cutler, A. & Ladd, D.R. (eds.) (1983), Prosody: Models and Measurements. Berlin.

Fowler, C.A. (1980) Coarticulation and theories of intrinsic timing control. Journal of Phonetics 8, 113-133.

Gårding, E. (1983) A generative model of intonation. In: Cutler, A. & Ladd, D.R. (eds.), Prosody: Models and measurements. Berlin, 11-26.

IsaCenko, A. & Schädlich, H.J. (1970), A Model of Standard German Intonation. den Haag.

Kohler, K.J. (1986) Invariance and variability in speech timing: From utterance to segment in German. In: Perkell, J. & Klatt, D.H. (eds.), Invariance and Variability in Speech Processes. Hillsdale, 268-289.

Marcus, S.M. (1981), Acoustic determinants of perceptual centre (P-centre) location. Perception and Psychophysiocs 30, 247-256.

Menzerath, P. & de Lacerda, A. (1933), Koartikulation, Steuerung und Lautabgrenzung. Eine experimentalphonetische Studie. Berlin u. Bonn: Dümmler.

Möbius, B. (1993), Ein quantitatives Modell der deutschen Intonation. Analyse und Synthese von Grundfrequenzverläufen. Tübingen.

Öhmann, S. (1966), Numerical model of coarticulation. Journal of the Acoustical Society of America 41, 310-320.

Öhmann, S. (1967), Coarticulation in VCV utterances: Spectrographic measurements. Journal of the Acoustical Society of America 39, 151-168.

Pierrehumbert, J.B. (1979), The perception of fundamental frequency declination. Journal of the Acoustical Society of America 66, 362-369.

Pierrehumbert, J.B. (1981), Synthesizing intonation. Journal of the Acoustical Society of America 70, 985-995.

Pierrehumbert, J.B. & Beckman, M.E. (1988), Japanese Tone Structur. Cambridge, MA.

Pompino-Marschall, B. (1990), Die Silbenprosodie. Ein elementarer Aspekt der Wahrnehmung von Sprachrhythmus und Sprechtempo. Tübingen.

Pompino-Marschall, B. (1993), Die Silbe im Deutschen - gesprochen, geschrieben, beschrieben. In: Baurmann, J.; Günther, H. & Knoop, U. (Hrsg.), homo scribens. Perspektiven der Schriftlichkeitsforschung. Tübingen, 43-65.

Sievers, E. (1881/^{5}1901), Grundzüge der Phonetik. Leipzig.

Tillmann, H. G. (mit Mansell, P.) (1980), Phonetik. Lautsprachliche Zeichen, Sprachsignale und lautsprachlicher Kommunikationsprozeß. Stuttgart.

Vennemann, T. (1988), Preference Laws for Syllable Structure and the Explanation of Sound Change. Berlin u.a.

Vennemann, T. (1991), Skizze der deutschen Wortprosodie. Zeitschrift für Sprachwissenschaft 10, 86-111.

6 Einzelsprachliche Lautsysteme

6.1 Die Sprachen der Welt

Bevor wir im folgenden Unterkapitel auf die unterschiedlichen Ebenen und die Einzelheiten der phonetischen Transkription anhand des Beispiels des Deutschen eingehen wollen, soll hier - auch um die Sprachbeispiele der vorangegangenen Abschnitte besser einordnen zu können - in allerdings sehr kursorischer Weise auf die systematische Einteilung der Sprachen der Welt eingegangen werden.

Einen allgemeinen Überblick vermittelt hier die Karte der Abbildung 111 zu den Großfamilien der Sprachen der Welt in ihrer geographischen Verteilung. Diese Großfamilien untergliedern sich wiederum in einzelne Gruppen und Untergruppen wie z.b. das Westgermanische, zu dem auch das Deutsche gehört, als Untergruppe der germanischen Sprachen, einem Zweig der indoeuropäischen Sprachfamilie. Insgesamt werden heute auf der Welt zwischen drei- und fünftausend[1] verschiedene Sprachen gesprochen.[2] Einige Gebiete der Erde müssen dabei als ausgesprochene "sprachliche Ballungsräume" bezeichnet werden: So sind z.b. in Nigeria, Papua-Neuguinea, Indien, Indonesien oder auch Brasilien jeweils hunderte von Sprachen - wenngleich mit sehr unterschiedlichen Sprecherzahlen - in Gebrauch.

In Abb. 112 ist etwas detaillierter als Beispiel die Verteilung der wichtigsten Sprachen Europas wiedergegeben.

---

[1] Die Anzahl der Einzelsprachen ist wegen des Fehlens eines einfachen Kriteriums, was als eigenständige Sprache - im Gegensatz zu Varietäten einer Sprache - zu gelten hat, nur derart grob abschätzbar.

[2] Von dieser Vielzahl von Sprachen werden allerdings nur wenige hundert auch geschrieben.

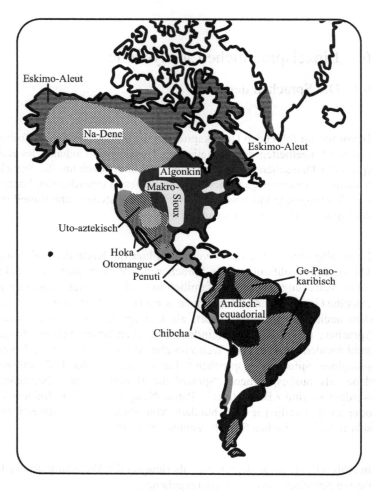

Abb. 111: Die Einteilung der Sprachen der Welt in Großfamilien (nach Crystal 1987; fortgesetzt auf der Folgeseite).

Abb. 111 (Fortsetzung): Die Einteilung der Sprachen der Welt in Großfamilien.

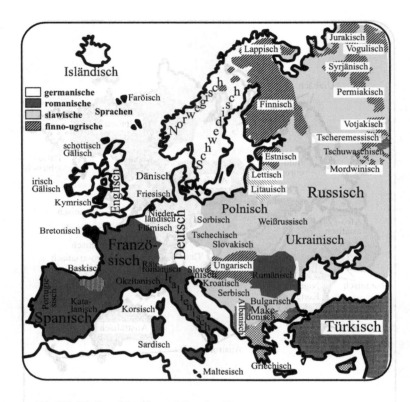

Abb. 112: Die Sprachfamilien und Sprachen Europas.

Trotz der Sprachenvielfalt weist die europäische Sprachenlandschaft ein relativ einheitliches Bild auf: Die am weitesten verbreitete Großfamilie ist die der indoeuropäischen Sprachen mit den germanischen (u.a. Deutsch, Englisch, skandinavische Sprachen), romanischen (u.a. Französisch, Italienisch, Spanisch), slawischen (u.a. Russisch, Polnisch, Tschechisch, Bulgarisch, Serbisch), baltischen (Lettisch, Litauisch) und keltischen Sprachen (u.a. Kymrisch, Gälisch) sowie dem Griechischen und Albanischen. Daneben begegnen wir mit den finnisch-ugrischen Sprachen (u.a. Finnisch, Ungarisch, Lappisch) uralischen Sprachen, mit vor allem dem Türkischen altaischen Sprachen und dem isolierten vor-indogermanischen Baskisch.

Die einzelnen Sprachen der Welt machen in ihren Lautsystemen sehr unterschiedlichen Gebrauch von den für den Menschen generell verfügbaren phonetischen Möglichkeiten, wobei allerdings einige universelle Tendenzen zu wirken scheinen. Wie wir bereits weiter oben gesehen haben, tendieren z.b. die Vokalsysteme der Einzelsprachen dazu, die einzelnen Vokale (in gewisser Symmetrie) je nach Anzahl möglichst gleichmäßig über den gesamten artikulatorischen Vokalraum zu verteilen, was auch bedeutet, sie möglichst gut unterscheidbar zu halten. Bei den Konsonanten finden wir dazu die Tendenz der Reihenbildung zwischen verschiedenen Modi bzw. einzelnen modifizierenden Parametern wie z.b. stimmlose und stimmhafte Plosive an allen (d.h. auch den gleichen) Artikulationsstellen. Meist zeigt sich auch eine negative Korrelation zwischen der Komplexität des Vokal- und des Konsonantensystems einer Sprachen: Je weniger distinkte Vokale, desto ausgeprägter die konsonantischen Distinktionen und umgekehrt; allerdings ist dies auch wiederum jeweils abhängig von den jeweils vorhandenen Silbenstrukturbedingungen der Einzelsprache.

Einen ausgezeichneten Überblick über die unterschiedlichen Lautsysteme der Sprachen der Welt vermittelt Maddieson in seinem Buch (Maddieson 1984) und der UPSID-Datenbank (Maddieson 1992), in der derzeit die Phoneminventare von 451 Einzelsprachen gelistet sind, wobei diese Sprachen als repräsentativ auf Grund ihrer Familienzugehörigkeit[3] ausgewählt wurden.

Aus dieser UPSID-Datenbank seien auf den folgenden Seiten die beiden extremen Lautinventare beispielhaft in einem für diese Zwecke notwendigerweise etwas modifizierten IPA-Format wiedergegeben. In der UPSID-Sammlung bildet die südafrikanische Khoisan-Sprache !Xũ das Extrem mit den meisten distinkten Lauten (insgesamt 141 Phoneme): Diese Sprache besitzt ein reiches Inventar an pulmonalen Konsonanten, daneben aber ein ebenso reiches System von Clicks und ist zudem auch die Sprache mit den meisten - in den Sprachen der Welt eher seltenen - Diphthongen (vgl. Tab. XV).

---

[3] Mit je einer Sprache, die die Ebene der Familienzugehörigkeit z.B. zu den westgermanischen Sprachen repräsentiert.

Tab. XV: Das Lautinventar des !Xũ (Fortsetzung nächste Seite):

	bilabial	alveolar	alveolar velarisiert	palato-alveolar	palato-alveolar velarisiert	palatal	velar	velar pharyngalisiert	labial-velar	(glottal)
pulmonale Konsonanten										
Plosive										
stimmlos	p	t	t^γ				k			
stl. aspiriert	p^h	t^h					k^h			
stimmhaft	b	d	d^γ				g			
sth. behaucht							g̈			
Frikative										
stimmlos		s		ʃ			x			
stimmhaft		z		ʒ						ɦ
Affrikaten										
stimmlos		ts	$t^\gamma s^\gamma$	tʃ	$t^\gamma ʃ^\gamma$					
stl. aspiriert		tš		$tʃ^h$						
stimmhaft			$d^\gamma z^\gamma$		$d^\gamma ʒ^\gamma$					
sth. behaucht		d̥z		d̥ʒ						
Nasale	m	n					ŋ			
(lang)	mː									
(behaucht)	m̥									
(laryngalis.)								ŋˤ		
Geschlagene		ɾ								
Approximanten						j			w	
nicht-pulmonale Konsonanten										
Ejektive										
stimmlos		t'					k'			
stimmhaft	b'	d'					g'			
ejektive Affrikaten										
stimmlos		ts'		tʃ'						
stimmhaft		dz'		dʒ'						

Die Sprachen der Welt

Tab. XV (Fortsetzung): Das Lautinventar des !Xũ

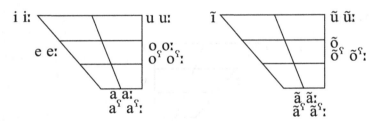

Vokale

Diphthonge

Das entgegengesetzte Extrem bildet die Papua-Sprache Rotokas mit insgesamt 11 Phonemen, bestehend aus einem minimalen Konsonanteninventar und fünf distinkten Vokalen (vgl. Tab. XVI).

Tab. XVI: Das Lautsystem des Rotokas

Konsonanten

	bilabial	alveolar	velar
Plosive			
stimmlos	p	t	k
stimmhaft			ǵ
Frikative			
stimmhaft	β		
Getippte		ɾ	

Vokale

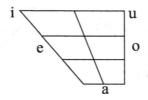

Im Folgenden soll in dem bei der 'Kiel Convention' 1989 festgelegten Format als Beispiel das Deutsche in seiner phonetischen Struktur beschrieben und zudem die unterschiedlichen Arten und Ebenen der phonetischen Transkription erläutert werden.

Die IPA-Illustrationen der Einzelsprachen sollen nach den Vorstellungen der 'Kiel Convention' bestehen aus:
- einer Phonemtabelle in der Form der Konsonantentabelle und des Vokaltrapezes des IPA-Zeicheninventars (vgl. Ausklapptabelle)
- einer Wortliste in lateinischer Orthografie bzw. Transliteration, die die einzelnen Laute illustriert
- einer Sammlung von Interpretationskonventionen, die die einzelnen Laute genauer spezifizieren und die Regularitäten ihrer allophonischen Variation aufzeigen und schließlich
- der Transkription einer Tonaufzeichnung (in kolloquialem Stil) der Übersetzung der Äsop-Fabel vom Nordwind und der Sonne, entweder in breiter, phonematischer Transkription, oder aber auch teilweise schon phonetische Details der Aufnahme kennzeichnend.

6.2 Das Deutsche

Bevor wir uns der phonetischen Beschreibung des Deutschen zuwenden, soll in einem kurzen Unterkapitel vorab die heutige neuhochdeutsche Standardsprache in ihren systematischen und diachronen Zusammenhang mit den anderen indoeuropäischen Sprachen gestellt werden. Zudem ist - ebenfalls in aller Kürze - auf die Ausbildung einer gesprochenen Standardsprache auf der Grundlage einer dialektübergreifenden standardisierten Schriftsprache einzugehen.

6.2.1 Die historischen Wurzeln des Deutschen

Das heutige Standarddeutsche basiert auf dem neuhochdeutschen Dialekt, einer westgermanischen Sprache der indoeuropäischen Sprachfamilie. Von der Lautentwicklung her ist das Hochdeutsche durch die erste ("germanische") Lautverschiebung von den anderen indogermanischen Sprachen abgetrennt und durch die zweite ("hochdeutsche") Lautverschiebung vom Niederdeutschen und den anderen germanischen Sprachen unterschieden.

Die erste Lautverschiebung,[4] die im Zeitraum zwischen 1200 - 1000 v.Chr. und 500 - 300 v.Chr. stattgefunden haben dürfte, wandelte dabei einerseits die stimmhaften indogermanischen Plosive /b/, /d/, /g/ in stimmlose /p/, /t/, /k/ (lat. *labi* 'gleiten' vs. engl. *sleep* 'schlafen'), auf der anderen Seite wurden die mit diesen zusammenfallenden stimmlos behauchten Plosive /p^h/, /t^h/, /k^h/ zu den stimmlosen Frikativen /f/, /θ/, /χ/[5] verschoben (lat. *pater* vs. ahd. *father* 'Vater'). Die idg. stimmhaft behauchten Plosive /b^h/, /d^h/, /g^h/ schließlich wurden über stimmhafte Frikative zu stimmhaften Plosiven (idg. **ghostis* vs. nhd. *Gast*).

Die zweite Lautverschiebung, die für die Zeit des fünften bis sechsten Jahrhunderts angesetzt wird und deren unterschiedliche Durchführung in den deutschen Dialekten in der Abbildung 113 schematisch wiedergegeben ist, bewirkt eine Verschiebung der germanischen stimmlosen Verschlusslaute /p/, /t/, /k/ inlautend zu den stimmlosen Frikativen /f/, /s/, /χ/ (<f(f)>; <z(z)>; <h(h)>, <ch>) und anlautend zu den Affrikaten /pf/, /ts/, /(kχ/) (<pf>, <z>, <kh>).

Für die zeitliche Gliederung der Entwicklung werden allgemein die Epochen des *Althochdeutschen* (etwa 8. Jhdt. bis 1050), des *Mittelhochdeutschen* (etwa 1050 bis 1350) und des *Neuhochdeutschen* (ab dem 14. Jhdt.) angegeben.

6.2.2 Dialekt - Schriftsprache - Standardsprache

Für die heutige Standardsprache maßgeblich war die sich bis zum 16. Jhdt. als Form der schriftlichen Kommunikation herausbildende Varietät auf der dialektalen Grundlage des Ostmitteldeutschen. Ab dem 16. Jhdt. bildet sich das Deutsche als - im Jahr 1901 schließlich auch orthografisch normierte - Schrift- und Literatursprache heraus. Man kann aber bereits für das späte 18. Jhdt. von einer weitgehend normierten überregionalen Schriftsprache ausgehen. Eine an der Schrift orientierte Kodifizierung der deutschen Aussprache hingegen kam erst im Jahr 1898 durch die Normierung der deutschen Bühnenaussprache zustande (Siebs 1898).

---

[4] Nach Jacob Grimm auch Grimmsches Gesetz benannt.
[5] Bzw. nach dem Vernerschen Gesetz in Abhängigkeit von den Betonungsverhältnissen zu stimmhaften Frikativen weitergewandelt.

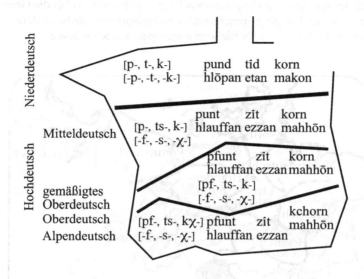

Abb. 113: Die Vennemann-Projektion der Hochdeutschen Lautverschiebung.

Wenn wir heute von der deutschen Standardsprache sprechen, so meinen wir damit - so auch im Folgenden - die gemäßigte Hochlautung (Siebs [19]1969), die - in teilweise etwas gelockerter Form - auf diese erste Festlegung zurückgeht.

Wenn wir im Folgenden über das gesprochene Deutsch reden, so sollte uns aber klar sein, dass wir es hierbei in keiner Weise mit etwas Einheitlichem zu tun haben, und dass wir selbst wohl je nach Situation auch sehr unterschiedliche Varietäten des Deutschen in unserer alltäglichen lautsprachlichen Kommunikation verwenden.

Die eine Extremform des gesprochenen Deutsch ist durch seine unterschiedlichen Dialekte gegeben, die in Abbildung 114 etwas vereinfachend bezüglich ihrer geografischen Verbreitung gekennzeichnet sind.[6] Wesentlich mehr Gewicht ist in der heutigen Zeit allerdings den Ausgleichsformen zwischen den einzelnen echten Dialekten bzw. dem

---

[6] Anhand der bis etwa 1930 erhobenen Dialektdaten.

Dialekt und der Standardlautung beizumessen, wie er uns in den Formen der sogenannten Umgangssprache gegenübertritt, wobei die Grenzen zwischen Umgangssprache und Standardsprache - insbesondere im Bereich der Lautung - als fließend angesehen werden müssen.

Abb. 114: Die geografische Verbreitung der deutschen Dialekte in der ersten Hälfte des 20. Jahrhunderts (vereinfacht nach Wiesinger 1983).

6.2.3 Phonetik der deutschen Standardsprache

Das Lautsystem des Deutschen

Bei unserer folgenden Beschreibung des Deutschen lehnen wir uns eng an die IPA-Illustration von Kohler (1999) an.

Tab. XVII: Das Konsonanteninventar des Deutschen (modifiziert nach Kohler 1999; s.a. Text zu Erläuterungen)

	bilab.	lab.dent	dental	alv.	postalv.	retrofl.	palatal	velar	uvular	pharyng.	glottal
plosiv	p b			t d				k g			(ʔ)
nasal	m			n				ŋ			
frikativ		f v		s z	ʃ ʒ		ç	(x)	(χ) ʁ		h
approximant							j				
lateral approx.				l							

Die obige Tabelle listet die Konsonantenphoneme des Deutschen auf. Die geklammerten Laute [x] und [χ] hingegen sind - entgegen Kohler (1999); vgl. Hall (2000) - als allophonische Varianten von /ç/ zu betrachten, die aber im Deutschen transkribiert werden müssen, sofern nicht Morphemgrenzen [+] mit angezeigt werden: [x] und [χ] treten nur nach Hinterzungenvokalen auf ([x] dabei nur nach gespannten hohen Hinterzungenvokalen), [ç] hingegen tritt nach Vorderzungenvokalen, nach Konsonanten oder aber auch morpheminitial auf (z.B. [ɪç] 'ich', [mɪlç] 'Milch', [ˈfʁaʊçən] = /ˈfʁaʊ+çən/ 'Frauchen' vs. [ˈʁaʊxən] 'rauchen'). Ebenso nur durch die Markierung von Morphemgrenzen in der Transkription voraussagbar wäre der Glottisverschluss [ʔ] vor initialen Vokalen (so z.B. in 'vereisen' [fəʁˈʔaɪzən] = /fəʁ+ˈaɪzən/ vs. 'verreisen' [fəʁˈʁaɪzən]). Die einzelnen Laute sind in der folgenden Liste (bis auf den orthografisch nicht ausgedrückten Glottisverschluss [ʔ]) jeweils in ihren möglichen Positionen (initial, intervokalisch medial und final) durch Beispielwörter illustriert:

Tab. XVIII: Beispielwörter für die Konsonanten des Deutschen in initialer, medialer und finaler Position

p	*Pass, Lippe, Lump*	t	*Tasse, Leute, laut*	k	*Kasse, Lake, Sack*
b	*Bass[4], Ebene*	d	*das[4], edel*	g	*Gasse[4], Lage*
m	*Maß, Eimer, Leim*	n	*nasse, ohne, Sohn*	ŋ	*lange, Gang*
f	*fasse, laufen, Ruf*	s	*reißen, Reis*	ʃ	*schon, Masche, rasch*
v	*Wasser, ewig*	z	*Sonne, reisen*	ʒ	*Genie, Garage[6]*
ɔ	*Chemie, stechen dich*	x	*suchen, Buch*	χ	*machen, Dach*
h	*hasse, Ahorn*	ʁ	*Rast, Ehre, Herr[5]*	j	*ja, Ajax*
l	*lasse, Höhle, hohl*				

[4] Nur phonematisch, phonetisch entstimmt [b̥, d̥, g̊].

[5] Nur phonematisch (s.u. Interpretationskonventionen).

[6] Eingeschränkt.

Das Schema der Abbildung 115 listet (in Anlehnung an Kohler 1999) die deutschen Vokalphoneme in Bezug zum System der Kardinalvokale sowie die echten (phonologischen) Diphthonge. Der Neutralvokal [ə] wurde hier geklammert, da er nicht als Phonem des Deutschen angesehen werden muss.

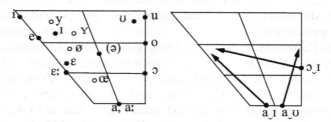

Abb. 115: Das Vokalsystem des Deutschen (modifiziert nach Kohler 1999; links, durch gefüllte Kreise gekennzeichnet: bezüglich Lippenform unmarkierte Vokale, durch offene Kreise gekennzeichnet: markierte (gerundete Vorderzungen-) Vokale; rechts: echte Diphthonge

Die folgende Liste illustriert wiederum die obigen Vokale und Diphthonge in ihren möglichen Positionen durch Beispielwörter:

Tab. XIX: Beispielwörter für die Vokale des Deutschen in initialer, medialer und finaler Position

i	*Igel, bieten, sie*	y	*Übel, hüten, früh*	u	*Uhr, sputen, Uhu*
ɪ	*ich, bitten*	ʏ	*üppig, Hütten*	ʊ	*um, Butter*
e	*Esel, beten, Tee*	ø	*Öfen, Goethe, Bö*	o	*Ofen, boten, froh*
ɛ	*Ecke, Betten*	œ	*öffnen, Götter*	ɔ	*offen, Botten*
ɛː	*äsen, bäten, säh*				
		aː	*aber, baten, sah*		
		a	*Acker, hatten*		
		ə	*Beute*		
a͜ɪ	*Eier, beiden, frei*	ɔ͜ɪ	*Eule, Beute, neu*	a͜ʊ	*aus, bauen, Frau*

Die obige Liste illustriert u.a. eine besondere Eigenschaft des deutschen Vokalismus, der es erlaubt, phonologisch das deutsche Vokalinventar weiter zu reduzieren (vgl. Vennemann 1988): Die offeneren, ungespannten Vokale eines Paares von - in traditioneller Ausdrucksweise - Lang- und Kurzvokal[7] treten nie in silbenfinaler Position auf, d.h. weiter, sie kommen nur in geschlossenen Silben mit sogenanntem 'scharfen Schnitt' vor (zum Silbenschnitt vgl.o. 5.2.2).

Ebenen der Transkription

Vor der Wiedergabe der Transkription des deutschen 'Nordwind und Sonne'-Textes und den dazugehörigen Interpretationskonventionen sei an dieser Stelle vorab noch etwas genauer auf die verschiedenen Möglichkeiten der Transkription eingegangen:

Wir können feststellen, dass sich die verschiedenen Arten von Transkriptionen anhand unterschiedlicher Kriterien klassifizieren lassen, wobei als Extremformen auf der einen Seite die sog. *'impressionistische Transkription'*, eine *'enge'* (d.h. auf phonetische Details eingehende) Transkription einer tatsächlich vorliegenden *Äußerung*, auf der

---

[7] Auf Grund der im Deutschen bestehenden Korrelation zwischen Vokallänge und Öffnungsgrad bzw. Gespanntheit berechtigte Bezeichnung.

anderen Seite die *'breite'*, *phonematische* (d.h. nur die bedeutungsdifferenzierenden globaleren Lautkategorien notierende) *Transkription* eines *Textes* gelten können.

Diese beiden Extreme unterscheiden sich sowohl bezüglich des in ihnen ausgedrückten Detailreichtums ('eng' vs. 'breit'), der Sprachbezogenheit ('generell-impressionistisch', d.h. rein ohrenphonetisch vs. 'systematisch-phonologisch', d.h. auf das System der Einzelsprache bezogen), sowie auch in Hinblick auf den Gegenstand des Dargestellten (die Aussprache bei einer tatsächlichen lautsprachlichen Äußerung vs. die lexikalisch explizite (Norm-) Aussprache eines Textes).

So kann sowohl die Darstellung der Normaussprache eines Textes als auch die systematische Transkription einer tatsächlichen Äußerung (bei bekanntem phonologischen System) mehr oder weniger eng durchgeführt werden. Die impressionistische Transkription einer vorliegenden Äußerung allerdings verlangt eine möglichst enge Transkription, wobei sich der Ohrenphonetiker hierbei von seinen muttersprachlichen Hörgewohnheiten so weit als irgend möglich zu lösen hat, denn er weiß ja vorab ggf. garnicht, welche Lautnuancen in der ihm evtl. unbekannten, zu untersuchenden Sprache von Bedeutung sind.

Eine solche impressionistische Transkription (ohne Notierung des Intonationsverlaufs) sei im Folgenden von einer Äußerung des deutschen 'Nordwind und Sonne'-Textes (gefolgt vom orthografischen Text) wiedergegeben:

ʔa͜ɪns'ʃtʀɪtn̩ʃt͡sɪç'nɔ͜ɐ̯tvɪntʊn'zɔnə|vɛ͜ɐ̯fəniːm̩'ba͜ɪdⁿn̩voˈldɐ'ʃtɛ͜ɐ̯kəʀə
veʀə|ʔalza͜ɪm̩'vandəʀɐ|deɣɪna͜ɪm̩'vaːm̩'mantⁱlgəˌhʏltvaː͜ɐ̯|dəs 'veːgəs
dạˈheː͜ɐ̯kʰaːm ‖ zɪvʊ͜ɐ̯dn̩ ˈʔa͜ɪnɪç | dəsˈdeː͜ɐ̯jenɪgəfʏ͜ɐ̯dⁿn̩'ʃtɛ͜ɐ̯kəʀən
ˌg̊eltⁿn̩t͡sɔltə|de͜ɐ̯m̩'vandəʀɐ't͡svɪŋŋvʏ͜ɐ̯də|za͜ɪm̩'mantˈl̩|'ʔaptsʊˌneːm̩ ‖
de͜ɐ̯ 'nɔ͜ɐ̯tvɪm 'bliːsmɪt 'ʔalɐ 'maxtʰ | ʔaˈbɐje 'me͜ɐ̯ɐ̯ 'bliːs | dęsto
ˈfɛstɐ 'hʏltəzɪçdɐ 'vandəʀɐ͜ɪnza͜ɪm 'mantˈla͜ɪn‖ 'ʔɛntlɪçğaːpdɐ'nɔ͜ɐ̯t
vɪndəŋ'kʰampfˈa͜ʊf ‖ nuːnʔɛ͜ɐ̯'ve͜ɐ̯mtədɪ'zɔnədɪ'lʊfpᵐmɪtiː͜ɐ̯n'fʀɔɪnt
lɪçn̩'ʃtʀaːln̩|ʔʊnʃoːnax'veːnɪŋŋ'ʔa͜ʊgⁿŋˌblɪkⁿŋt͡soːkdɐ'vandəʀɐza͜ɪm
'mantl̩ʔa͜ʊs ‖ ḍamʊstədɐ 'nɔ͜ɐ̯tvɪn 'tsuːgeːbᵐm̩ | dəsdɪ 'zɔnəfəniːm̩
'ba͜ɪdⁿn̩dɐ 'ʃtɛ͜ɐ̯kəʀəvaː͜ɐ̯ ‖

Das Deutsche 269

"Einst stritten sich Nordwind und Sonne, wer von ihnen beiden wohl der Stärkere wäre, als ein Wanderer, der in einen warmen Mantel gehüllt war, des Weges daherkam. Sie wurden einig, dass derjenige für den Stärkeren gelten sollte, der den Wanderer zwingen würde, seinen Mantel abzunehmen. Der Nordwind blies mit aller Macht, aber je mehr er blies, desto fester hüllte sich der Wanderer in seinen Mantel ein. Endlich gab der Nordwind den Kampf auf. Nun erwärmte die Sonne die Luft mit ihren freundlichen Strahlen, und schon nach wenigen Augenblicken zog der Wanderer seinen Mantel aus. Da musste der Nordwind zugeben, dass die Sonne von ihnen beiden der Stärkere war."

Die oben wiedergegebene impressionistische Transkription kann natürlicherweise keine Abtrennung von Wörtern durch Leerzeichen vornehmen, da diese als nicht bekannt gelten müssen. Ebenso entfällt die Möglichkeit der Interpunktion. Lediglich eine Markierung von intonatorischen Einheiten durch die Grenzsymbole [|] und [||][8] ist hier möglich.

Als Beispiel für eine phonematisch breite Transkription kann die Textdarstellung nach dem Duden Aussprachewörterbuch der ersten Auflage (d.h. ohne die nach der zweiten Auflage notierten r-Vokalisationen und ohne silbisches 'l' und 'n') stehen. Wir geben im Folgenden zum Vergleich mit den anderen Transkriptionen die etwas engere Darstellung des 'Nordwind und Sonne'-Textes nach der zweiten Auflage des Duden Aussprachewörterbuchs wieder:

a‿ɪnst ˈʃtrɪtn̩ zɪç ˈnɔrtvɪnt ʊnt ˈzɔnə, veːɐ̯ fɔn ˈiːnən ˈba‿ɪdn̩ voːl deːɐ̯ ˈʃtɛrkərə veːrə, als a‿ɪn ˈvandərɐ, deːɐ̯ ɪn a‿ɪnən ˈvarmən ˈmantl̩ gəˌhʏlt vaːɐ̯, dɛs ˈveːgəs daˈheːɐ̯kaːm. zi vʊrdn̩ ˈa‿ɪnɪç, das ˈdeːɐ̯jenɪgə fyːr deːn ˌʃtɛrkərən ˌgɛltn̩ zɔltə, deːɐ̯ deːn ˌvandərɐ ˈtsvɪŋən vʏrdə, za‿ɪnən ˈmantl̩ ˈaptsuˌneːmən. deːɐ̯ ˈnɔrtvɪnt ˈbliːs mɪt ˈalɐ ˈmaxt, aːbɐ jeː ˈmeːɐ̯ eːɐ̯ ˈbliːs, dɛsto ˈfɛstɐ ˈhʏltə zɪç deːɐ̯ ˈvandərɐ ɪn za‿ɪnən ˈmantl̩ a‿ɪn. ˈɛntlɪç gaːp deːɐ̯ ˈnɔrtvɪnt deːn ˈkampf ˈa‿ʊf. nuːn ɛɐ̯ˈvɛrmtə diː ˈzɔnə diː ˈlʊft mɪt iːrən ˈfʁɔ‿ɪntlɪçn̩ ˈʃtʁaːlən, ʊnt ʃoːn naːx ˈveːnɪgən ˈa‿ʊgn̩ˌblɪkn̩ tsoːk deːɐ̯ ˈvandərɐ

---

[8] [|] steht im Beispiel für eine nicht final intonierte Grenze, [||] für eine echte (finale) prosodische Grenze.

za‿mən ˈmantl̩ a‿ʊs. da mʊstə deːɐ̆ ˈnɔrtvɪnt ˈtsugeːbn̩, das diː ˈzɔnə fɔn ˈiːnən ˈba‿ɪdn̩ deːɐ̆ ˈʃtɛrkərə vaːɐ̆.

Da es sich hier um eine 'wörtliche Darstellung' der Normaussprache eines Textes handelt, sind im Gegensatz zur impressionistischen Transkription die Wörter durch Leerzeichen voneinander abgegrenzt und ist die orthografische Interpunktion beibehalten.

Die in den IPA-Illustrationen der Einzelsprachen publizierten Beispieltranskriptionen sind grundsätzlich als 'systematische Transkriptionen' zu kennzeichnen: Das lexikalische und syntaktische Vorwissen des Transkribenten zeigt sich so auch in Leerzeichen und Interpunktion. Der Detailreichtum, die 'Enge' der Transkription ist dem jeweiligen Autor anheimgestellt: Sie kann von einer phonematisch breiten (und wörtlich expliziten) bis zu einer auch gewisse tatsächlich beobachtbare phonetische Eigenschaften der Textäußerung wiedergebenden engeren Transkription reichen. Insbesondere für die 'breiter' abgefassten Transkriptionsbeispiele sollen die Interpretationskonventionen zusätzliche Hinweise auf Details der möglichen tatsächlichen Realisationen geben, wie z.B. durch 'engere' Charakterisierung der Einzellaute und die Angabe ihrer stellungsbedingten, allophonischen Varianten.

Im Folgenden sind übersetzt und überarbeitet die Interpretationskonventionen und "wörtlich" das Transkriptionsbeispiel für das Deutsche nach Kohler (1999) wiedergegeben:

Interpretationskonventionen

Die stimmlosen Plosive /p, t, k/ sind außer nach silbeninitialem Frikativ (z.B. [ʃtat] 'Stadt') und vor silbischem Nasal oder Lateral (z.B. [za‿ɪtn̩] "Seiten' bzw. [mantl̩]) aspiriert: Am stärksten vor betontem Vokal, am wenigsten in unbetonten Funktionswörtern.

/ʁ/ - als norddeutsche Standardform für <r> - kann - je nach Stilebene und auch ideolektal[9] - stellungsbezogen sehr unterschiedlich realisiert werden: als - heute eher den Hyperformen[10] zuzurechnen - gerolltes 'r'

---

[9] Nach individueller Sprechweise.
[10] D.h. "überkorrekte" Aussprache; angenommen wird ein Kontinuums zwischen diesen Hyperformen und den Formen mit stärkster Reduktion (Hypoformen), nach dem eine einzelne Aussprachevariante beurteilt werden kann.

[ʁ][11] (außer in unbetonten Endsilben), intervokalisch (z.B. "Herrenjahre") als Approximant [ʁ̞], nach stimmlosen Plosiven oder Frikativen entstimmt als [χ] (z.B. in "trat"); postvokalisch final oder vor Konsonant wird /ʁ/ üblicherweise vokalisiert als [ɐ] produziert, was zu den in Abbildung 116 dargestellten Diphthongen führt (z.B. [iːɐ̯] 'ihr', [haːɐ̯] 'Haar', [uːɐ̯] 'Uhr'), wobei die Endung "-er" meist als monophthongisch [ɐ] (z.B. [leːʁɐ] 'Lehrer') realisiert wird; in Abhängigkeit vom vokalischen Kontext variiert die Artikulationsstelle zwischen der eigentlich uvularen (z.B. [ʁoːt] 'rot') und der velaren (z.B. [bɣiːzə] 'Briese').

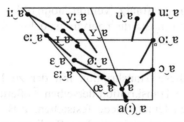

Abb. 116: Die [ɐ]-Diphthonge des Deutschen (nach Kohler 1999)

Die wort- und stamminitialen Vokale werden - außer in unbetonten Funktionswörtern - mit vorausgehendem Glottisverschluss - bzw. in fließender Rede auch mit einer diesem Lautsegment entsprechenden Glottalisierung des Vokals - produziert (z.B. [ʔɛɐ̯ˈʔaʁbaɪtn̩]/ [ʔɛɐ̯ˈaʁbaɪtn̩] 'erarbeiten').

[ç] tritt nach Vorderzungenvokalen und Konsonanten (z.B. [ʔɪç] 'ich', [mɔlç] 'Molch') sowie wort- und morpheminitial auf (z.B. [çeˈmiː] 'Chemie', [...çən] '-chen'), [x] vor gespannten hohen und mittleren Hinterzungenvokalen (z.B. [buːx] 'Buch', [hoːx] 'hoch'), [χ] vor tiefen Hinterzungenvokalen (z.B. [daχ] 'Dach', [dɔχ] 'doch').

Die geschlosseneren - gespannten - Varianten der im Alltagsverständnis gleichen Vokale werden unter Betonung gelängt. In unbetonten Funktionswörtern und bei extremer Reduktion in unbetonter Stellung

---

[11] Dem die süddeutsche Standardform [r] entspricht.

werden sie kurz und ungespannt realisiert (z.B. in "über": Kanonische Form [yːbʁ], Realisation in fließender Rede [ʏbʁ]).

Transkriptionsbeispiel

aıns ˈʃtʀɪtn zɪç ˈnɔʁtvɪnt ʊn ˈzɔnə, vɐʁ fən im ˈbaɪdn vol dʁ ˈʃtɛʁkəʁə veʁə, als aın ˈvandəʁʁ, dɐʁ ɪn aın ˈvaʁm ˈmantl gəˌhʏlt vaʁ, dəs ˈvegəs daˈhɐʁkaːm. zɪ vʊʁdn ˈaınıç, das ˈdɐʁjenıgə fʏʁ dən ˌʃtɛʁkɐʁən ˌgɛltn zɔltə, dɐʁ dən ˌˈvandəʁʁ ˈtsvɪŋŋ vʏʁdə, zaım ˈmantl ˈaptsuˌnemm. dɐʁ ˈnɔʁtvɪm ˈblis mɪt ˈalʁ ˈmaχt, aːbʁ je ˈmeʁ ɛʁ ˈblis, desto ˈfɛstʁ ˈhʏltə zɪç dʁ ˈvandəʁʁ ɪn zaım ˈmantl aın. ˈɛntlıç gaːp dʁ ˈnɔʁtvɪn dəŋ ˈkampf ˈauf. nun ɛʁˈvɐʁmtə dɪ ˈzɔnə dɪ ˈlʊfp mɪt iʁn ˈfʁɔıntlıçn ˈʃtʁaːln, ʊn ʃɔnaχ ˈvenıgŋ ˈaʊgŋˌblıkŋ tsok dʁ ˈvandəʁʁ zaım ˈmantl aʊs. da mʊstə dʁ ˈnɔʁtvɪn ˈtsugebm, das dɪ ˈzɔnə fən im ˈbaɪdn dʁ ˈʃtɛʁkəʁə vaʁ.

Vergleichen wir diese Transkription mit der zu Beginn gegebenen impressionistischen Transkription derselben Äußerung, so können wir die grundsätzlichen Unterschiede feststellen. Z.B. wird hier auf die Kennzeichnung der unterschiedlichen Realisationen des (phonematisch als /ʁ/ angesetzten r-Lauts verzichtet: Sie sind aus den in den Interpretationskonventionen angegebenen Regeln ableitbar. Ebenso kann auf die Notation der Vokallänge - bis auf [aː] vs. [a] und [ɛ] vs. [ɛː] - verzichtet werden. Nicht notiert werden im Gegensatz zur impressionistischen Transkription auch der Glottisverschluss, die Silbizität von Nasalen und Lateralen sowie die Art der Verschlusslösung (aspiriert, nasal, lateral). Die gegebene Transkription ist andererseits aber relativ eng in Bezug auf (teilweise recht ausgeprägte) Assimilationserscheinungen - insbesondere über Wortgrenzen hinweg (vgl. [im ˈbaɪdn], [ˈnɔʁtvɪm ˈblis], [ˈlʊfp mɪt]), wie sie in fließender Rede sehr häufig vorkommen.

Phonotaktik

Bevor wir im Folgenden auf die Prozesse bei der spontansprachlichen Realisation zusammenhängender Äußerung eingehen, sei an dieser Stelle auf ein in den Beispieltranskriptionen ('Specimens') der IPA weitgehend vernachlässigtes, jeweils einzelsprachlich geregeltes Phänomen eingegangen: Neben dem paradigmatisch definierten System der distinktiven Lautkontraste ist das Lautsystem einer Einzelsprache jeweils auch bezüglich der sequentiellen Abfolge, d.h. bezüglich der syntagmatischen Verknüpfungsmöglichkeit einzelner Segmente beschränkt. In Abbildung 117 sind die diesbezüglichen Beschränkungen für die einsilbigen Wörter des Deutschen nach Kohler (1995) wiedergegeben:[12]

$$\left(\left\{\begin{array}{ccc} & K_{a,b,c} & \\ (K_a) & K_a & K_b \\ & K_a & K_c \\ (K_a) & K_a & K_a \end{array}\right\}\right) V \left(\left\{\begin{array}{ccc} & K_{a,b} & \\ K_b & K_a & (K_a) \\ K_b & K_b & (K_a) \\ & K_a & K_a \end{array}\right\}\right) \left(\left\{\begin{array}{c} K_a(+K_a) \\ +K_a(K_a) \end{array}\right\}\right)$$

Abb. 117: Die phonotaktische Struktur des deutschen Einsilblers (nach Kohler 1995; Erläuterungen s. Text).

In der obigen Abbildung bezeichnet K_a dabei Laute aus der durch die Plosive und Frikative gebildeten Klasse von Konsonanten, K_b Konsonanten, die entweder Nasale oder aber /l/ oder /ʁ/ sind, K_c schließlich die Konsonanten /h/ und /j/ und V monophthongische wie diphthongische Silbenkernsegmente. Traditionellen Konventionen folgend umschließen runde Klammern jeweils fakultativ auftretende Segmente, während in geschweiften Klammern verschiedene Wahlmöglichkeiten untereinander angeordnet sind.[13] Hiernach ist ein monophthongisches oder diphthongisches Vokalsegment der einzig nötige Bestandteil eines deutschen Einsilblers.[14] Es können jedoch am Wortbeginn bis zu drei Konsonanten auftreten, wie u.a. /ʃtr/ in *Strick*, /pfr/ in *Pfropf*, /pfl/ in *Pflock*. Unter Einschluss einer Morphemgrenze können am Wortende schließlich bis zu fünf Konsonanten aufeinandertreffen, wie z.B. /rbsts/ in *(des) Herbsts*. Für die finalen Konsonanten der Klasse K_a besteht hier aber auf Grund der deutschen Auslautverhärtung die Einschränkung, dass diese nur stimmlos sein dürfen. Zudem ist an dieser Silbenposition ein Übergewicht der koronalen Konsonanten /t/ und /s/ zu konstatieren.

---

[12] Wobei sich bei den unterschiedlichen, durch die Klammerungen angezeigten Alternativen jeweils weitere Beschränkungen ergeben.
[13] Das Zeichen '+' gibt zudem eine Morphemgrenze (wie z.B. in *schimpf* + *st*) an.
[14] Bei silbenfinalem Monophthong muss dieser allerdings außerdem lang (bzw. sanft geschnitten) sein.

Phonetische Prozesse in fließender Rede

Als einleitendes Beispiel für unsere Betrachtung von realen lautsprachlichen Realisationen des Deutschen seien hier zwei Satzäußerungen in orthografischer Repräsentation und enger Transkription der normgerechten Aussprache der einzelnen lexikalischen Einheiten einer impressionistischen Transkription einer realen Äußerung dieses Textes (bei künstlicher Zuordnung zu den entsprechenden lexikalischen Einheiten; nach Kohler 1990) gegenübergestellt:

Tab. XX: Deutsche Satzäußerungen in orthografischer Form (oberste Zeile), kanonischer Aussprache (zweite Zeile) und in enger Transkription des tatsächlich Gesprochenen (unterste Zeile)

Ich	bin	mit	dem	Wagen	nach	Bonn	gefahren.
ʔɪç	bɪn	mɪt	deˈm	ˈvaːɡən	naːχ	ˈbɔn	ɡəˌfaːʁən.
ç	b̥ɪ	mɪ	m	ˈvaːŋ	naχ	ˈbɔŋ	ɡəˌfaːɐ̯n.

Er	hat	mir	geholfen.
ʔeːɐ̯	hatʰ	miːɐ̯	ɡəˈhɔlfən.
ɛɐ̯	b	mɐ̯	ɡəˈhɔlfm̩.

Wir wollen im Folgenden die wichtigsten Regularitäten der im obigen Beispiel auftretenden Reduktionserscheinungen bei fließender Rede etwas genauer betrachten.

Als erster Effekt wird von Kohler (1990) die Vokalreduktion in den unbetonten Funktionswörtern[15] benannt: In unbetonten Funktionswörtern kommt es bei fließender Rede zu einer Neutralisation und Verkürzung der Vokale. Auf Grund des betonungszählenden Rhythmus (vgl.o. Kap. 5.3.3) der deutschen Sprache unterliegen alle Reduktionssilben[16] einer starken zeitlichen Reduktion. Dieser Vorgang führt zu dem zweiten von Kohler benannten Reduktionseffekt, nämlich der Schwa-Tilgung und der Elision der Plosivaspiration mit gleichzeitiger Assimilation der Assimilationsstelle. Einige illustrative Beispiele für diese Prozesse sind in der Tabelle XXI (anhand der Sequenzen des Typs *Plosiv (Plosiv) + [ə] + Nasal* und *Nasal (Plosiv) + [ə] + Nasal* und *Plosiv/Nasal #*[17] *Plosiv/Nasal* wiedergegeben.

---

[15] Unter die Funktionswörter fallen Pronomen, Artikel, Hilfsverben, Präpositionen und Konjunktionen.
[16] D.h. alle Silben mit [ə] als Silbenkern.
[17] # markiert hier eine Wortgrenze.

Das Deutsche 275

Tab. XXI: Wegfall von [ə] und Aspiration sowie Assimilation der Artikulationsstelle

[bən] → [bm] 'eben'; aber: 'Ebene' [bnə], [bm̩nə]
[pʰən] → [pm] 'Lappen'
[ptʰən] → [pm] 'behaupten'
[mən] → [mm] 'kommen'
[mdən] → [mbm] 'Hemden'
[mtʰən] → [mpm] 'Beamten'; aber: 'Beamter' [mtʰɐ]

[dəm] → [bm] 'mit jedem'
[tʰəm] → [pm] 'mit fettem Speck'
[nəm] → [mm] 'mit einem Ei'

[gən] → [gŋ] 'Regen'; aber: 'gelegene' [gnə], [gŋ̍nə]
[kʰən] → [kŋ] 'trocken'; aber: 'trockene Haare' [k.nə], [kŋ̍nə]
[ŋən] → [ŋŋ] 'singen'; aber: 'besungene Helden' [ŋ.nə], [ŋŋ̍nə]
[bən] → [bm] 'eben'; aber: 'Ebene' [p.nə], [bm̩nə]

[gəm] → [gm] 'in ruhigem Ton'
[kʰəm] → [km] 'mit starkem Akzent'
[ŋəm] → [ŋm] 'mit langem Vokal'

[dən] → [dn] 'Laden'; aber: 'geladene Gäste' [t.nə], [dn̩nə]
[tʰən] → [tn] 'verbieten'; aber: 'die Verbotene' [t.nə], [tn̩nə]
[nən] → [nn] 'können'
[bəm] → [bm] 'mit gelbem Papier'
[pʰəm] → [pm] 'mit knappem Auskommen'
[məm] → [mm] 'mit dummem Geschwätz'

[t#b] → [p#b] 'mitbringen'
[t#p] → [p#p] 'Mutprobe'
[t#g] → [k#g] 'mitgehen'
[t#k] → [k#k] 'mitkommen'
[n#b] → [m#b] 'anbieten'
[n#p] → [m#p] 'anpreisen'
[n#g] → [ŋ#g] 'Angabe'
[n#k] → [ŋ#k] 'ankommen'
[t#m] → [p#m] 'mitmischen'
[n#m] → [m#m] 'anmelden'

Als einen weiteren Effekt nennt Kohler die Verkürzung von Konsonanten, wie sie in den folgenden Beispielen zu beobachten ist:

Tab. XXII: Schrittweise Konsonantenkürzung in zusammenhängender Rede
'mit dem'
[mɪt de̬ːm] → [mɪt d̬əm] → [mɪtm] → [mɪdm]
→ [mɪpm] → [mɪbm] → [mɪm]
'seinen neuen Hut'
[... nən n ...] → [... nn̩.n ...] → [... nn.n ...]
(=[... nːn ...]) → [... nn ...](=[... nː ...]) → [... n ...]

All die hier vorliegenden Prozesse werden verständlich, sobald wir die Aussprache bei zusammenhängender Rede nicht in erster Linie unter dem Aspekt der segmentalen Komposition der Einzelwörter, sondern vielmehr unter dem Gesichtspunkt der für die Hervorbringung der gesamten Äußerung notwendigen Artikulationsbewegungen betrachten. Die Beispiele der obigen Tabellen lassen sich so als Veränderungen in der zeitlichen Koordination aufeinanderfolgender konsonantischer Artikulationsgesten bei gleichzeitiger Vereinfachung des gesamten artikulatorischen Bewegungsablaufes verstehen: Um den schon mehrfach erwähnten Prozess der Verkürzung der Vokaldauer zustande zu bringen, werden die im wesentlichen in ihrer zeitlichen Ausdehnung nicht komprimierbaren konsonantischen Artikulationsbewegungen mit immer geringer werdendem zeitlichen Abstand zueinander realisiert, wobei die unterschiedliche Beweglichkeit der einzelnen Artikulatorsysteme von entscheidender Bedeutung ist. So geraten gerade die schnellen Zungenspitzenartikulationen in den zeitlichen Wirkungsbereich der wesentlich langsameren Bewegung des Kiefer-Lippen-Apparats und des Zungenrückens wie des Velums. Überlappen sich nun orale Verschlussbildungen dieser Art, so kann dies dazu führen, dass trotz eines noch vorhandenen Zungenspitzenverschlusses dieser akustisch nicht mehr in Erscheinung tritt, da er z.B. durch einen labialen Verschluss völlig überlagert ist. Dies Nicht-Hörbarwerden führt auf der anderen Seite auch wieder dazu, dass ggf. die entsprechende Artikulationsbewegung je nach Sprechgeschwindigkeit oder auch Sprechstil vom Sprecher gar nicht mehr - oder aber nur in sehr reduzierter Form - realisiert wird.[18] Wird zudem der orale Verschluss nicht vor dem mit der Artikulation eines nachfolgenden Nasals verbundenen Absenken des Velums gelöst, so ergeben sich die in den obigen Tabellen gelisteten Assimilationsphänomene.

Intonation

Die phonetische Beschreibung des Standarddeutschen soll im Folgenden durch eine knappe Darstellung zur Satzintonation abgerundet werden. Wir orientieren uns hierbei an der im Rahmen des Verbmobil-PhonDat-Projekts als Konsenstranskription entwickelten GToBI[19]-Notation (Grice, Reyelt, Benzmüller, Mayer & Batliner 1996), die auf dem Tonsequenzansatz der autosegmental-metrischen Phonologie (Pierrehumbert 1980) basiert. Es sei dabei aber ausdrücklich darauf hingewiesen, dass neben diesem heute zwar sehr weit verbreiteten Beschreibungsmodell für die Intonation konkurrierende Modelle existieren, wobei keineswegs ausgemacht ist, mit welchem der Modelle alle kommunikativ relevanten Intonationsphänomene einer Sprache - insbesondere in Bezug auf ihre zeitliche Strukturierung - adäquat erfasst werden können. Für das Deutsche sei hier das bezüglich des letzten Punktes ausgearbeitetere Kieler Intonationsmodell KIM (vgl. Kohler 1991, 1997) wenigstens genannt.

Den unterschiedlichen Modellen ist allerdings gemeinsam, dass sie sich am Intonationsverlauf ab der Position des Phrasen- oder Tonakzents (dem *nuclear accent*; ggf. mit einem gewissen Vorlauf) orientieren, der mit den jeweiligen Beschreibungskategorien als kommunikativ relevant erfasst werden soll.

In der ToBI-Notation stehen dabei die folgenden Beschreibungskategorien zur Verfügung:

Für die mit einem * gekennzeichneten Tonakzentwerte H (für Hochton; *high*) und L (für Tiefton; *low*), wobei Hochtöne als in den oberen drei Vierteln, Tieftöne als im unteren Viertel des Stimmumfangs des Sprechers angesiedelt gesehen werden. Diese Phrasentöne können zusätzlich durch einen Vor- bzw. Nachlauf charakterisiert sein, der in der Notation dem gesternten Ausdruck mit + verbunden voran-

---

[18] Artikulatorisch haben wir es hier sicherlich mit einem kontinuierlichen Übergang zu tun, der aber durch sein akustisches Ergebnis zu kategorial anderen wahrnehmungsmäßigen Resultaten führt.

[19] Für German Tone and Break Index.

bzw. nachgestellt markiert wird. Für das Standarddeutsche werden dabei die folgenden Tonakzente angenommen:

- H*   Hochton (mit fakultativ flachem Anstieg)
- L+H*   steil ansteigender Hochton mit Tieftonvorlauf (später Gipfel)
- L*   lokales Tonhöhenminimum
- L*+H   Tiefton mit folgendem Tonanstieg
- H+L*   Tiefton mit vorausgehendem steilen Tonhöhenabfall
- H+!H*   (herabgestufter)[20] Hochton mit vorausgehendem Tonhöhenabfall

Neben diesen nuklearen Tonakzenten dienen die sog. Grenztöne, die den intermediären Phrasengrenzen (durch '-' gekennzeichnet) bzw. den Phrasenendgrenzen (durch '%' gekennzeichnet) zugeordnet werden, der Kennzeichnung des Tonhöhenverlaufs nach dem Phrasenakzent. Für das Standarddeutsche werden hierbei wiederum die folgenden Muster angesetzt:

- L-   für tiefen Zielpunkt am Ende der intermediären Phrase
- H-   für eine gegenüber dem letzten Gipfel gleichbleibende Tonhöhe
- !H-   für eine gegenüber dem letzten Gipfel etwas herabgesetzte Tonhöhe
- H-%   für eine gegenüber dem letzten Gipfel gleichbleibende Tonhöhe bis zum Phrasenende
- H-^H%   für eine zum Phrasenende nochmals ansteigende Intonation
- L-H%   für einen zum Phrasenende von tief auf mittel steigeden Verlauf
- L-%   für eine stark abfallende Kontur

Mit diesen Beschreibungskategorien lassen sich die im Standarddeutschen gängigen kommunikativ relevanten Intonationsverläufe abbilden, wie dies in der abschließenden Tabelle XXIII überblicksmäßig dargestellt ist.

---

[20] ! markiert in GToBI eine Tonherabstufung (*downstep*), ^ eine Höherstufung (*upstep*).

Das Deutsche

Tab. XXIII: Gängige nukleare Intonationsmuster des Deutschen und Beispiele für ihre Verwendung (nach Grice & Baumann 2002)[21]

		GToBI	Schematische Kontur	Kontext	Beispiel
Fallend	1a	H*L-%		Neutrale Aussage	Mein **ZAHN** tut **WEH**.
				Neutrale W-Frage	Wo hast du den **WA**gen ge**PARKT**?
	1b	L+H* L-%		Kontrastive Feststellung	Schon der Ver**SUCH** ist **STRAF**bar.
Steigend-fallend (Später Gipfel)	2	L*+H L-%		Selbstverständliche Feststellung	Das **WEISS** ich SCHON!
				Engagierte oder sarkastische Feststellung	Der Blick ist ja **FA**belhaft!
Steigend	3a	L*H- ^H%		Neutrale Entscheidungsfrage	Tauschen Sie auch **BRIEF**-**MAR**ken?
				Echofrage	Von wem ich das **HA**be?
	3b	L*L- H%		Empörung	**DOCH**!
				Melden am Telefon	**BEC**ken-**BAU**er?
	3c	(L+)H* H-^H%		Anschlussfrage	... oder ist Ihr **BRU**der **HIER**?
Gleichbleibend	4	(L+)H* H-(%)		Weiterweisende Äußerung	**AN**derer-**SEITS** ...
				Floskelhafte Ausdrücke	Guten **MOR**gen!

		GToBI	Schematische Kontur	Kontext	Beispiel
Fallend-Steigend	5	(L+)H* L-H%		Höfliches Angebot	Mögen Sie ROGgen-BRÖTchen
Früher Gipfel	6a	H+!H* L-%		Bestätigung einer bekannten Tatsache	Hab' ich mir schon geDACHT.
	6b	H+L* L-%		Beruhigende oder höfliche Aufforderung	Nun erZÄHle doch MAL!
Stilisierte Herabstufung	7	(L+)H* !H-%		Ausrufe	BECken-BAUer!

Mit diesen sicherlich sehr knappen Bemerkungen zur Intonation soll hier die Beschreibung der phonetischen Realisierung des Deutschen beendet sein. Zu den im Rahmen dieser "Einführung in die Phonetik" nicht behandelten Gebieten der suprasegmentalen Phonetik des Deutschen sei der Leser ausdrücklich auf die entsprechende Spezialliteratur vor allem der letzten Jahre verwiesen.

---

[21] In der Spalte der Tabelle mit der schematischen Intonationskontur ist der Nuklearakzent durch einen fetten Balken, der intermediäre Grenzton durch einen mittelfetten Balken dargestellt. In der letzten Beispielspalte wird die Position des Tonakzents jeweils durch fette Großbuchstaben, des Nebenakzents durch Großbuchstaben gekennzeichnet.

6.3 Einzelsprachliche Illustrationen

Unsere Ausführungen zur symbolphonetischen Sprachbeschreibung im Rahmen der vorliegenden "Einführung" wären nicht vollständig ohne die beispielhafte Darstellung einiger ausgewählter einzelsprachlicher phonetischer Systeme. Wir wollen das Buch daher mit der Illustration verschiedener einzelsprachlicher Lautsysteme und mit Transkriptionsbeispielen der Äsop-Fabel vom 'Nordwind und der Sonne' in einigen weiteren Sprachen beschließen.

Die hier wiedergegebenen Sprachbeispiele aus dem europäischen Raum sind dabei als eine relativ arbiträre Auswahl zu betrachten. Dies ist u.a. bedingt durch das Fehlen neuerer, nach einem einheitlichen Prinzip erfasster Daten. Der interessierte Leser sei hier auf das IPA Handbook IPA 1999) und auf die in loser Folge im "Journal of the International Phonetic Association" erscheinenden 'Illustrations of the IPA' verwiesen.[22] Ein für einen ersten großflächigeren Überblick geeignetes Material bilden aber auch immer noch die 'Specimen' der "Principles of the IPA" (IPA 1949).

ENGLISCH[23]

Die Ausführungen im Folgenden beziehen sich auf die Aussprache des amerikanischen Englisch des mittleren und äußersten Westens, basierend auf Tonaufzeichnungen einer 21-jährigen Südkalifornierin.

---

[22] Bisher wurden in diesem Rahmen Illustrationen unterschiedlicher Form vorgelegt für: Amerikanisches Englisch (mit S-Michigan Dialekt), Amharisch, Arabisch, Bulgarisch, Burmesisch, Chickasaw, Chinesisch (Mandarin), Dänisch, Deutsch, Ega, Französisch, Friaulisch, Galizisch, Griechisch, Hausa, Hebräisch, Hindi, Igbo, Irisch, Japanisch, Jicarilla Apache, Kantonesisch, Kalabari Ijo, Katalanisch, Kéo, Koreanisch, Kroatisch, Kunama, Nara, Niederländisch mit Dialekt von Maastricht und Weert, Nootka, Persisch, Polnisch, Portugiesisch, Shipibo, Sindhi, Schwedisch, Slowenisch, Spokana, Taba, Thai, Tschechisch, Türkisch, Tukang Besi, Ungarisch und zypriotisches Griechisch. Für viele hiervon sind auch entsprechende Audiodateien im Internet verfügbar

[23] Die Darstellung des Lautsystems folgt hier dem im "Handbook of the International Phonetic Association" (IPA 1999) von Peter Ladefoged gegebenen Beispiel für das amerikanische Englisch (Ladefoged 1999). Zum Vergleich ist die Transkription der Realisation der Äsop-Fabel auch in anderen Varietäten des Englischen (in Modifikation der "Principles") wiedergegeben.

Konsonanten

	bilab.	lab.dent.	dental	alv.	postalv.	retrofl.	palatal	velar	uvular	pharyng.	glottal
plosiv	p b			t d				k g			(ʔ)
nasal	m			n				ŋ			
frikativ		f v	θ ð	s z	ʃ ʒ						h
approximant				ɹ			j	lab.-vel w			
lateral approx.				l							

Abb. 118: Das Konsonantensystem des amerikanischen Englisch (modifiziert nach IPA 1999).

Die stimmlosen Plosive sind im Wortanlaut und in betonter Position stets aspiriert. Die stimmhaften Plosive zeigen eine sehr kurze VOT, außer zwischen stimmhaften Lauten. Zwischen einem betonten und einem unbetonten Vokal entspricht [t] einem stimmhaften geschlagenen Laut [ɾ]. Ähnliches gilt für [d] und [n].

Tab. XXIV: Beispielwörter für die Konsonanten des Englischen.

p	paɪ	*pie*	'Pastete'		f	faɪ	*fie*	'pfui!'
b	baɪ	*buy*	'kaufen'		v	vaɪ	*vie*	'wetteifern'
t	taɪ	*tie*	'Band'		θ	θaɪ	*thigh*	'Schenkel'
d	daɪ	*die*	'sterben'		ð	ðaɪ	*thy*	'Dein'
k	kaɪt	*kite*	'Drachen'		s	saɪ	*sigh*	'seufzen'
g	gaɪ	*guy*	'Bursche'		z	zuː	*zoo*	'Zoo'
m	maɪ	*my*	'mein'		ʃ	ʃaɪ	*shy*	'scheu'
n	naɪ	*nigh*	'nahe'		ʒ	æʒə	*azure*	'himmelblau'
ŋ	haŋ	*hang*	'hängen'		w	waɪ	*why*	'warum'
					ɹ	ɹaɪ	*rye*	'Roggen'
					j	juː	*you*	'du'
					l	laɪ	*lie*	'Lüge'

Vokale

Abbildung 119 stellt die Monophthonge und Diphthonge des amerikanischen Englisch im Bezug zu den Kardinalvokalen dar, während Tabelle XXV entsprechende Beispielwörter auflistet.

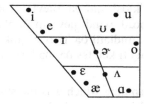 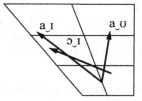

Abb. 119: Das Vokalsystem des amerikanischen Englisch (links: Monophthonge; rechts: Diphthonge; modifiziert nach Ladefoged 1999).

Tab. XXV: Beispielwörter für die englischen Vokale in unterschiedlicher Transkription ((1) reine Notation der Qualitätsdifferenzen - vgl.u. Interpretationskonventionen; (2) Qualitäts- und Quantitätsnotation; (3) enge Notation der Diphthongierung).

```
(1)(2)(3)   wie in:
i    iː   iʲ     bead   'wenn'
ɪ    ɪ    ɪ      bid    'bitten'
e    eː   eʲ     bayed  'ausgebellt'
ɛ    ɛ    ɛ      bed    'Bett'
æ    æ    æ      bad    'schlecht'
ɑ    ɑ    ɑ      pod    'Herde'
o    oː   oʷ     bode   'prophezeihen'
ʊ    ʊ    ʊə     good   'gut'
u    uː   uʷ     booed  'ausgebuht'
ʌ    ʌ    ʌ      bud    'Knospe'
ɚ    ɚː   ɚ      bird   'Vogel'
a͜ɪ   a͜ɪ   aʲ     buy    'kaufen'
a͜ʊ   a͜ʊ   aʷ     bough  'Ast'
ɔ͜ɪ   ɔ͜ɪ   ɔʲ     boy    'Junge'
ə    ə    ə      a(bove) 'oberhalb'
```

Transkriptionsbeispiel

ðə ˈnoɹθ ˌwɪnd ən ə sʌn wəˀ dɪsˈpjuɾɪŋ ˈwɪtʃ wəz ðə ˈstɹɑŋgəˀ, wɛn ə ˈtɹævləˀ ˌkem əˈlɑŋ ˈɹæpt ɪn ə ˈwoɹm ˈklok. ðe əˈgɹid ðət ðə ˈwʌn hu ˈfəˀst səkˈsidəd ɪn ˈmekɪŋ ðə ˈtɹævləˀ tek ɪz ˈklok ˌaf ʃud bi kənˈsɪdəˀd ˈstrɑŋəˀ ðən ði ˈəðəˀ. ðən ðə ˈnoɹθ ˌwɪnd ˈblu əz ˈhɑɹd əz hi ˈkʊd, bət ðə ˈmoɹ hi ˈblu ðə ˈmoɹ ˈklosli dɪd ðə ˈtɹævləˀ ˈfold hɪz ˈklok əˈɹaʊnd hɪm; ˌæn ət ˈlæst ðə ˈnoɹθ ˌwɪnd ˌgev ˈʌp ði əˈtɛmpt. ˈðɛn ðə ˈsʌn ˈʃaɪnd ˌaʊt ˈwoɹmli, ənd ɪˈmidiətli ðə ˈtɹævləˀ ˌtʊk ˈaf ɪz ˈklok. ən ˈso ðə ˈnoɹθ ˌwɪnd wəz əˈblaɪʒ tɪ kənˈfɛs ðət ðə ˈsʌn wəz ðə ˈstɹɑŋəˀ əv ðə ˈtu.

"The north wind and the sun were disputing which was the stronger, when a traveller came along wrapped in a warm cloak. They agreed that the one who first succeeded in making the traveller take his cloak off should be considered stronger than the other. Then the north wind blew as hard as he could, but the more he blew the more closely did the traveller fold his cloak around him; and at last the north wind gave up the attempt. Then the sun shined out warmly, and immediately the traveller took off his cloak. And so the north wind was obliged to confess that the sun was the stronger of the two."

Südbritische Aussprachevariante:

ðə nɔːθ wɪnd ənd ðə sʌn wər dɪsˈpjuːtɪŋ wɪtʃ wəz ðə strɒŋgɐ, wɛn ə trævlɐ keɪm əlɒŋ ræpt ɪn ə wɔːm kloʊk. ðeɪ əgriːd ðət ðə wʌn huː fəːst səksiːdɪd ɪn meɪkɪŋ ðə trævlɐ teɪk hɪz kloʊk ɒf ʃʊd bɪ kənsɪdəd strɒŋgə ðən ði ʌðə. ðən ðə nɔːθ wɪnd bluː əz hɑːd əz iː kʊd, bət ðə mɔː hiː bluː ðə mɔː kloʊslɪ dɪd ðə trævlɐ foʊɫd hɪz kloʊk əraʊnd hɪm; ənd ət lɑːst ðə nɔːθ wɪnd geɪv ʌp ði ətempt. ðen ðə sʌn ʃɒn aʊt wɔːmlɪ, ənd ɪˈmiːdjətlɪ ðə trævlɐ tʊk ɒf hɪz kloʊk. ənd soʊ ðə nɔːθ wɪnd wəz əblaɪdʒd tə kənfɛs ðət ðə sʌn wəz ðə strɒŋgər əv ðə tuː.

Schottische Aussprachevariante:

ðə nɔrθ wɪnd ənd ðə sʌn wə dɪsˈpjutɪŋ hwɪtʃ wəz ðə strɔŋgər, hwɛn ə travlər kem əlɔŋ rapt ɪn ə wɔrm klok. ðe əgriːd ðət ðə wʌn hu fərst səksidɪd ɪn mekɪŋ ðə travlər tek hɪz klok əf ʃud bi kənsɪdərd strɔŋər ðən ði ʌðər. ðən ðə nɔrθ wɪnd blu əz hard əz hi kud, bət ðə mor hi blu ðə mor kloslɪ dɪd ðə travlər fold hɪz klok əraʊnd hɪm;

ənd ət last ðə nɔrθ wɪnd gev ʌp ðɪ ətɛmpt. ðɛn ðə sʌn ʃɔn aut wɔrmlɪ, ənd ɪˈmidjətlɪ ðə travlər tuk ɔf hɪz klok. ənd soʊ ðə nɔrθ wɪnd wəz əblaidɹd tə kənfɛs ðət ðə sʌn wəz ðə strɔŋɡər əv ðə tu.

FRANZÖSISCH[24]

Die folgende Beschreibung der Aussprache des Französischen basiert auf der Tonaufnahme einer jungen Pariserin.

Konsonanten

	bilab.	lab.dent.	dental	alv.	postalv.	retrofl.	palatal	velar	uvular	pharyng.	glottal
plosiv	p b			t d				k			
nasal	m			n			ɲ	(ŋ)			
frikativ		f v		s z	ʃ ʒ				ʁ		
lateral approx.				l							

	palatal	labial-palatal	labial-velar
approximant	j	ɥ	w

Abb. 120: Das Konsonantensystem des Französischen (modifiziert nach Fougeron & Smith 1999).

Die stimmhaften Plosive des Französischen sind normalerweise voll stimmhaft, die stimmlosen Plosive inspiriert. Vor hohen Vokalen können letztere aber auch eine kurze Aspiration oder auch Friktion aufweisen.
  Der velare Nasal tritt nur in finaler Position und zusätzlich nur in - meist englischen - Lehnformen auf.

---

[24] Die Darstellung hält sich eng an Fougeron & Smith 1999.

Das französische <r> variiert zwischen einzelnen Sprechern und je nach phonetischer Umgebung sehr stark, wobei am häufigsten der stimmhafte ovalere Frikativ [ʁ] - teilweise zu einem Approximanten [ʁ̞] reduziert - anzutreffen ist. In anderen Dialekten findet sich aber auch der uvulare [ʀ] bzw. der apikale Vibrant [r].

Tab. XXVI: Beispielwörter für die Konsonanten des Französischen.

p	pu	*pou*	'Laus'	f	fu	*fou*	'verrückt'
b	bu	*bout*	'Schlamm'	v	vu	*vous*	'ihr' (pl.)
t	tu	*tout*	'alle'	s	su	*sous*	'unter'
d	du	*doux*	'süß'	z	zo	*zoo*	'Zoo'
k	ku	*cou*	'Hals'	ʃ	ʃu	*chou*	'Kohl'
g	gu	*goût*	'Geschmack'	ʒ	ʒu	*joue*	'Wange'
m	mu	*mou*	'weich'	ʁ	ʁu	*roue*	'Rad'
n	nu	*nous*	'wir, uns'	l	lu	*loup*	'Wolf'
ɲ	aɲo	*agneau* 'Lamm'		w	swɛ̃	*soin*	'Pflege'
ŋ	paʁkiŋ	*parking* 'Parkplatz'		j	sjɛ̃	*sien*	'sein, ihr'
				ɥ	sɥɛ̃	*suint*	'Wollfett'

Die Approximanten [w], [ɥ] und [j] kontrastieren mit den ihnen jeweils entsprechenden hohen Vokalen [u] [y] und [i] in nur wenigen Minimalpaaren (z.B. [abej] *abeille* 'Biene' vs. [abei] *abbaye* 'Kloster'), stehen sonst aber vielfach im Verhältnis der freien Variation.

Wortfinale Konsonanten werden durchgängig gelöst und werden auf Grund der vorherrschenden Tendenz zu offenen Silben bei folgendem vokalinitialen Wort normalerweise als Anfangsränder resyllabifiziert, was im Französischen *enchaînement* ('Verkettung') genannt wird. Zugrundeliegende wortfinale Konsonanten, die vor einem Folgekonsonant nicht ausgesprochen werden, werden nur vor einem Vokal in derselben Rhythmusgruppe realisiert. Auch dieser Prozess, die sogenannte *liaison*, trägt zu dem generellen Muster der offenen Silben des Französischen bei.

Einzelsprachliche Illustrationen

Vokale

Die Abbildung 121 listet die Vokale des Französischen.

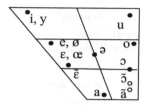

Abb. 121: Das Vokalsystem des Französischen (modifiziert nach Fougeron & Smith 1999).

Orale Vokale

Die ober- und untermittelhohen Vokale des Französischen zeigen nur eine geringe Überlappung, können aber dennoch nicht als Allophone voneinander betrachtet werden. Der Kontrast zwischen [e] und [ɛ] tritt in finaler Position in offenen Silben auf (z.B. [se] *ses* 'seine' (pl.) vs. [sɛ] *sait* 'er weiß'). Ansonsten tritt [e] in offenen Silben, [ɛ] in geschlossenen Silben auf. Für die anderen ober- und untermittelhohen Paare ist der Kontrast großteils auf die geschlossenen Einsilber beschränkt. In anderer Umgebung treten die untermittelhohen Vokale [œ] und [ɔ] in geschlossenen Silben, die obermittelhohen [ø] und [o] in offenen Silben auf. Zusätzlich hat auch der finale Konsonant einen Einfluss auf die Distribution.

Nasale Vokale

Traditionell werden dem Vokalsystem des Französischen die vier distinkten Nasalvokale [ɛ̃], [ã], [ɔ̃] und [œ̃] zugeordnet. Bei der Sprecherin der wiedergegebenen Textpassage allerdings wird [œ̃] - wie bei vielen Sprechern - durch [ɛ̃] ersetzt. [ã] und [ɔ̃] weichen in ihrer - sehr ähnlichen - Zungenposition stark von den entsprechenden oralen Vokalen ab.

Tab. XXVII: Beispielwörter für die französischen Vokale.

i	si	*si*	'wenn'
e	se	*ses*	'seine, ihre' (pl.)
ɛ	sɛ	*sait*	'er weiß'
y	sy	*su*	'bekannt'
ø	sø	*ceux*	'diese'
œ	sœʁ	*soer*	'Schwester'
ə	sə	*ce*	'dies'
a	sa	*sa*	'seine, ihre' (f.)
u	su	*sous*	'unter'
o	so	*sot*	'dumm'
ɔ	sɔʁ	*sort*	'Schicksal'
ã	sã	*sans*	'ohne'
õ	sõ	*son*	'sein, ihr' (m.)
ɛ̃	sɛ̃	*saint*	'Heiliger'

Transkriptionsbeispiel

la biz e lə sɔlej sə dispytɛ ‖ ʃakɛ̃ asyʁã kilɛtɛ lə ply fɔʁ̯ ‖ kãt ilzõ vy ɛ̃ vwajaʒœ ki savãsɛ ‖ ãvlope dã sõ mãto ‖ i: sõ tõbe dakɔʁ̯ kə səlɥi ki aʁivʁe ləpʁ̯əmje a lə lɥi feʁote ‖ səʁə ʁəgaʁde köm lə ply fɔʁ̯ ‖ alɔʁ̯ la biz sɛ miz a sufle də tut se fɔʁ̯s ‖ mɛ ply ɛl suflɛ ply lə vwajaʒœʁ̯ sɛʁɛ sõ mãtotuʁ̯ də lɥi ‖ finalmã ɛl ʁənõsa lə lɥi feʁote ‖ alɔʁ̯ lə sɔlej kɔmãsa bʁ̯ije ‖ e o bu dɛ̃ mɔmã lə vwajaʒœ ʁəʃofe ota sõ mãto ‖ ɛ̃si la biz dy ʁəkɔnɛt kə lə sɔlej ɛtɛ lə ply fɔʁ̯.

"La bise et le soleil se disputaient, chacun assurant qu'il était le plus fort. Quand ils ont vu une voyageur qui s'avançait, enveloppé dans son manteau, ils sont tombés d'accord que celui qui arriverait le premier à le lui faire ôter serait regardé comme le plus fort. Alors, la bise s'est mise à souffler de toutes ses forces, mais plus elle soufflait, plus le voyageur serrait son manteau autour de lui. Finalment, elle renonça à le lui faire ôter. Alors, le soleil commença à briller et au bout d'un moment le voyageur, réchauffé, ôta son manteau. Ainsi, la bise dut reconnaître que le soleil était le plus fort."

BULGARISCH[25]

[Standardaussprache (Sofia). /p, t, k/ sind unaspiriert, /b, d, g/ durchgehend stimmhaft. /r/ wird als apikaler Vibrant realisiert. /x/ zeigt nur geringe Friktion. /l/ ist velarisiert [ɫ] vor /a, ø, u, ɤ, o, ɐ/ und in silbenfinaler Position. /o/ und /ɐ/ können in nachbetonten Silben geschlossener produziert sein.]

ˈsɛvɛrnijɐt ˈvjatɐr i ˈslɤntsɛto sɛ prɛˈpirɛxɐ ˈkɔj ɛ ˈpɔsilɛn, kɔˈgato ɛdin ˈpɤtnik zɐˈvit f ˈtɔplɐ ˈdrɛxɐ, ˈminɐ pokrɤj ˈtjax. tɛ rɛˈʃixɐ tʃɛ ˈtɔzi, ˈkɔjto ˈprɤf nɐˈkarɐ ˈpɤtnikɐ dɐ si svɐˈli ˈdrɛxɐtɐ, ʃtɛ sɛ ˈstʃitɐ ˈpɔsilɛn od ˈdrugijɐ. toˈgavɐ ˈsɛvɛrnijɐt ˈvjatɐr zɐˈpɔtʃnɐ dɐ s ˈfsitʃkɐ ˈsilɐ, no ˈkɔlkoto ˈpɔsilno ˈvjatɐrɐt ˈduxɐʃɛ, ˈtɔlkovɐ ˈpɔplɐtno ˈpɤtnikɐt oˈvivɐʃɛ ˈdrɛxytɐ okolo ˈsɛbɛ si. ˈnaj ˈpɔslɛ ˈsɛvɛrnijɐt ˈvjatɐr prɛˈkɤsnɐ oˈsilijɐtɐ si toˈgavɐ ˈslɤntsɛto zɐˈpɔtʃnɐ dɐ ˈgrɛɛ ˈsilno, i ˈpɤtnikɐt vɛdˈnagɐ svɐˈli ˈdrɛxɐtɐ si. i tɐˈka, ˈsɛvɛrnijɐt ˈvjatɐr ˈbɛʃɛ priˈnudɛn dɐ priˈznaɛ, tʃɛ ˈslɤntsɛto ɛ ˈpɔsilno ot ˈnɛgo.

GRIECHISCH[26]

[Relativ enge Transkription der Athener Aussprache. [b, d, g] treten wortinitial als allophonische Varianten der stimmlosen Plosive meist nach Nasalen auf. An Wortgrenzen tritt häufig Degemination auf.]

o voˈrjas ˈcọiʎoz ˈmɛlonɐn | jɐ to ˈpços ɐptuz ˈðjo ˈin o ðinɐˈtotɛros | ˈotɐ ˈnɛtiçɛ nɐ pɛˈrɛsi ɐpo broˈstɐ tus | ɛnɐs tɛksiˈðjotis pụ foˈrusɛ ˈkɛpɐ ‖ ˈotɛn to ˈniðɐn | o voˈrjɐs ˈcọiʎo simˈfonisɐn | oˈtiopço ˈsɛkɛnɐ to dɛksiˈðjoti nɐ ˈvyɐli ti ˈgɐɐ tu | θɐ θɛoruⁿdɐn o ˈpço ðinɐˈtos ‖ o voˈrjɐs ˈɐrçisɛ ˈtotɛ nɐ fiˈsɐi mɛ mɐˈniɐ | ɐˈlɐoso pɛriˈsotɛɾo fiˈsusɛ | ˈtoso pɛriˈsotɛɾo tiliˈɣotɐn mɛ ti ˈgɐpɐ tụo tɛksiˈðjotis | ˈospu o voˈrjɐs kuˈrɛsticɛ cɛ stɐmɐtiṣɛ nɐ fịsɐi ‖ ˈtotɛ ˈọiʎo ˈsɐrçisɛ mɛ ti siˈrɐ tu nɐ ˈlɐᵐbi ðinɐtɐ | cɛ ˈɣriɣorɐo tɛksiˈðjotis zɐˈstɐθicɛ ˈc ɛvɣɐlɛ ti ˈgɐpɐ tu ‖ ˈɛtsi o voˈrjɐs ɐnɐˈgɐsticɛ nɐ pɐrɐðɛˈxti | ˈoti ˈọiʎos ˈinɛ ˈpço ðinɐˈtos ɐp ɐˈfton ‖

---

[25] Modifiziert nach Ternes & Vladimirova-Buhtz (1999).
[26] Modifiziert nach Arvaniti (1999).

ITALIENISCH[27]

[Römische Varietät in breiter Transkription. Wenn nicht anders gekennzeichnet, liegt bei mehrsilbigen Wörtern der Wortakzent auf der Penultima.[28] /t/, /d/, /n/ und /l/ sind dental. /r/ entspricht einem apikalen Vibranten. /m/ vor /f/ und /v/ = [ɱ]. /n/ vor /k/, /g/ = [ŋ]. /ts/, /dz/, /tʃ/ und /dʒ/ sind Affrikaten. /ɛ/ und /ɔ/ haben gegenüber dem Kardinalwert eine offenere Stellung, /a/ ist zurückverlagert. Betonte Vokale, die von einem einzelnen Konsonanten gefolgt sind, sind lang.]

si bistit'tʃʷavano un dʒorno il vɛnto di tramontana e il sole, 1 uno pretendɛndo d ɛsser pju ffɔrte dell altro, kwando 'videro um viaddʒatore, ke vveniva innantsi, avvɔlto nel mantɛllo. i due litiganti kom'vennero allora, ke ssarɛbbe ritenuto pju ffɔrte, ki ffosse riuʃʃito a ffar si, ke il viaddʒatore si toʎʎesse il mantɛllo di dɔsso. il vɛnto di tramontana komin'tʃɔ a ssoffjare kom violɛntsa, ma pju ssoffjava, pju il viaddʒatore si strindʒeva nel mantello; tanto ke alla fine il 'pɔvero vɛnto dovette de'sistere dal suo pro'pɔzito. il sole allora si mos'trɔ nnel tʃɛlo, e ppɔko dopo il viaddʒatore, ke ssentiva kaldo, si tɔlse il mantɛllo. e lla tramontana fu kkostretta ko'si a rriko'noʃʃere, ke il sole ɛra pju ffɔrte di lɛi.

RUSSISCH

[Relativ enge Transkription[29]. [p, b, m, f, v, t, d, n, l, r, s, z] ohne [ʲ] sind velarisiert, vor allem [ɫ]. Die Vokalqualität unterliegt starken Variationen je nach konsonantischer Umgebung und Betonungsverhältnissen.]

ʌd'naʒdi | 'sʲⁱeˑⁱvʲɪrnʲɪi̯ 'vʲⁱeˑⁱt̪ʲɪɫʲɪ i'sɔntsə 'spɔˑⁱrʲɪlʲɪ | 'ktɔˑ ɪz̪ˌnʲⁱɪx sʲɪlʲⁱnʲⁱeˑⁱɪ ‖ kʌk'raz 'veta 'vrʲⁱeˑⁱmʲə | a'nʲⁱɪr zʌ'mʲⁱeˑⁱt̪ʲɪlʲɪ | zʌ'kuˑtənəvə 'fpɫaˑⁱʃː 'puˑⁱt̪ʲnʲɪkə | pədʲvʲɪ'gaˑfʃəvəsʲə pədʌ'rɔˑⁱgʲɪ | ɪpərʲɪ'ʃɨˑlʲɪ | ʃtə'tɔˑt i͡ˌz̪ʲnʲⁱɪx 'buˑdʲɪt ʃːʲɪ'taˑtːsə 'saˑmɪm 'sʲɨˑlʲnɪm | kʌ'muˑ 'raˑⁱnʲʃə u'dastːsə | zʌ'staˑⁱvʲɪt̪ʲ 'puˑⁱt̪ʲnʲɪkə sʲnʲⁱæˑⁱt̪ʲ 'pɫaˑⁱʃː ‖ 'tuˑt 'sʲⁱeˑⁱvʲɪrnʲɪi̯ 'vʲⁱeˑⁱt̪ʲɪr | prʲⁱɴʲɨɫʲsʲⁱaˑ 'duˑⁱt̪ʲ ɪzʌ'ɫʲsʲⁱex 'sʲɪɫ ‖ ˌnɔ ˌt̪ʃʲⁱem sʲɪlʲⁱnʲⁱeˑⁱɪ ˌɔn 'duˑɫ | ˌt̪ʲⁱem sʲɪlʲⁱnʲⁱeˑⁱɪ 'kuˑtəɫsə 'puˑⁱt̪ʲnʲɪk 'fsvɔˑⁱi̯ 'pɫaˑⁱʃː ‖ ˌtakʃtə fkʌn'tseˑ

---

[27] Modifiziert nach IPA (1949).
[28] Die vorletzte Silbe eines Wortes.
[29] Moskauer Standardaussprache, Reinhard Wenk (persönliche Mitteilung).

kʌnˈt͡sɔˑf | ˈsʲeˑʲvʲɪrnɨḽ ˈvʲieˑʲtʲɪr | ˈdɔɫʒən ˌbɨɫ ʌtkʌˈzaˑt͡sə ʌtsvʌˈjʲieˑʲḭ
zʌˈdaˑʲt͡ʃʲɪ ‖ tʌˈgdaˑ zəsʲɪˑʲjʲaɫə ˈsɔɫnɪʃkə ‖ ˈpʊˑʲtʲnʲɪk pənʲɪˈmnɔˑgʊ
ʌtʌˈgrʲelsʲə | ɪˈfskɔˑʲrʲɪ ˈsʲnʲaɫ ˈsvɔˑʲḭ ˈpɫaˑʲʃː ‖ tʌkʲirˑm ˈɔˑbrəzəm |
ˈsʲieˑʲvʲɪrnɨḽ ˈvʲieˑʲtʲɪr ˈvi·nʊʒdʲɪn ˌbɨɫ prʲɪˈznaˑʲtʲ | ʃtəˈsɔˑntsə sʲɪḽʲˈnʲieˑʲḭ
ɪˈvɔˑ ‖

SCHWEDISCH[30]

[Zentralschwedische Standardaussprache (Stockholm) mit Notation von Haupt- [ˈ], Nebenbetonung [ˌ] sowie Wortakzent [ˋ]. /p, t, k/ sind in betonter Stellung aspiriert, außer nach /s/ innerhalb desselben Morphems. /t, d, n, s, l/ werden dental artikuliert. Die retroflexen Allophone [ɖ, ʈ, ɳ, ʂ, ɭ] der dentalen Reihe können als phonetische Realisationen von zugrundeliegendem /rt, rd, rn, rs, rl/ betrachtet werden. /ɹ/ kann sowohl als Approximant wie als Frikativ - unter Emphase auch als Vibrant - realisiert sein. Offenere Vokalvarianten finden sich vor /ɹ/ und den retroflexen Allophonen. Langvokale tendieren zur Diphthongierung. Die Lippenrundung variiert zwischen /y/ 'ausgerundet' und /u, ʉ/ 'eingerundet'.]

ˈnʉːɖɑnˌvɪndən ɔ ˈsuːlən ˈtvìstadə əŋ ˈgɔŋ ɔm vɛm av ˈdɔm sɔm va ˈstàɹkast. ˈjɛst ˈɖoː kɔm ən ˈvàndɹaɹə ˈvɛːgən ˈfɹam, ˈɪnˌsvèːpt i ən ˈvaɹm ˈkàpa. dɔm kɔm doː øvəˈɹens ɔm, at dɛn sɔm ˈfœ̨ɹʂʈ kəndə fo vàndɹaɹən at ta ˈav sɛj ˈkàpan, han skølə ˈànˌseːs vaɹa ˈstàrkarə ɛn dɛn ˈandɹa. doː ˈblòːsta ˈnʉːɖɑnˌvɪndən so ˈhoːʈ han ˈnɔ̀nˌsɪn ˈkèndə, mɛn jʉ ˈhòːɖaɹə han ˈblòːsta, dɛstʊ ˈtɛːtarə ˈsvę̀ːptə ˈvàndrarən ˈkàpan ˈɔm sɛj, ɔ tɪ ˈsɪst gav ˈnʉːɖɑnˌvɪndən ˈəp fœ̨ˈʂøːkət. doː lɛːt ˈsuːlən sina ˈstɹòːlaɹ ˈɦiːna ˈheːlt ˈvarmt, ɔ ˈję̌nast tug ˈvàndɹaɹən ˈaːv sɛj ˈkàpan, ɔ so va ˈnʉːɖɑnˌvɪndən ˈtvèŋən at ˈèːrˌɕɛna, at ˈsuːlən va dɛn ˈstàvrk̞stə av dɔm ˈtvoː.

---

[30] Modifiziert nach Engstrand (1999).

SPANISCH[31]

[Kastilisch in relativ breiter Transkription. Betonung wie im Italienischen, /b, d, g/ - wie notiert - [β, ð, ɣ] außer in den Sequenzen /mb, nd, ld, ng/. /t, d/ sind dental artikuliert. /m/ vor /f/ = [ɱ]. /n/ vor /k, g, x/ = [ŋ]. /r/ wird als geschlagener Laut [ɾ] realisiert, /rr/ als echter Vibrant [r]. Die Vokale sind gewöhnlich offener als die Kardinalwerte, /a/ etwas zurückverlagert.]

el βjento norte j el sol porfjaβan soβre kwal de eʎos era mas fwerte. kwando aθer'to a pa'sar um βjaxero embwelto en antʃa kapa. komβinjeron en ke kjen antes loɣrara oβli'ɣar al βjaxero a kitarse la kapa seria komsiðeraðo mas poðeroso. el βjento norte so'plo kon ɣram furja. pero kwanto mas soplaβa. mas se arreβuxaβa en su kapa el βjaxero; por fin el βjento norte aβanðo'no la empresa. entonθes βri'ʎo el sol kon ar'ðor. e immedjatamente se ðespo'xo ðe su kapa el βjaxero; por lo ke l βjento norte uβo ðe rrekono'θer la superjori'ðað ðel sol.

UNGARISCH[32]

[Formelle Budapester Aussprache eines Akademikers in den Fünfzigern in enger Transkription. /p, t, k/ sind unaspiriert, /b, d, g/ voll stimmhaft. Die Betonung liegt auf der ersten Silbe des Wortes. Die palatalen Affrikaten /cç, ɟʝ/ werden in formeller Rede als palatale Plosive [c, ɟ] realisiert.]

ˌetsːer az ˈeːsɑki ˈseːl eˑʃ ɑ ˌnɑp ˈvetɛˑlkɛtːɛk hoɟɟ ˈmɛjikyk az ˈɛrøːʃɛb: ‖ ˈeˑpː ɑːrɑ jøt: ɛɟɟ ˈvãːdor ˌvɑʃtɑk ˌkøpøɲɛgbɛ burkoloˑdzvɑ ‖ az ˌeːsɑki ˌseːl eˑʃ ɑ ˌnɑp ˈɲombãˑ ˈmɛgɛɟɟːstɛk hoɟɟ az lɛs: ɑ ˈɟɟøːsteʃ ɑki ˈfiɑmɑrɑb ˌrɑːbiˑrjɑ ɑ ˌvãːdort hoɟɟ ˈlɛvɛɟɟe ɑ ˈkøpøɲɛgeˑt ‖ ɑkːor az ˌeːsɑki ˌseːl ˌɛkɛzdɛt ˈʃyvøltɛni ˌɑɦiotʃːɑk ˈbiːrt ‖ dɛ ɑ ˌvãːdor ˈɑnɑˑl ˈsoroʃɑbːɑɱ võtɑ ˌmɑgɑ kørɛˑ ɑ ˌkøpɛɲt ˌminɛˑl ˈɛrøˑʃɛbːɛɱ ˌfujt ‖ ˌiːɟɟ ɑstɑˑn az ˌeːsɑki seːl ˌɛl iʃ ˈvɛsitɛtːɛ ɑ ˌvɛrʃɛɲt ‖ ɑ ˌnɑp mɛg ˌeːkɛstɛ ˈõtɑni ˈtyːzøˑ ˌʃugɑrɑit ˌmirɛ ɑ ˌvãːdor ˈɛtsːɛribẽ ˈkibujt ɑ ˌkøpøɲɛgeˑbøl ‖ az ˌeːsɑki ˌseːl ˈkɛɲtɛlẽ vot ˈmɛgɑdni hoɟɟ ˌbizoɲ ɑ ˈnɑp az ˌɛrøːʃɛb:

---

[31] Modifiziert nach IPA (1949).
[32] Modifiziert nach Szende (1999).

6.4 Literaturhinweise

Weiterführende Literatur

Crystal, D. (1987), The Cambridge Encyclopedia of Language. Cambridge.

Crystal, D. (1993), Die Cambridge Enzyklopädie der Sprache. Frankfurt/M.

IPA (1999), Handbook of the International Phonetic Association. A Guide to Use the International Phonetic Alphabet. Cambridge.

Kohler, K. J. ($1977/^2 1995$), Einführung in die Phonetik des Deutschen. Berlin.

Ladefoged, P. (2001), Vowels and Consonants. Oxford.

Ladefoged, P. & Maddieson, I. (1996), The Sounds of the World's Languages. Oxford.

Maddieson, I. (1984), Patterns of Sounds. Cambridge.

Maddieson, I. (1992), UPSID and PHONEME. Version 1.1 [UCLA Phonological Segment Inventory Database for IBM PC's].

Spezialliteratur

Besch, W.; Knoop, U.; Putschke, W. & Wiegand, H.E. (Hrsg.) (1983), Dialektologie. Ein Handbuch zur deutschen und allgemeinen Dialektforschung. Berlin, New York.

Browman, C.P. & Goldstein, L.M. (1986), Towards an articulatory phonology. Phonology Yearbook 3, 219-252.

Browman, C.P. & Goldstein, L.M. (1990), Tiers in articulatory phonology, with some implications for casual speech. In: Kingston, J. & Beckman, M. (eds.), Papers in Laboratory Phonology: Between the Grammar and the Physics of Speech. Cambridge, 341-376.

Delattre, P. (1965), Comparing the Phonetic Features of English, French, German and Spanish: An Interim Report. Heidelberg.

Engstrand, O. (1999), Swedish. In: IPA (1999), 140-142.

Fougeron, C. & Smith, C.L. (1993), French. In: IPA (1999), 78-81.

Grice, M., Reyelt, M., Benzmüller, R., Mayer, J. & Batliner, A. (1996), Consistency in transcription and labelling of German intonation with GToBI. Proceedings of the Fourth International Conference on Spoken Language Processing. Philadelphia. 1716-1719.

Grice, M. & Baumann, S. (2002), Deutsche Intonation und GToBI, Linguistische Berichte 191, 267-298.

Kemp, J.A. (1993), Phonetic transcription: History. In: In: Asher, R.E. & Simpson, J.M.Y. (eds.), The Encyclopedia of Language and Linguistics. Oxford u.a. 3040-3051.

Kohler, K.J. (1990), Segmental reduction in connected speech in German: Phonological facts and phonetic explanations. In: Hardcastle, W.J. & Marchal, A. (eds.) (1990), Speech Production and Speech Modelling. Dordrecht u.a. 69-92.

Kohler, K. J. (1991), Studies in German Intonation. AIPUK 25, Kiel: IPDS, 1991.

Kohler, K. J. (1997), Modelling prosody in spontaneous speech. In: Sagisaka, Y., Campbell, N. & Higuchi, N. (eds.), Computing Prosody. New York, 187-210.

Kohler, K. (1999), German. In: IPA (1999), 86-89.

Ladefoged, P. (1999), American English. In: IPA (1999), 41-44.

Lindblom, B. Explaining phonetic variation: A sketch of the H and H theory. In: Hardcastle, W.J. & Marchal, A. (eds.) (1990), Speech Production and Speech Modelling. Dordrecht u.a. 403-439.

Pierrehumbert, J.B. (1980), The Phonology and Phonetics of English Intonation. Bloomington.

Siebs, Th. (1898), Deutsche Bühnenaussprache; ([13]1922), Deutsche Bühnenaussprache - Hochsprache; ([16]1957), Siebs Deutsche Hochsprache - Bühnenaussprache; ([19]1969), Siebs Deutsche Aussprache. Berlin.

Szende, T. (1999), Hungarian. In: IPA (1999), 104-107.

Ternes, E. & Vladimirova-Buhtz, T. (1999), Bulgarian. In: IPA (1999), 55-57.

Wiesinger, P. (1983), Die Einteilung der deutschen Dialekte. In: Besch, W.; Knoop, U.; Putschke, W. & Wiegand, H.E. (Hrsg.), Dialektologie. Ein Handbuch zur deutschen und allgemeinen Dialektforschung. Berlin u.a., 807-900.

Literaturverzeichnis

Abercrombie, D. (1967), Elements of General Phonetics. Edinburgh.

Abercrombie, D. (1981), Extending the Roman alphabet: Some orthographic experiments of the past four centuries. In: Asher & Henderson, 207-224.

Asher, R.E. & Henderson, E. (eds.) (1981), Towards a History of Phonetics. Edinburgh.

Asher, R.E. & Simpson, J.M.Y. (eds.) (1993), Encyclopedia of Language and Linguistics, 10 vols., Oxford.

Atkinson, J.E. (1978), Correlation analysis of the physiological factors controlling fundamental voice frequency. Journal of the Acoustical Society of America 53, 211-222.

Békésy, G.v. (1960), Experiments in Hearing. New York.

Bell, A.M. (1867), Visible Speech: The science of universal alphabetics; or self-interpreting physiological letters, for the writing of all languages in one alphabet. London.

Bell, A.M. (1870), Explanatory lecture on visible speech. New York.

Bell, A. & Hooper, J.B. (eds.) (1978), Syllables and Segments. Amsterdam.

Benguerel, A.-P. (1993), Phonetics, descriptive acoustic. In: Asher, R.E. & Simpson, J.M.Y. (eds.), The Encyclopedia of Language and Linguistics. Oxford u.a., 3070-3082.

Beranek, L. (1949) Acoustic Measurements. New York.

Berg, J.v.d. (1958), Myoelastic-aerodynamic theory of voice production. Journal of Speech Hearing Research 1, 227-244.

Besch, W.; Knoop, U.; Putschke, W. & Wiegand, H.E. (Hrsg.) (1983), Dialektologie. Ein Handbuch zur deutschen und allgemeinen Dialektforschung. Berlin, New York.

Bolinger, D.L. (ed.) (1972), Intonation: Selected Readings. Harmondsworth.

Borden, G.J., Harris, K.S. & Raphael, L.J. (^{3}1994), Speech Science Primer: Physiology, Acoustics and Perception of Speech. Baltimore MD.

Browman, C.P. & Goldstein, L.M. (1986), Towards an articulatory phonology. Phonology Yearbook 3, 219-252.

Browman, C.P. & Goldstein, L.M. (1990), Tiers in articulatory phonology, with some implications for casual speech. In: Kingston, J. & Beckman, M. (eds.), Papers in Laboratory Phonology I: Between the Grammar and the Physics of Speech. Cambridge, 341-376.

Brücke, E. (1856), Grundzüge der Physiologie und Systematik der Sprachlaute für Linguisten und Taubstummenlehrer. Wien.

Catford, J.C. (1977), Fundamental Problems in Phonetics. Edinburgh.

Catford, J.C. (1988), A Practical Introduction to Phonetics. Oxford.

Catford, J.C. (1993), Phonetics, articulatory. In: Asher, R.E. & Simpson, J.M.Y. (eds.), The Encyclopedia of Language and Linguistics. Oxford u.a. 3058-3070.

Chiba, T. & Kajiyama, M. (1941), The Vowel, its Nature and Structure. Tokyo.

Chomsky, N. & Halle, M. (1968), The Sound Pattern of English. New York.

Clark, J.E. & Yallop, C. (1990), An Introduction to Phonetics and Phonology. Oxford.

Crystal, D. (^{2}1985), A Dictionary of Linguistics and Phonetics. Oxford.

Crystal, D. (1987), The Cambridge Encyclopedia of Language. Cambridge.

Crystal, D. (1993), Die Cambridge Enzyklopädie der Sprache. Frankfurt/M.

Cutler, A. & Ladd, D.R. (eds.) (1983), Prosody: Models and Measurements. Berlin.

Delattre, P. (1965), Comparing the Phonetic Features of English, French, German and Spanish: An Interim Report. Heidelberg.

Denes, P.B. & Pinson, E.N. (1993), The Speech Chain: The Physics and Biology of Spoken Language. Oxford.

Deshpande, M.M. (1993), Phonetics: Ancient Indian. In: Asher, R.E. & Simpson, J.M.Y. (ed.), The Encyclopedia of Language and Linguistics. Oxford u.a., 3053-3058.

Dudley, H. & Tarnoczy, T.H. (1950), The speaking machine of Wolfgang von Kempelen. Journal of the Acoustical Society of America, 22, 151-166.

Engstrand, O. (1999), Swedish. In: IPA (1999), 140-142.

Esling, J. (1990), Computer coding of the IPA: Supplementary report. in: Journal of the International Phonetic Association 20, 22-26.

Fant, C. G. M. (1960), Acoustic Theory of Speech Production. Den Haag.

Fant, G. (1962), Sound spectrography. In: Proceedings of the
Fourth International Congress of Phonetic Sciences. den Haag, 14-33.

Fant, G. (1973), Speech Sounds and Features. Cambridge, MA.

Fischer-Jørgensen, E. (1975), Trends in Phonological Theory: A Historical Introduction. Kopenhagen.

Flanagan, J. L. (1965), Speech Analysis, Synthesis and Perception. Berlin.

Fougeron, C. & Smith, C.L. (1993), French. In: IPA (1999), 78-81.

Fowler, C.A. (1980) Coarticulation and theories of intrinsic timing control. Journal of Phonetics 8, 113-133.

Fowler, C.A. (1993), Speech perception: Direct realist theory. In: Asher, R.E. & Simpson, J.M.Y. (ed.), The Encyclopedia of Language and Linguistics. Oxford u.a., 4199-4203.

Fromkin, V.A. (ed.) (1978), Tone: A Linguistic Survey. New York.

Fry, D.B. (ed.) (1976), Acoustic Phonetics: A Course of Basic Readings. Cambridge MA.

Gandour, J.T. (1993), Phonetics of tone. In: Asher, R.E. & Simpson, J.M.Y. (eds.), The Encyclopedia of Language and Linguistics. Oxford u.a., 3116-3123.

Gårding, E. (1983) A generative model of intonation. In: Cutler, A. & Ladd, D.R. (eds.), Prosody: Models and measurements. Berlin, 11-26.

Glück, H. (Hrsg.) (^{3}2005), Metzler-Lexikon Sprache. Stuttgart u.a.

Greenberg, J.H. (ed.) (1978) Universals of Human Language, Vol. II, Phonology. Stanford.

Grice, M., Reyelt, M., Benzmüller, R., Mayer, J. & Batliner, A. (1996), Consistency in transcription and labelling of German intonation with GToBI. Proceedings of the Fourth International Conference on Spoken Language Processing. Philadelphia. 1716-1719.

Grice, M. & Baumann, S. (2002), Deutsche Intonation und GToBI, Linguistische Berichte 191, 267-298.

Grieger, Wingolf (1989), Führer durch die Schausammlung Phonetisches Institut. Hamburg.

Hall, T.A. (2000), Phonologie. Eine Einführung. Berlin.

Hardcastle, W.J. (1976), Physiology of Speech Production. London.

Hardcastle, W.; Jones, W.; Knight, C.; Trudgeon, A. & Calder, G. (1989), New developments in electropalatography: A state-of-the-art report. Clinical Linguistics and Phonetics 3, 1-38.

Hardcastle, W.J. & Marchal, A. (eds.) (1990), Speech Production and Speech Modelling. Dordrecht.

Hardcastle, W.J. & Laver, J. (eds.) (1997), The Handbook of Phonetic Sciences. Oxford.

Harshman, R., Ladefoged, P. & Goldstein, L. (1977), Factor analysis of tongue shapes. Journal of the Acoustical Society of America, 62, 693-707.

Helmholtz, H.v. (1862), Die Lehre von den Tonempfindungen, als physiologische Grundlage für die Theorie der Musik. Braunschweig: Vieweg.

Hess, W. (1983), Pitch Determination of Speech Signals: Algorithms and Devices. Berlin.

Hirose, H. & Gay, T. (1972), The activity of the intrinsic laryngeal muscles in voicing control. Phonetica 25, 140-164.

IPA (1949), The Principles of the International Phonetic Association. London [letztes Reprint 1984].

IPA (1999), Handbook of the International Phonetic Association. A Guide to Use the International Phonetic Alphabet. Cambridge.

Isačenko, A. & Schädlich, H.J. (1970), A Model of Standard German Intonation. den Haag.

Jackson, M. T. T. (1988), Phonetic Theory and Cross-Linguistic Variation in Vowel Articulation. UCLA Working Papers in Phonetics, 71

Jakobson, R.; Fant, C.G.M. & Halle, M. (1952/1963) Preliminaries to Speech Analysis. Cambridge, MA.

Jespersen, O. (1904), Lehrbuch der Phonetik. Leipzig. [zit. nach ²1913].

Jones, D. (1917), An English Pronouncing Dictionary. London.

Kaiser, L. (1939ff), Biological and Statistical Research Concerning the Speech of 216 Dutch Students. Archives Néerlandaises de Phonétique Expérimentale 15 (1939), 1-76; 16 (1940), 77- 136; 17 (1941),144-211; 18 (1942),1-58; 19 (1943), 37-78.

Kelly, J. (1981), The 1847 alphabet: An episode of phonotypy. In: Asher & Henderson, 248-264.

Kemp, J.A. (1993), Phonetic transcription: History. In: In: Asher, R.E. & Simpson, J.M.Y. (eds.), The Encyclopedia of Language and Linguistics. Oxford u.a., 3040-3051.

Kempelen, Wolfgang von (1791), Mechanismus der menschlichen Sprache nebst einer Beschreibung seiner sprechenden Maschine. Wien. [Faksimile-Neudruck mit einer Einleitung von H.E. Brekle und W. Wildgen, Stuttgart u.a. 1970].

Kimura, D. (1961), Cerebral dominance and the perception of verbal stimuli. Canadian Journal of Psychology 15, 156-165.

Kimura, D. (1967), Functional asymmetry of the brain in dichotic listening. Cortex 3, 163-178.

Klatt, D.H. (1987) Review of text-to-speech conversion for English. Journal of the Acoustical Society of America 82, 737-793.

Kohler, K. J. (1977/²1995), Einführung in die Phonetik des Deutschen. Berlin.

Kohler, K.J. (1986) Invariance and variability in speech timing: From utterance to segment in German. In: Perkell, J. & Klatt, D.H. (eds.), Invariance and Variability in Speech Processes. Hillsdale, 268-289.

Kohler, K..J. (1990), Segmental reduction in connected speech in German: Phonological facts and phonetic explanations. In: Hardcastle, W.J. & Marchal, A. (eds.) (1990), Speech Production and Speech Modelling. Dordrecht u.a., 69-92.

Kohler, K. J. (1991), Studies in German Intonation. AIPUK 25, Kiel: IPDS, 1991.

Kohler, K. J. (1997), Modelling prosody in spontaneous speech. In: Sagisaka, Y., Campbell, N. & Higuchi, N. (eds.), Computing Prosody. New York, 187-210.

Kohler, K. (1999), German. In: IPA (1999), 86-89.

Kratzenstein, Christian Gottlieb (1781), Tentamen resolvendi problema ab academia scientiarum Petropolitana ad annum 1780 publice propositum: 1. Qualis sit natura et character sonorum litterarum vocalium a, e, i, o, u tam insigniter inter se diversorum. 2. Annon construi queant instrumenta ordini tuborum organicorum, sub termino vocis humanae noto similia, quae litterarum vocalium a, e, i, o, u sonos exprimunt. Petropoli.

Ladefoged, P. (1971), Preliminaries to Linguistic Phonetics. Chicago.

Ladefoged, P. (1972), Elements of Acoustic Phonetics. Chicago.

Ladefoged, P. (1992), The Sounds of the World's Languages (SOWL). Los Angeles. [Hypercard tool for Apple MacIntrosh].

Ladefoged, P. (1999), American English. In: IPA (1999), 41-44.

Ladefoged, P. (1975/^{4}2001), A Course in Phonetics. Fort Worth.

Ladefoged, P. (2001), Vowels and Consonants. Oxford.

Ladefoged, P. & Maddieson, I. (1996), The Sounds of the World's Languages. Oxford.

Laver, J. (1980), The Phonetic Description of Voice Quality. Cambridge.

Laver, J. (1993), Speech. In: Asher, R.E. & Simpson, J.M.Y. (eds.), The Encyclopedia of Language and Linguistics. Oxford u.a., 4101-4109.

Laver, J. (1994), Principles of Phonetics. Cambridge.

Lehiste, I. (ed.) (1967), Readings in Acoustic Phonetics. Cambridge, MA.

Lehiste, I. (1970), Suprasegmentals. Cambridge, MA.

Lepsius, R. (1855), Das allgemeine linguistische Alphabet. Berlin.

Liberman, A.; Cooper, F.S.; Shankweiler, D.P. & Studdert-Kennedy, M. (1967), Perception of the speech code. Psychological Review 74, 431-461.

Lindau-Webb, M. & Ladefoged, P. (1989), Methodological studies using an x-ray microbeam system. UCLA Working Papers in Phonetics, 72, 82-90.

Lindblom, B. Explaining phonetic variation: A sketch of the H and H theory. In: Hardcastle, W.J. & Marchal, A. (eds.) (1990), Speech Production and Speech Modelling. Dordrecht u.a., 403-439.

Lisker, L. & Abramson, A.S. (1964) A cross-language study of voicing in intial stops: acoustical measurements. Word 20, 384-422.

MacNeilage, P. F. (ed.) (1983), The Production of Speech. New York.

Maddieson, I. (1984), Patterns of Sounds. Cambridge.

Maddieson, I. (1992), UPSID and PHONEME. Version 1.1 [UCLA Phonological Segment Inventory Database for IBM PC's].

Marcus, S.M. (1981), Acoustic determinants of perceptual centre (P-centre) location. Perception and Psychophysiocs 30, 247-256.

Massaro, D.W. (1993), Speech perception. In: Asher, R.E. & Simpson, J.M.Y. (ed.), The Encyclopedia of Language and Linguistics. Oxford u.a., 4186-4199.

McGurk, H.& MacDonald, J. (1976), Hearing lips and seeing voices. Nature 264, 746-748.

Menzerath, P. & de Lacerda, A. (1933), Koartikulation, Steuerung und Lautabgrenzung. Eine experimentalphonetische Studie. Berlin u. Bonn.

Meyer, E.A. (1907), Röntgenographische Lautbilder. Medizinisch-pädagogische Monatsschrift für die gesamte Sprachheilkunde 17, 225-243.

Minifie, F. ; Hixon, T. J. & Williams, F. (eds.) (1972), Normal Aspects of Speech, Hearing, and Language. Englewood Cliffs.

Möbius, B. (1993), Ein quantitatives Modell der deutschen Intonation. Analyse und Synthese von Grundfrequenzverläufen. Tübingen.

Neppert, J. & Pétursson, M. (1986), Elemente einer akustischen Phonetik. Hamburg.

Ohala, J. (1981) The listener as a source of sound change. In: Masek, C.S.; Hendrick, R.A. & Miller M.F. (eds.) Papers from the Parasession on Language and Behavior. Chicago, 178-203.

Öhmann, S. (1966), Numerical model of coarticulation. Journal of the Acoustical Society of America 41, 310-320.

Öhmann, S. (1967), Coarticulation in VCV utterances: Spectrographic measurements. Journal of the Acoustical Society of America 39, 151-168.

Panconcelli-Calzia, Giulio (1940), Quellenatlas zur Geschichte der Phonetik. Hamburg.

Panconcelli-Calzia, Giulio (1961), 3000 Jahre Stimmforschung. Die Wiederkehr des Gleichen. Marburg.

Perkell, J. & Klatt, D.H. (eds.) (1986), Invariance and Variability in Speech Processes. Hillsdale.

Perkell, J.S.; Cohen, M.H.; Svirsky, M.A.; Matthies, M.L.; Garabieta, T. & Jackson, M.T.T. (1992), Electromagnetic midsagittal articulometer systems for transducing speech articulatory movements. Journal of the Acoustical Society of America 92, 3078-3096.

Perkins, W. H. & Kent, R. D. (eds.) (1986), Textbook of Functional Anatomy of Speech, Language and Hearing. London.

Pétursson, M & Neppert, J. (1991), Elementarbuch der Phonetik. Hamburg.

Pierrehumbert, J.B. (1979), The perception of fundamental frequency declination. Journal of the Acoustical Society of America 66, 362-369.

Pierrehumbert, J.B. (1980), The Phonology and Phonetics of English Intonation. Bloomington.

Pierrehumbert, J.B. (1981), Synthesizing intonation. Journal of the Acoustical Society of America 70, 985-995.

Pierrehumbert, J.B. & Beckman, M.E. (1988), Japanese Tone Structur. Cambridge, MA.

Pompino, B. (1980), Selective adaptation to dichotic psychacoustic fusions. Journal of Phonetics 8, 379-384.

Pompino-Marschall, B. (1990), Die Silbenprosodie. Ein elementarer Aspekt der Wahrnehmung von Sprachrhythmus und Sprechtempo. Tübingen.

Pompino-Marschall, B. (1993), Die Silbe im Deutschen - gesprochen, geschrieben, beschrieben. In: Baurmann, J.; Günther, H. & Knoop, U. (Hrsg.), homo scribens. Perspektiven der Schriftlichkeitsforschung. Tübingen, 43-65.

Potter, R. K.; Kopp, G. A. & Green, H. (1947), Visible Speech. New York.

Rabiner, L. R. & Schafer, R. W. (1978), Digital Processing of Speech Signals. Englewood Cliffs.

Raumer, Rudolf von (1855), Über deutsche Rechtschreibung. Zeitschrift für die österreichischen Gymnasien 6, 1- 37.

Rausch, A. (1972), Untersuchungen zur Vokalartikulation im Deutschen. In: Beiträge zur Phonetik von Heinrich Kelz und Arsen Rausch. IPK-Forschungsberichte (Bonn) 30, Hamburg, 35-82.

Repp, B. H. (1984), Categorical perception: Issues, methods, findings. In: Lass, N.J. (ed.), Speech and Language. Orlando u.a.

Restle, F.; Shiffrin, R.M.; Castellan, N.J.; Liberman, H. & Pisoni, D.B. (ed.) (1975), Cognitive Theory. Vol. I. Potomac.

Roberts, M. & Summerfield Q. (1981), Audiovisual presentation demonstrates that selective adaptation in speech perception is purely auditory. Perception & Psychophysics 30, 309-314.

Rosen, S. & Howell, P. (1991), Signals and Systems for Speech and Hearing. London u.a.

Russel, O.G. (1928), The Vowel. Columbus

Schönle, P. (1988), Elektromagnetische Artikulographie. Berlin.

Siebs, Th. (1898), Deutsche Bühnenaussprache; (^{13}1922), Deutsche Bühnenaussprache - Hochsprache; (^{16}1957), Siebs Deutsche Hochsprache - Bühnenaussprache; (^{19}1969), Siebs Deutsche Aussprache. Berlin.

Sievers, E. (^{5}1901), Grundzüge der Phonetik. Leipzig.

Sobotta, J. (^{18}1982), Atlas der Anatomie des Menschen. Bd. 1. Kopf, Hals, Obere Extremitäten. Hrgs. von Ferner, H. & Staubesand, J. München, Wien u.a.

Stevens, K.N. (1998), Acoustic Phonetics. Cambridge MA.

Szende, T. (1999), Hungarian. In: IPA (1999), 104-107.

Ternes, E. & Vladimirova-Buhtz, T. (1999), Bulgarian. In: IPA (1999), 55-57.

Tillmann, H. G. (mit Mansell, P.) (1980), Phonetik. Lautsprachliche Zeichen, Sprachsignale und lautsprachlicher Kommunikationsprozeß. Stuttgart.

Tillmann, H.G. (1993), Phonetics, early modern: especially instrumental and experimental work. In: Asher, R.E. & Simpson, J.M.Y. (eds.), The Encyclopedia of Language and Linguistics. Oxford u.a., 3082-3095.

Tillmann, H.G.; Pompino-Marschall, B. & Porzig, U. (1984), The effects of visually presented speech movements on the perception of acoustically encoded speech articulation as a function of acoustic desynchronization. In: Van den Broecke, M.P.R. & Cohen, A. (ed.), Proceedings of the Tenth International Congress of Phonetic Sciences. Dordrecht u.a., 469-473

Titze, I.R. (1981), Biomechanics and distributed-mass models of vocal fold vibration. In: K.N. Stevens & M. Hirano (ed.), Vocal Fold Physiology. Proc. of the Vocal Fold Physiology Conference, Kurume, Jan. 15-19, 1980. Tokyo, 245-270.

Trubetzkoy, N.S. (1939), Grundzüge der Phonologie. Prag.

Ungeheuer, G. (1962), Elemente einer akustischen Theorie der Vokalartikulation. Berlin.

Vennemann, T. (1988), Preference Laws for Syllable Structure and the Explanation of Sound Change. Berlin u.a.

Vennemann, T. (1991), Skizze der deutschen Wortprosodie. Zeitschrift für Sprachwissenschaft 10, 86-111.

Vieregge, W.H. (1989), Phonetische Transkription. Theorie und Praxis der Symbolphonetik. Stuttgart [= Zeitschrift für Dialektologie und Linguistik. Beiheft 60].

Wakita, H.J. Speech: Acoustics. In: Asher, R.E. & Simpson, J.M.Y. (eds.), The Encyclopedia of Language and Linguistics. Oxford u.a. 4109-4124.

Wängler, H. H. (1972) Physiologische Phonetik. Marburg.

Whitfield, I.C. (1967), The Auditory Pathway. New York.

Wiesinger, P. (1983), Die Einteilung der deutschen Dialekte. In: Besch, W.; Knoop, U.; Putschke, W. & Wiegand, H.E. (Hrsg.), Dialektologie. Ein Handbuch zur deutschen und allgemeinen Dialektforschung. Berlin u.a., 807-900.

Willis, R. (1830), On vowel sounds, and on reed-organ pipes. Transactions of the Cambridge Philosophical Society III, 231-276; (1832), Über Vokaltöne und Zungenpfeifen. Annalen der Physik 1832, 3. St., 397-437.

Wilkins, J. (1668), Essay towards a real character and a philosophical language. London.

Wolf, O. (1871), Sprache und Ohr. Braunschweig.

Zwicker, E. (1982), Psychoakustik. Berlin.

Zwicker, E. & Feldtkeller, R. (1967), Das Ohr als Nachrichtenempfänger. Stuttgart.

Zwirner, E. & Zwirner, K. (^{2}1966), Grundfragen der Phonometrie. Basel/New York.

Register

[Einträge in Großbuchstaben verweisen auf im Text erwähnte Autoren/Personen, kursive Einträge auf Einzelsprachen, aus denen illustrierende Beispiele gewählt wurden. Fettgedruckte Seitenangaben verweisen auf die Definition des jeweiligen Begriffs bzw. den Haupteintrag.]

Abchasisch 215
    Westkaukasische Sprache; ca. 1 Mio. Sprecher.
Abglitt 7, 85, **238**
    (engl. off-glide, release, frz. detente) Nach der veralteten Vorstellung der frühen Experimentalphonetik schneller artikulatorischer Übergang zur Ruhestellung bzw. zum → Anglitt des Folgelautes.
Ach-Laut 202
adduziert **35**
    Gegeneinander bewegt; z.b. die Stimmlippen bei geschlossener, schwingender Glottis (Gegensatz: abduziert).
Affrikate **219**
    Verbindung eines → Plosivs mit folgendem homorganen → Frikativ, z.B. dt. [ts].
Akan 216
    Niger-Kongo-Sprache; Ghana; ca. 4,5 Mio Sprecher.
Aktionspotential 19, **62f**
    Die nach dem Alles-oder-Nichts-Prinzip ausgelösten elektrischen neuronalen Impulse (engl. action potential, spike).
Akustik 6, 87ff
akustische Artikulation 99, 102ff
akustische Phonetik 3, 4, 8, 13, 87ff
Akzent 237
Albanisch 200, 256
    isolierte indogermanische Sprache; Albanien; ca. 4 Mio Sprecher.
alveolar 113, 183, 186, 193, 195f, 201, 203, 206f
    Die Artikulationsstelle des Zahndamms hinter den oberen Schneidezähnen betreffend.
Alveolen 44
alveoli 20
alveolopalatal **201**
    Zungenrückenartikulation am vorderen harten Gaumen.
Amboss 144
Amerikanisches Englisch 281

Amharisch 281
    Afroasiatische Sprache; Äthiopien; ca 16 Mio. Sprecher.
Amplitude **93, 127**
    Maximalausschlag einer Schwingung.
Amuesha 226
    Anden-äquatorialische Indianersprache.
analphabetische Transkription 230ff
analysis-by-synthesis 160
Anatolisch Abasa 200
    Westkaukasische Sprache; ca. 30.000 Sprecher.
Anglitt 7, 85, 238
Ansatzrohr 6, 18, 43ff, 106ff, 230
    Der Resonanzraum zwischen der Glottis und den Mundlippen (bzw. bei gesenktem Velum bis zu den Nasenlöchern), bestehend aus Rachenraum, Mundraum (und ggf. Nasenraum).
antagonistisch 18
    Einer bestimmten Bewegung entgegengesetzt wirkende Muskelkraft.
anterior 188
Antiresonanz 192
Aphasie 64, 169
apikal 183, 186, 199
    Das artikulierende Organ Zungenspitze betreffend.
apiko-alveolar 186
Approximant 132, 183, 203ff, 215
    Vokoider konsonantischer Artikulationsmodus mit nicht geräuschverursachender Engebildung im Ansatzrohr (Gleitlaut, Halbvokal).
A-Prosodie 179
Arabisch 218, 281
    Semitische Sprache; Arabische Staaten, Minderheiten in Nachfolgestaaten der UdSSR, Afghanistan, Persien, SO-Türkei; ca. 150 Mio. Sprecher.
Aranda 226
    Australische Eingeborenensprache.
Artikulation 8, 17, 43ff
    Im weitesten Sinne die Gesamtheit der Sprechbewegungen; im engeren Sinn die schallmodifizierenden Sprechbewegungen innerhalb des → Ansatzrohres.
Artikulationsmodus **45, 182**
    Art und Weise der Schallproduktion/-Modifikation an einer bestimmten → Artikulationsstelle mittels eines bestimmten → artikulierenden Organs; z.B. Vokal, Plosiv, Frikativ, Nasal, Lateral etc.
Artikulationsstelle 43, **44, 183**, 185ff
    Die unbeweglichen Stellen innerhalb des → Ansatzrohres, an denen mit den beweglichen → artikulierenden Organen ein → Artikulationsmodus realisiert, d.h. ein Laut gebildet wird, z.B. labial, dental, alveolar, palatal, velar, glottal etc.
Artikulatoren **43**

artikulatorische Phonetik 17ff

artikulierendes Organ 43, **183**
: Beweglicher Teil innerhalb des → Ansatzrohres, mit dem an einer bestimmten → Artikulationsstelle ein → Artikulationsmodus realisiert, d.h. ein Laut gebildet wird, z.B. labial, apikal, laminal, dorsal, uvular, glottal etc.

Aryepiglotticus 36
Arytenoid 32ff
: Stellknorpel, paarige, auf dem Ringknorpel (Cricoid) gelenkig aufsitzend und durch die Stimmbänder nach vorne mit der Innenkante des Schildknorpels (Thyroid) verbunden.

Arytenoideus obliquus 37
Arytenoideus transversus 37
Aspiration 121, 125, 190ff
: Akustisch durch geräuschhafte Anregung des höheren Frequenzbereichs gekennzeichnete, durch eine (noch) nicht schwingende teilgeöffnete Glottis bedingte, behauchte Produktion bestimmter Lautphasen; z.B. bei aspirierten → Plosiven.

Assimilation 239, 277
: Angleichung der Merkmale eines Lautes an die eines mehr oder weniger benachbarten Lautes.

Atemmuskeln **22**
ATKINSON 80
Atmung 17, 20ff
auditive Reafferenz 77
auditorisches System 149ff
äußeres Ohr **143**
automatische Spracherkennung 133
Avarisch 190, 202
: Kaukasische Sprache; ca. 600.000 Sprecher

Bairisch 229
Bambara 226
: Niger-Kongo-Sprache.

Bandbreite 109
Bark 157
: Psychoakustische Maßeinheit der wahrgenommenen Tonhöhe von der Breite einer Frequenzgruppe [1 Bark = 1000 mel].

Basilarmembran 145ff
: Als unterer Abschluss der Scala media der Innenohrschnecke wichtiger schwingender Teil des eigentlichen Hörorgans.

Baskisch 200, 257
: Isolierte, vor-indoeuropäische Sprache; Baskenland; ca. 750.000 Sprecher.

Bassa 214f
: Niger-Kongo-Sprache; Liberia; ca. 300.000 Sprecher.

Behauchung 191

BÉKÉSY, G.v. 147
BELL, A.G. 159
BELL, A.M. 7
BERNOULLI, D. 34, 194
Bernoulli-Effekt 34, 194
    Der senkrecht zu einer auf Grund einer Verengung erhöhten Fließgeschwindigkeit stehende Sogeffekt (bzw. lokale Unterdruck).
betonungszählend 248
bilabial 186, 193, 195, 199
    Mit der Unterlippe als → artikulierendem Organ an der Oberlippe als → Artikulationsstelle ausgeführte → Artikulation.
BOERSMA, P. 134
B-Prosodie 179, 240, 249
breathy 40
BROCA, P. 64, 169
Bronchien 20
Bronchiolen 20
BRÜCKE, E. 7, 238
Brustbein 31
Brustregister 36
Bulgarisch 256, 281, 289
    Slawische Sprache; Bulgarien, Griechenland, Rumänien; ca. 8 Mio. Sprecher.
Burmesisch 194, 281
    Sino-tibetische Sprache; Burma, Bangladesch; ca. 22 Mio. Sprecher.
burst 125, 184

CARSTENS, B. 83
Cham 200
    West-austronesische Sprache; S-Vietnam, Kambodscha; ca. 250.000 Sprecher.
Chickasaw 281
    Indianersprache Süd-/Zentraloklahomas.
Chinesisch 244, 281
    Ostasiatische Sprachengruppe der sino-tibetischen Sprachfamilie; → *Mandarin*.
chirp 162
Click 183, 207ff
Cochlea 145ff
    Das gewundene, das Gehörorgan beinhaltende lymphgefüllte Schlauchsystem der Innenohrschnecke.
cocktail party-Effekt 151
Copala Trique 245
    Mexikanische Indianersprache.
Cortex 59ff
    Die aus der grauen Masse (Nervenzellen) gebildete Großhirnrinde.
Cortisches Organ **143**, 145ff
    Das in der Scala media der Innenohrschnecke gelegene eigentliche Hörorgan

mit den auf der Basilarmembran liegenden und von der Tektorialmembran
überdachten Haarzellen.
C-Prosodie 179, 240
Cricoarytenoideus lateralis 37
Cricoarytenoideus posterior 36
Cricoid 31ff
    Ringknorpel; unterster Kehlkopfknorpel.
Cricothyroideus 38

Dänisch 219, 281
    Nordgermanische, indo-europäische Sprache; Dänemark; ca. 5 Mio. Sprecher.
dB 88, 154f
    Dezibel; logarithmisches Intensitätsmaß des Schalldrucks.
Deklination 247
    Allmählicher Abfall der Grundfrequenz im Verlauf einer Äußerung bzw. Phrasierungseinheit.
dental 183, 186, 199, 205f
    An den Zähnen als → Artikulationsstelle ausgeführte → Artikulation.
DESHPANDE, M.M. 5
deskriptive Phonetik 2
Deutsch 186, 190f, 193, 196, 199, 201f, 205f, 218f, 224f, 232, 243, 245, 248, 256, 261ff, 281
    Westgermanische indo-europäische Sprache; Deutschland, Österreich, Schweiz; ca. 90 Mio Sprecher.
Diakritika 180
Dialekt 262ff
Diaphragma 20, 22, 23, 24
    Zwerchfell; muskulöse Trennung von Bauch- und Brustraum; Haupteinatemmuskel.
dichotisches Hören 170f
    Darbietung von bezüglich der beiden Ohren konkurrierenden akustischen Signalen über Kopfhörer.
Digastricus 41, 54
digitale Signalverarbeitung 133f
Diphthong 228ff
    Artikulatorisch und akustisch nicht trennbare vokalische Sequenz, die als vokoide Veränderung innerhalb einer Silbe wahrgenommen wird.
Diskriminationstest 164ff
    Experiment, bei dem die VP die Gleich-/Verschiedenheit bzw. Ähnlichkeit von Reizen zu beurteilen hat.
Doppelartikulation 205, 213ff
    Die gleichzeitige Realisierung eines identischen → Artikulationsmodus an zwei unterschiedlichen → Artikulationsstellen.
duplex perception 173

Eckvokal 115, 222

EDISON, T.A. 7
Edo 205
    Niger-Kongo-Sprache; Nigeria; ca. 1 Mio. Sprecher.
Ega 281
    Niger-Kongo-Sprache (Kwa); Elfenbeinküste; ca. 2.000 Sprecher.
egressiv 18
Ejektiv 41, 45, 183, 2099ff
    Konsonantischer Artikulationsmodus mit auswärts gerichtetem glottalen Luftstrommechanismus und oraler Verschlussbildung.
elektromagnetische Artikulographie 83
Elektromyographie 28, 79
    (EMG) Verfahren zur Messung der elektrischen Muskelpotentiale.
Elektropalatographie 80
    Erfassung der Stimmlippenschwingung mittels Messung des elektrischen Widerstands zwischen zwei äußerlich in Höhe des Thyroidknorpels am Hals angebrachten Elektroden.
EMA 83
Englisch 191, 196, 199, 205f, 215, 232, 256, 281ff
    Westgermanische, indo-europäische Sprache; Großbritannien, Amerika, Commonwealth; ca. 340 Mio. Muttersprachler, ca. 350 Mio. S2-Sprecher.
ENGSTRAND, O. 291
Enkodiertheit 163ff
    Bezeichnung für die komplexe Abbildung der segmentalen artikulatorischen Merkmale im akustischen Sprachsignal.
Entstimmungsgeste 191
EPG 80
epiglottal 183, 190, 202
Epiglottis 31ff
Ereignis 13
EULER, L. 6
Ewe 199
    Niger-Kongo-Sprache; Ghana, Togo, ca. 2 Mio. Sprecher.
Experimentalphonetik 3
Extremwertdichte **128**
extrinsische Kehlkopfmuskulatur 41ff
extrinsische Zungenmuskeln **48**

Falsett 36
FANT, G. 115
FELDTKELLER, R. 155ff
Fiberendoskop 78
Finnisch 256
    Finnisch-ugrische Sprache; Finnland; ca. 5 Mio. Sprecher.
Flap 182, 195ff
Flüsterdreieck 35
Flüstern 35

Formant 108ff
>Für die Wahrnehmung der Vokalqualität maßgebliche Resonanz des Ansatzrohres, die im Sonagramm als Balkenstruktur (der Frequenzbereiche erhöhter Energie) sichtbar wird.

Formantverschieber 110ff
fortis 191
FOUGERON, C. 285
FOURIER, J.B. 96
Fourieranalyse 95ff
>Analyse einer komplexen periodischen Schwingung in additive harmonische sinoidale Schwingungskomponenten.

FOWLER, C. 174
Französisch 193, 200, 205, 246, 256, 281, 285ff
>Romanische, indo-europäische Sprache; Frankreich, Kanada, Schweiz, Belgien, Luxemburg; ca. 80 Mio. Sprecher.

Frequenz 91, **93**
>Anzahl der Schwingungen (Perioden der Dauer T) in der Zeiteinheit (f in Hz: Schwingungen pro s; f [Hz] = 1/T[s]).

Frequenzgruppe 157
Frikativ 45, 101, 130, 183, 191, 196ff, 214
>(Reibelaut) Artikulationsmodus, der durch eine geräuschverursachende Engebildung im Ansatzrohr gekennzeichnet ist.

Frikativbildung 101
Fusion 173
Fuß 249

GALEN 5
Gälisch 256
Galizisch 281
Ganglion spirale 146
Gaumensegel 43
Gehör 143ff
Gehörgang 143
Genioglossus 48ff, 54
Geniohyoideus 54
Geräusch **91**, 98, 101, 196
gerundet **221**
geschlagener Laut 182, 195ff
gespannt 227
getippter Laut 182, 195ff
Glossometrie 84
glottal 183, 190, 203
>Mit der Glottis als Artikulationsstelle bzw. Luftstrominitiator.

glottaler Luftstrommechanismus 209f
Glottis 32ff, 43, 44
>"Stimmritze", die Öffnung zwischen den Stimmlippen.

Glottisverschluss 190
Graphem-Phonem-Korrespondenz 2
Griechisch 200, 256, 281, 289
    Isolierter Zweig indoeuropäischer Sprachen; Griechenland; ca. 15 Mio. Sprecher.
GRIMM, J. 1, 262
Grönländisch 226
    Eskimo-aleutische Sprache; Grönland.
Großhirnrinde 149
Grundfrequenz 39, 97, 243
    (f_0) Die tiefste Frequenz einer komplexen periodischen Schwingung.
GRÜTZNER 79
GToBI 277
GUTZMANN 81

Haarzelle 146ff
Haida 200
    Nordamerikanische indianische, Na-Dene-Sprache; ca. 300 Sprecher.
Halbvokal 204
    (engl. *semivowel*) Nicht vokalischer Vokoid-Laut, (meist) Approximant, der durch realtiv offenes Ansatzrohr gekennzeichnet ist.
HALL, T.A. 200
Haltephase 7
Hammer 144
HARDCASTLE, W. 50, 72
Harmonische 94ff
    Ganzzahlige Vielfache der Grundfrequenz (f_0).
Hausa 210f, 281
    ostafrikanische afroasiatische Sprache; N-Nigeria, S-Niger; ca. 20 Mio. Sprecher.
Hawaiianisch 196
    Ostaustronesische Sprache; Hawaii; ca 20.000 Sprecher.
Hebräisch 202, 281
    Kanaanäische, semitische Sprache; Isreael; ca. 4 Mio. Sprecher.
Heiserkeit 41
Helicotrema 145
HELMHOLTZ, H.v. 6, 147
Hemisphärenunterschiede 169ff
Hindi 186, 189, 191, 212, 281
    Indo-arische Sprache; Indien; ca. 200 Mio. Sprecher.
hinten **221**
HMM 133
hoch **221**
HOCKETT, C. 118
Homunculus 59f
Hörtheorie 177ff

Register 311

Hyoglossus 48ff
Hyoid 31
> Das durch die extrinsische Kehlkopfmuskulatur mit diesem und die extrinsische Zungenmuskulatur mit dem Kiefer verbundene, hufeisenförmige knöcherner Zungenbein.

Ich-Laut 202
Identifikationstest 163ff
> Wahrnehmungsexperiment, in dem Reize zur Benennung durch die VP dargeboten werden.

Idoma 213
> Niger-Kongo-Sprache; Nigeria; ca. 300.000 Sprecher.

Igbo 281
> Niger-Kongo-Sprache; O-Nigeria; ca. 20 Mio. Sprecher.

Ikiribati 217
> Austronesische Sprache; Gilbert-Inseln.

Iliocostalis cervicis 23
Implosiv 42, 45, 183, 209ff
> Konsonantischer Artikulationsmodus mit einwärts gerichtetem glottalen Luftstrommechanismus und oraler Verschlussbildung.

Innenohr **143**
> Der durch das mit Lymphflüssigkeit gefüllte Schlauchsystem der Schnecke (cochlea) gebildete innerste Teil des Ohres mit Sitz des eigentlichen Gehörorgans (Cortisches Organ).

Innervationsverhältnis 19
Instrumentalphonetik 3, 181
Intercostales 22, 23
> Zwischenrippenmuskeln; die Intercostales externi (äußere) für die Einatmung durch Rippenhebung, die I. interni (innere) für die Ausatmung durch Rippensenkung.

Intonation 237, 246f, 277f
> Wahrnehmbare Tonhöhenänderung, Tonhöhenverlauf einer lautsprachlichen Äußerung.

intrinsische Tonhöhe 42
intrinsische Zungenmuskeln **48**
IPA 1, 2, 178ff, 261, 281

Isländisch 191, 220
> Nordgermanische, indo-europäische Sprache; Island; ca. 250.000 Sprecher.

Isoko 186, 204
> Kwa-, Niger-Kongo-Sprache; Nigeria; ca. 300.000 Sprecher.

Italienisch 193, 206, 256, 290
> Romanische Sprache; Italien; ca. 67 Mio. Sprecher.

Japanisch 194, 248, 281
> Isolierte Sprache gemischter Herkunft; Japan; ca. 124 Mio. Sprecher.

JESPERSEN, O. 230, 237
jitter 41
JONES, D. 222

K'ekchi 210
    O-Maya-Sprache; Guatemale, El Salvador; ca. 280.000 Sprecher.
Kantonesisch 281
    Chinesischer Dialekt.
Karabdinisch 224
Kardinalvokal 221ff
Katalanisch 281
    Romanische Sprache; Katalonien, Andorra; ca. 7,5 Mio Sprecher.
kategoriale Wahrnehmung 163ff
Kefa 200
    Papua-Sprache; Papua Neu Guinea.
Kehlkopf 6, 18, 31ff, 43, 209f
Kehlkopfheber 41ff
Kehlkopfsenker 41ff
Kehlkopfspiegel 78
Kele 195, 220
    Papua-Sprache; Neu Guinea; ca. 600 Sprecher.
KEMPELEN, W.v. 6
Kéo 281
    Austronesische Sprache; Indonesien; ca. 40.000 Sprecher.
Kiefer 43, 53ff
Kiefermuskeln **54**
KIMURA, D. 170
Kirgisisch 189
    Turksprache; Kirgistan, Usbekistan; ca. 2,5 Mio. Sprecher.
Klamath 226
    Penutische Indianersprache.
Klang **91**, 94ff
KLATT, D.H. 133
Koartikulation 85, 237ff
KOHLER, K. 202, 265
Konsonant 182ff, 265f, 282f, 285f
    Die phonetisch/phonologische Lautklasse der durch ein nicht unbehindert offenes Ansatzrohr gekennzeichneten Laute, die sich in der Lautsequenz untereinander nur eingeschränkt, (als "Mitlauter") mit Vokalen jedoch uneingeschränkt verbinden können; Ggs. Vokal ("Selbstlauter").
kontinuierliche Wahrnehmung 165
Kontoid 182, 204
    Die phonetisch Klasse der durch eine (auch partielle) artikulatorische Verschluss-/Engebildung gekennzeichneten Laute; Ggs. Vocoid.
Kopfstimme 36

Koreanisch 200, 281
    Altaische (?) Sprache; Korea, Mandschurei, Japan; ca. 60 Mio. Sprecher.
koronal 183, 187, 200
    Die artikulierenden Organe Zungenspitze und Zungenblatt betreffend.
Kota 200
Kranialnerven 61f
KRATZENSTEIN, C.G. 6
Kroatisch 281
Kurzvokal 227
Kymographion 7
    Veraltetes Aufzeichnungsgerät der Instrumentalphonetik der Jahrhundertwende für meist mechanisch bzw. pneumatisch erfasste Bewegungs- und Schwingungsverläufe auf einer rotierenden Trommel.
Kymrisch 256
    Keltische Sprache; Wales; ca. 500.000 Sprecher.

labial 113, 183
    An den Lippen als → Artikulationsstelle ausgeführte → Artikulation.
labial-alveolar 205
Labialisierung 216
    Sekundärartikulation, mit zusätzlicher Verengung an den Lippen.
labial-velar 205
labiodental 186, 193, 199, 204
    Mit der Unterlippe an den oberen Schneidezähnen ausgeführte → Artikulation.
LACERDA, A. de 7, 85, 238
Lakhota 210
    Sioux-Sprache; Nord-Amerika, Kanada; ca. 6.000 Sprecher.
Lakkisch 200
    Dagestanische, kaukasische Sprache; ca. 110.00 Sprecher.
laminal 183, 186, 199
    Mit dem Zungenblatt ausgeführte → Artikulation.
lamino-dental 186
Langvokal 227
Lappisch 256
    Finnisch-ugrische, uralische Sprache; nördliches Norwegen, Schweden, Finnland, Halbinsel Kola; ca. 20.000 Sprecher.
Laryngalisierung 218
    Sekundärartikulation, mit zusätzlicher Glottisverengung.
Laryngograph 78
    Gerät zur elektroglottographischen Messung des Schwingungsverhalten der Glottis.
Larynx 31ff
    Kehlkopf.

Lateral(-Approximant) 45, 132, 183, 206ff
  Durch einen zentralen Verschluss im Ansatzrohr bei seitlicher nicht geräuschverursachender Engebildung gekennzeichneter konsonantischer Artikulationsmodus.
Lateral-Frikativ 183, 203
  Durch einen zentralen Verschluss im Ansatzrohr bei seitlicher geräuschverursachender Engebildung gekennzeichneter konsonantischer Artikulationsmodus.
Latissimus dorsi 23
Lautheit 154ff
  In sone ausgedrücktes Maß der wahrgenommenen Schallintensitäten im Verhältnis zueinander.
Lautkategorien 3
Lautphysiologie 6
Lautstärke 39, 154ff
  In phon ausgedrücktes Maß der wahrgenommenen Schallintensität in Bezug zum jeweiligen Schalldruckpegel in dB.
Lautsysteme 253ff
Lemniscus lateralis 150
lenis 191
LEONARDO DA VINCI 5
Lettisch 256
  Baltische Sprache; Lettland; ca. 1,5 Mio. Sprecher.
Levator palatini 57f
Lippen 43, 55ff
Lippenmuskulatur **56**
Lippenrundung **221**
Litauisch 256
  Baltische Sprache; Litauen, ca. 2,8 Mio. Sprecher.
Locus 162
Longitudinalis inferior 48ff
Longitudinalis superior 48ff
Lunge 20
Lungenbläschen 20

MACDONALD, J. 174
MADDIESON, I. 190
Malayalam 189, 217
  Süd-drawidische Sprache; Indien, arabische Emirate; ca. 20 Mio. Sprecher.
Mandarin-Chinesisch 244
  Chinesische sino-tibetanische Sprache; China; ca. 740 Mio. Sprecher.
Margani 193
  Australische Eingeborenensprache.
Margi 200, 202f
  Afro-asiatische Sprache; Nigeria; ca. 200.000 Sprecher.

Marshallesisch 217
    Austronesische Sprache; Marshall-Inseln.
Masseter 54
MCGURK, H. 174
McGurk-Effekt 174
medulla oblongata 20
mel 157
    Psychoakustisches Maß der wahrgenommenen Tonhöhe [1/1000 Bark].
MENZERATH, P. 7, 85, 238
MEYER, E.A. 81, 82
Minimalpaar 181
Mittel 207
Mittelohr **143**, 144
Monophthong 224ff
morenzählend 248
Moru 200
Motoneuron 19
motor theory of speech perception 166f, 171f
    Modell der Sprachwahrnehmung, nach dem die Lautwahrnehmung nur mit Rückbezug auf die Lautproduktion möglich sei.
mouilliert 193, 206
Muskelspindel 19
    Spezialisierte Muskelfasern mit Rezeptoren zur Erfassung der Muskeldehnung bzw. Längenänderung.
Mylohyoideus 54
myoelastisch-aerodynamische Theorie 32ff
    Theorie, nach der das phonatorische Schwingungsverhalten der Glottis auf die elastischen Rückstellkräfte der Stimmlippen und den aerodynamischen Bernoulli-Effekt zurückzuführen sind.

Nasal 45, 116f, 132, 182, 192ff, 214
    Durch gesenktes Gaumensegel (Velum) bei gleichzeitigem oralen Verschluss gekennzeichneter konsonantischer Artikulationsmodus.
Nenets 190
    Samujedische, finno-ugrische Sprache.
Nervensystem 59ff
Niederländisch 281
    Westgermanische Sprache; Niederlande, Belgien; ca. 18 Mio. Sprecher.
Nootka 281
    Indianersprache; Vancouver Island.
Nucleus cochlearis 150
Nuer 200
    Westnilotisch, nilosaharanische Sprache; ca. 400.000 Sprecher.
Nulldurchgangsdichte **128**
Nunggubuyu 189
    Austro-asiatische Sprache.

O'odham 200
obermittelhoch **221**
Obliquus abdominis 23
OHALA, J. 181
ÖHMANN, S. 239
Ohr 143ff
Ohrenphonetik 3
Oktave 35, 157
Oliva superior 150
Orbicularis oris 55ff
Oszillogramm 107
    Die Zeitfunktion eines Signals, z.B. des akustischen Sprachsignals als Veränderung des Schalldrucks über die Zeit.

palatal 183, 188, 193, 202, 205f
    Am harten Gaumen (Palatum) artikuliert.
Palatalisierung 216f
    Sekundäre Artikulation, die durch die gleichzeitige Hebung der Vorderzunge zum harten Gaumen bei einer Verschluss-/Engebildung an anderer Artikulationsstelle gekennzeichnet ist.
Palatoglossus 48ff
Palatographie 79
    Methode zur Bestimmung des Zungen-Gaumenkontakt beim Sprechen.
Palatum 44
PANCONCELLI-CALZIA, G. 2, 238
Pandschabi 226
    Indoarische Sprache; Indien (Punjab).
Pashto 246
    Indoeuropäische Sprache; Iran, Afghanistan, Pakistan; ca. 15 Mio. Sprecher.
pattern playback Verfahren 8, 160
Paukenhöhle 143
Pause 184, 249
Pectoralis major 22
Pectoralis minor 22
Periodizität **127**
peripheres Nervensystem 61f
Persisch 281
    Indoeuropäische Sprache; Iran; ca. 26 Mio. Sprecher.
perzeptive Phonetik 3, 143ff
pharayngal 202
pharyngal 183
Pharyngalisierung 218
    Sekundärartikulation, mit zusätzlicher Verengung des Rachenraumes, insbesondere bei den sog. 'emphatischen' Konsonanten des Arabischen.
Pharynx 43, 44, 58

Rachenhöhle.
Pharynx-Muskeln 49
Phase **93**
Phon 177ff
phon 1454
Phonation 17, 31ff, 194
 Rohschallerzeugung durch die schwingenden Stimmlippen.
Phonem 180ff
 Segmental kleinste bedeutungsunterscheidende lautliche Einheit.
phonetische Ereignisse 3
phonetische Minimalereignisse 177ff
phonetischer Vorgang 13
phonetisches Ereignis 2, 13
Phonologie 9
Phonotaktik 272f
Photoelektroglottographie 79
phrenischer Nerv 20
 Das Diaphragma (Zwerchfell) innervierender motorischer Nerv.
physiologische Phonetik 6
PIKE, K.L. 182
pleura pulmonaris 20
pleura visceralis 20
Plosiv 45, 125, 131, 161, 182, 184ff, 213
 Laut bzw. konsonantischer Artikulationsmodus, der durch einen totalen Verschluss des Ansatzrohres bei gleichzeitig nicht zugeschaltetem Nasenraum gekennzeichnet ist.
Polnisch 201, 256, 281
 Westslawische Sprache; Polen; ca. 36 Mio. Sprecher.
POMPINO, B. 174
POMPINO-MARSCHALL, B. 242, 248
Portugiesisch 206, 281
 Romanische Sprache; Portugal, Brasilien; ca. 110 Mio. Sprecher.
postalveolar 183, 186, 205
postdorsal 183
PRAAT 127, **134**ff
präaspiriert 191, 220
prädorsal 183
pränasaliert 195
präpausale Längung 249
propriozeptive Reafferenz 74ff
Psychoakustik 153ff
Pterygoideus 54
pulmonaler Luftstrommechanismus 207f

Quadratus lumborum 23
Quechua 189

Gruppe eng verwandter Indianersprachen der Andenregion; Peru, Equador, Kolumbien, Bolivien; ca. 7 Mio Sprecher.
Quelle-Filter-Theorie 102ff

Rachen 43, 58
radikal 183
RAUMER, R.v. 7
REA 170
right ear advantage, engl. Rechts-Ohr-Vorteil, Effekt der besseren Wahrnehmung des bei dichotischem Hören (= konkurrierende Signale via Kopfhörer auf beiden Ohren) dem rechten Ohr dargebotenen Sprachmaterials.
Reafferenz 73ff
Rechts-Ohr-Vorteil 170
Rectus abdominis 23
Reduktion 274ff
Register 36
Resonanz 106ff
Schwingungsantwort auf eine Störungseinwirkung.
Resonanzfrequenz 107ff
Resonanzhypothese 147
retroflex 188, 193, 196, 201, 205f
Mit zurückgebogener Zungenspitze artikuliert.
Richtungshören 173
Ringknorpel 31ff
Rippenfell 20
ROBERTS, M. 174
Rohschall 99ff
Rotokas 260
Östliche Papua-Sprache.
Ruheatmung 18, 21
Rukai 226
Austronesische Sprache.
Russisch 216, 256, 290f
Ostslawische Sprache; Staaten der GUS; ca. 137 Mio. Sprecher.

Scala media 145ff
Scala tympani 145ff
Scala vestibuli 145ff
Scalenus 22
Schall 87ff
Schalldruck 4, 88
Schalldruckpegel 88, 154
Schallerzeugung 13
Schallmodifikation 13
Schallschnelle 89
Schallübertragung 13

Schildknorpel 31ff

Schnecke 145ff
    (Cochlea) Das gewundene, das Gehörorgan beinhaltende lymphgefüllte Schlauchsystem des Innenohres.
Schwedisch 214, 281, 291f
    Norgermanische Sprache; Schweden, Finnland; ca. 8,5 Mio. Sprecher.
SCRIPTURE, E.W. 238
Segmentation 117ff
Sekundärartikulation 215ff

selektive Adaptation 167ff
    Experimentelles Verfahren der perzeptiven Phonetik, bei dem die Auswirkung wiederholter gleichbleibender Reizung auf die Wahrnehmung eines Lautkontinuums untersucht wird.
Serbisch 256
    Südslawische Sprache; ehem. Jugoslawien; ca. 16 Mio. Sprecher.
Serratus anterior 22
Serratus posterior inferior 23
Serratus posterior superior 23
Shark Bay 200
Shawnee 200
shimmer 41
Shona 214
    Niger-Kongo-Sprache; Simbabwe, Mocambique, Sambia; ca. 6 Mio. Sprecher.
Sibilant 200f
SIEBS, T. 262f
SIEVERS, E. 241
Signalphonetik 3
signalphonetisches Band 14
Silbe 239ff
Silbenanlaut 190
Silbenkern 241f
Silbenkopf 241f
Silbenprosodie 237
Silbenschnitt 227, 243
silbenzählend 248
Sindhi 212, 281
    Indo-arische Sprache; Pakistan u. Indien; ca. 14 Mio. Sprecher.
Sinus 92
SMITH, C.L. 285
Sonagramm 108ff, 160, 197
Sonagraph 8, 108, 133

sone 155
Sonographie 84
Sonoritätshierarchie 241f
Spanisch 201, 256
    Westromanische Sprache; Spanien, Lateinamerika; ca. 300 Mio. Sprecher.
spectral tilt 105
Spektrum 103ff
Sprachfamilie 253ff
Sprachlaut 8
Sprachproduktion 4, 13
Sprachrhythmus 248ff
Sprachsignalverarbeitung 127
Sprachsynthese 133
Sprachwahrnehmung 4, 159ff
Sprechatmung 18
Sprechrhythmus 237
Sprechtempo 237, 248ff
Standardsprache 264
stehende Wellen 107ff
Steigbügel 144
Stellknorpel 32ff
Sternocleidomastoideus 22
Sternohyoideus 42
Sternum 20, 31
Steuerung 237
stimmhaft 190ff
    Merkmal der Laute, deren primärer Rohschall durch die quasiperiodische Schwingung der Stimmlippen gebildet wird.
Stimmhaftigkeit 31
Stimmlippen 18, 31, 35ff
stimmlos 190ff
    Merkmal der Laute, bei denen die Stimmlippen nicht schwingen, da sie → abduziert sind (bzw. die Glottis verschlossen ist (bei [?] und → Ejektiven).
Stimmqualität 31, 40
Stimmton 99ff
Stimmtonfrequenz 35, 39
stød 218
    Distinktive Laryngalisierung im Dänischen.
Styloglossus 48ff
Subclavicus 22
Subcostales 23
subglottaler Druck 28
sublaminal 183
SUMMERFIELD, Q. 174
Suppenblaselaut 101, 199
Symbolphonetik 9

Synapse 63
synergistisch 18

Taba 281
Takt 249
taktile Reafferenz 76ff
Tamaschek 200, 202
    Berbersprache; Niger, Mali, Algerien, Mauretanien; ca. 1 Mio Sprecher.
Tamilisch 204
    Dravidische Sprache; Indien; ca. 50 Mio. Sprecher.
Tap 182, 195ff
Temne 189
    Niger-Kongo-Sprache; Sierra Leone; ca. 1 Mio. Sprecher.
Temporalis 54
Tensor palatini 57f
TERNES, E. 289
Texmelukanisch Zapotec 245
Thai 281
thorax 20
Thyroarytenoid 38
    Paarige Muskeln der Stimmlippen: intern (=Vocalis) Stimmlippenversteifer; extern Stimmlippenverkürzer, -verdicker.
Thyroepiglotticus 36
Thyroid 31ff
tief **221**
TILLMANN, H.G. 3, 7, 14, 110f, 175, 177, 179, 230, 233, 240
TITZE, I. 100
Tlapanec 245
ToBI 277
Toda 189, 200f
    Tamilische, drawidische Sprache; Indien; ca. 1.000 Sprecher.
Tolowa 200
    Atapaskische Sprache.
Ton **91**, 92ff
    Reine Sinusschwingung.
Ton 243ff
    Die bedeutungsunterscheidende Funktion der Tonhöhe auf Silben- bzw. Wortebene.
Tonhöhe **128**, 156ff
Tonsprachen 231ff
    Sprachen, in denen neben den Lautsegmenten auch der Tonhöhe bzw. dem Tonhähenverlauf auf den Einzelsilben bzw. den Wörtern distinktive (bedeutungsunterscheidende) Funktion zukommt.
Trachea 20, 31
    Luftröhre.
Transition 114, 161, 184

Transkription 230, 261, 267ff, 284f, 288
Transversus 48ff
Transversus abdominis 23
Transversus thoracis 23
Trill 182, 194ff
Triphthong 229
Trommelfell 143
TRUBETZKOY, N. 9, 180, 238
Tschechisch 256, 281
    Westslawische Sprache Tschechien; ca. 10 Mio. Sprecher.
Türkisch 257, 281
    Altaische, S-Turksprache; Türkei; ca. 56 Mio. Sprecher.
Tukang Besi 281

Umgangssprache 264
Ungarisch 188, 256, 281, 292
    Finnisch-ugrische, uralische Sprache; Ungarn u. Nachbarländer; ca. 14 Mio. Sprecher.
ungerundet **221**
ungespannt 227
untermittelhoch **221**
Urhobo 214
Uvula 43, 44
uvular 183, 189, 194, 195, 202
    Die Artikulationsstelle am Zäpfchen bzw. mit dem Zäpfchen als artikulierendem Organ.

velar 113, 183, 186, 189, 193, 202, 205, 207
    Die Artikulationsstelle am weichen Gaumen (Velum).
velarer Luftstrommechanismus 207
Velarisierung 217
Velum 43f, 57f, 116, 192
    Gaumensegel, weicher Gaumen, hinterer Teil der Trennwand zwischen Mund- und Nasenhöhle.
Velummuskeln 49
VENNEMANN, T. 241, 243, 263
VERNER, K. 262
Verschlussdauer 184
vertebrae 20
Verticalis 48ff
Vestibulärapparat 145
Vibrant 132, 182, 194ff
    Laut des gerollten Artikulationsmodus.
VIEREGGE, W. 181, 233
Vietnamesisch 225, 227
    Austro-asiatische Sprache der Mon-Khmer-Familie; Vietnam; ca. 55 Mio.

Sprecher.
visible speech 117ff, 160
Vitalkapazität 21
VLADIMIROVA-BUHTZ, T. 289
Vocalis-Muskel 38
Vocoder 159
voice onset time (VOT) 125, 190f
    Zeit zwischen oraler Verschlusslösung und dem Einsetzen der Stimmlippenschwingung als Merkmal der Stimmhaft-stimmlos-Opposition: negative VOT (Stimmlippen schwingen vor der Verschlusslösung): stimmhaft; 0 bis 20-30 ms VOT: stimmlos nichtaspiriert; VOT > 20-30 ms: stimmlos aspiriert.
Vokal 108, 125, 130, 203, 221ff, 266f, 283f, 287f
    Die mit offenem Ansatzrohr produzierten Laute, die sich in der Lautsequenz untereinander nur eingeschränkt, (als "Selbstlauter") mit Konsonanten jedoch weitehend frei verbinden können; Ggs. Konsonant ("Mitlauter").
Vokoid 182, 204
    Die Klasse der durch ein (realtiv) offenes Ansatzrohr gekennzeichneten Laute: Vokale, Approximanten; Ggs. Kontoid.
Vorgang 13
vorne **221**
VOT 123, 129, 180f

Walisisch 203
Wanderwellentheorie 147
Watjarri 206
Weglänge **128**
WERNICKE, C. 64, 169
WHEATSTONE, C. 6
WHITFIELD, I.C. 150
WILLIS, R. 6
WOLF, O. 159
Wolof 226
    Niger-Kongo-Sprache; Mauretanien, Gambia, Senegal; ca. 6 Mio. Sprecher.

X-ray micro beam 82

Yeletnye 213
    Papua-Sprache; Rossel-Insel, Papua Neu Guinea.
Yoruba 213
    Niger-Kongo-Sprache; Nigeria; ca. 20 Mio. Sprecher.

Zäpfchen 43
zentral **221**
Zentralnervensystem 59f
ZOEGA, G. 5
Zunge 43, 47ff

Zungenbein 31
    (Hyoid), durch die extrinsische Kehlkopfmuskulatur mit diesem und die extrinsische Zungenmuskulatur mit dem Kiefer verbundener, hufeisenförmiger knöcherner Zungenansatz.
Zungenblatt 48
Zungenhöhe **221**
Zungenlage 112, **221**
Zungenrücken 48
Zungenspitze 48
Zungenwurzel 48
Zwerchfell 20
ZWICKER, E. 155ff

!Xóõ 209
    Khoisan-Sprache; Südafrika, Botswana; ca. 1000 Sprecher.
!Xũ 209, 224, 257ff
    Khoisan-Sprache; N-Namibia.